山岳・音楽・文学

川島由夫 *Yoshio Kawashima*

朝日出版社

松本市（旧四賀村）緑ヶ丘クラインガルテンにて (2011.9)

まえがき

二〇〇七年に「心に山ありて」、二〇〇八年に「『ハムレット』の好きな人のための音楽」を出版して数年が経とうとしている。これらは、いずれも日本図書館協会選定となってささやかな評価をいただいた。その後の山、音楽、そしてこうした著述活動の原点にある文学のことも加え、私にとっては四冊目となる本を出すことにした。

山は六千三百メートル近くまで登って、自分の体がどうやら高所登山には向かないことが分かって、海外登山はひと休み、日本三百名山登山を目指し、達成した。その過程で、登山道が無く登頂が困難という「マイナー一二名山」を知り、目下の関心事となっている。本書に収めた山の紀行は、百名山、二百名山に関するものも若干あるが、多くは日本三百名山あるいはそれ以外の山についてのものである。半数以上はいわゆる「名山」には含まれていない。

音楽は、日本ブラームス協会と新都民合唱団に所属しながら、好きな音楽を聴いたり歌ったりしている。広く音楽一般に興味を持ってはいるが、だんだんブラームスとバッハに絞られてきている感じもしている。収録した文章の半分はブラームスに関して、主として日本ブラームス協会の機関誌「赤いはりねずみ」に寄稿したものに若干手を加えた。あとの半分は、所属する合唱団のここ四年間の公演曲目に関するもので、これも団の広報誌などに書いたものが中心になっている。それら四曲は私も歌うことを念願していた作品ばかりで、その機会が得られたことを本当に嬉しく思っている。

文学は、文学部出身者として当然関心はあるが、いわゆる文学青年ではなかったし、読書量も高が知れている。自分の表現スタイルがエッセイなので、フィクションに対しての興味が薄い。しかし、これからは読書の楽しみが大きくなるだろうと思っている。読む楽しみには文体ということがあり、気取りがある文章や学術論文は苦手である。

この本で取り上げた作家たちは、いずれも自然に関心を持っている人たちである。美術も含め人間が作り出す芸術の愛好家である私は、それ以上に自然の愛好家である。昨年末、NHKの「日曜美術館」が円空仏を特集した。番組の中で、四国の東祖谷に住む東洋文化研究家アレックス・カーが、円空がそこで仏像を彫っていたという岩屋を訪れてこう言っていた。「見えるものは岩と樹の緑、聞こえるのは瀬音だけ。これが日本の文化、芸術、生活の原点ですね。」

四年前から長野県の山の中にクラインガルテンを借りて、千葉の自宅との間を往復する生活を続けている。野菜や米、麦、ソバなどを作ることが必ずしも第一の目的ではなく、これまで登山で親しんできた信州の自然を楽しんでいる。その中からそのうち風のようなエッセイ集が出せたらなどと夢想している。

タイトルの「山岳・音楽・文学」は、順序が逆ではないかと思う人がいるかもしれないが、これが私の心の中で占めている順番なのである。「あとがきにかえて」の文章は、ビルメンテナンス協会の月刊誌（二〇一二年八月号）に掲載されたものであるが、口絵写真とともに、現在の私の生活を最もよく伝えるものと思い、少し手を入れて収録した。

クラインガルテンの入園に当たっては、エッセイを書かされ、担当者の面接があった。松本市は「岳都」「楽都」「学都」たらんとしている町である。であるならば私ほどそれにふさわしい人間はいないだろうと自著を持参して力説した。長野県は昔から教育県として通っているし、スズキメソッドの鈴木鎮一や小澤征爾が始めたサイトウキネン・フェスティヴァルだけでなく、四賀のような山の中で、天満敦子が十年にもわたって演奏会を続けていることを知った時は、さすが松本市だと思った。スイスのグリンデルヴァルトと姉妹都市関係を結んでいることについては、日本にこれ以上ふさわしい町はおそらくないであろう。

このような生活がいつまで続けられるかは分からないが、本書はそのような暮らしの中から、古希を目前に生まれたものということになる。

平成二五（二〇一三）年二月二五日　　著者

目次

＊＊＊

山岳

MOUNTAINS

日本三百名山（三三六山）を登る

「日本百名山」は一九六四（昭和三九）年に、深田久弥がそれまで山岳雑誌「山と高原」に連載してきたものを一本にまとめて公刊したものである。それから一三年後の一九七七（昭和五二）年に、日本山岳会は「山日記」編集委員会が作った原案を山岳会内部で検討、修正を加えた上で「日本三百名山（案）」として発表した。それに対して寄せられた意見を参考にしてさらに修正を加え、翌一九七八（昭和五三）年に公表されたのが「日本三百名山」である。

その後、一九八四（昭和五九）年になって、創立一〇周年を迎えた深田クラブが「日本二百名山」を選定、発表した。「日本三百名山」も「日本二百名山」も、深田久弥の「日本百名山」をベースに置いて、それに二百山あるいは百山を加えたものである。

しかし、「日本二百名山」には入っているのに「日本三百名山」から洩れている山が一つある。荒沢岳である。代わりに「日本三百名山」に入っている一山が大峰山の山上ヶ岳である。したがって「百名山」、「二百名山」、「三百名山」と登ってくると三〇一山を登ることになる。

実は、荒沢岳は「日本三百名山（案）」の中に入っていた。それが最終的に入れ替えられたわけであるが、入れ替えられた山の総数は三六六山に及ぶ。名山選びは、一応の基準が立てられているとはいえ一種の遊びであり、絶対的なものでないのはもちろんである。山は、個々人が登りたい山に登ればそれでよいわけであるが、名山として選ばれるのはやはりそれなりの理由があってのことであろうと思う。

そこで、五年前に「日本二百名山」を一通り登り終えたとき、荒沢岳の例もあるので、入れ替えられた山も含めて残る一三六山全てを登ってみようと思い立った。それ以外にも登りたい山はたくさんあるのだが、それと並行して三三六山全てを登ってみることが私の一つの目標になった。ただし、よく「日本三百名山完登」などと言うが、実際には火山活動、自然保護などの理由による規制があり、ルールを守る限り「完登」はできない。

私の「百名山」登山は昭和六〇年に終わっている。その後平成一八年に「心に山ありて」を出版するまでには「二百名山」を登り終えていた。それぞれおよそ二〇年を要したが、それから五年間で「三百名山（三三六山）」に達した。山が易しくなったことと、自由時間が増えたことによる。

とは言っても、中には道の無いような山もあり、単独行が多いので苦労もした。結果として、日本の山というものがよく分かり、ますます山歩きの楽しさが増した。玉石混淆というようなところもあるが、よい山が多かったことは確かだろう。海外登山も経験したが、多くが森に覆われた日本の山には独特の美しさがある。

比較的最近登った山では、北海道のニセイカウシュッペ・武利岳・武華山、日本アルプス前衛の山としてはアサヨ峰・鋸崎山・錫丈岳、加越・濃飛では金剛堂山（厳冬期に登った）・奥三方岳・大笠山・白木峰、近畿の倶留尊山・高見山、四国の三嶺、九州ではミヤマキリシマが咲く大船山・涌蓋山などが印象に残っている。

どうかと思われる山は「日本百名山」の中にもあるのだから、それが三百ともなれば疑問符の付く山はさらに多くなる。私個人としては、あまりに高度の低い山や容易に登れる山には、他によほどの理由がない限り魅力を感じにくい。頂上付近にまで車道が通じていたり、ロープウェイが架かっていたりする山も本当の意味では登山の対象とは言い難い。ひと頃、そういう山は車道が閉鎖される冬を選んで登っていた。

もうひとつ、三百名山の中には、頂上が自衛隊のレーダー基地になっている山が結構ある。山頂に不粋なアンテナやドームが立ち、自然を求めて登ってきた者にとっては違和感が否めない。これらの山も、私の名山リストからは外したい。

山の印象は天候に大きく左右されるが、雪があるか無いかでもずいぶん違う。雪をまとった山は美しいし、困難度が増す分登山の楽しみも大きくなる。百名山、二百名山、三百名山の多くに私は積雪期に登っている。ガイドブックにはよく登山適期として無雪期が選ばれている。それでは、安全ではあるかも知れないが、山の魅力の一面にしか触れることができないのではないかと思う。

遭難は避けなければならないが、困難を克服するところにも登山の醍醐味がある。ツアーによる名山登山というのもなんだか味気ないし、毛勝山、佐武流山、笈ヶ岳に道ができたなどと聞くのは寂しいことだ。

十年ほど前、山岳雑誌「岳人」が「岳人特選マイナー一二名山」という特集を組んだことがある。矢筈岳を筆頭にあまり耳にしたことがないような山が含まれている。選定基準は「四季を問わず創造的登山をしなくては登頂できない名山」とし、三つの条件を付している。山容風格や山群の主峰というのはともかくとして、その第一条件にはこう書かれている。「道がなく、登頂するのが困難なこと（体力があっても、登山技術や経験、地図などがなくては登頂して下山するのはきわめて難しい）」。

選ばれた一二山は、川内山塊の矢筈岳、日高山脈のピリカヌプリ、奥利根の赤倉山、会津の丸山岳、毛猛連山の毛猛山、飯豊連峰の烏帽子山、朝日連峰の化穴山、越後のネコブ山、屋久島の障子岳、黒部の黒部別山、増毛山塊の群別岳、和賀山塊の朝日岳である。

この他に、候補に挙がった白山の笈ヶ岳、戸隠の本院岳、上信の佐武流山、剣岳北方稜線の毛勝山の四山は、前述のように道があるということで選に洩れている。本院岳以外は「二百名山」の山であるが、私が登ったときには登山道は無いということで残雪期を利用した。「マイナー一二名山」も、一部踏跡があったり、残雪期ならばそれほど苦労なく登れる山もあるようだ。

ともかくも、できるだけ自然のままの山に、自分の力だけで登るという、登山の原点を踏まえた考え方には共感できる。一二山のうち、私が登っているのはピリカヌプリと群別岳だけで、秋田の和賀朝日岳にはそのうち行こうと思っていた。昨夏は南会津の丸山岳を目指して出かけたが、前年の大洪水で林道が崩壊して寸断していたため、大事をとって結局引き返した。再挑戦を考えている。

ピリカヌプリは神威岳、ソエマツ岳とともに南日高の名山である。ある年の夏、この三山を縦走したことがある。猛烈な藪で、見通しが効かない中を、ルートを探しながら、背丈を超えるハイマツやナナカマドをかき分け、乗り越えて行った。未だに原始性を残す日高山脈には一八三九峰をはじめエサオマントッタベツ岳、コイカクシュサツナイ岳、ピパイロ岳、イドンナップ岳、楽古岳、芽室岳、十勝幌尻岳など、「三百名山」にも入っていないよい山がたくさんある。

名山登山への批判がある。このために日本の山が荒れてしまった面は確かにある。道の無かった山に道が開かれ、入山者の増加に連れて、静かで美しかった山の自然が失われ、山を楽しむ上でのモラルも低くなってきたと言われる。場所によっては入山規制が行われ、パトロールが強化されたりしているようだ。人が多くなればやむを得ない措置だと思うが、多くの人が、山の魅力に触れ、楽しむことができるようにするためには、自然の意義、その楽しみ方を子供のうちから実地に体験させ、教育することが必要かとも思う。

人はなぜ山に登るのか。原始の自然状態に置かれた人間は、もって生まれた知恵で人工物を作り出し、暮らしやすさを追求してきた。社会やさまざまな制度も人工物である。その中にいる限り人間はある程度安全であり、安楽に暮らせる。しかし、そういう生活をときに息苦しいと感じたり、物足りないと思う人もいる。人間世界の外には荒々しくも美しい自然がある。そこは人間が作ったシステムとは別の、宇宙の秩序が支配する世界である。そういう世界を目の当たりにし、それにじかに触れてみたいという欲求が私にはある。

登山には単なる行楽以上のものがある。山に登る心の根底には自然に対する畏敬の念がある。自然から生まれた命は自然に帰るのである。「百」、「二百」、「三百」などという数字に意味があるわけではない。われわれ人間も、他の生物同様この地球上に生かされている存在であることを最も如実に知らしめてくれる場所、それが私にとっての山なのである。

日本三百名山一覧

＊　日本百名山
＊＊　日本二百名山
＃　日本三百名山（案）に無かった山
無番号　日本三百名山（案）から省かれた山
（三百名山の標高はヤマケイ・データブック二〇一三による）

北海道

＊1　利尻山（1721m）百名山では「利尻岳」
＊2　羅臼岳（1660m）
＊3　斜里岳（1547m）
＊＃4　雄阿寒岳（1371m）百名山では「阿寒岳」
＊＊5　天塩岳（1558m）
6　ニセイカウシュッペ山（1883m）
＊7　大雪山（旭岳2291m）
＊＊8　石狩岳（1967m）

＊9　トムラウシ山（2141m）百名山では「トムラウシ」
10　オプタテシケ山（2012m）
＊11　十勝岳（2077m）
＊＊12　ニペソツ山（2013m）
＊13　幌尻岳（2053m）
＊＊14　カムイエクウチカウシ山（1980m）
＊＊15　ペテガリ岳（1736m）
16　神威岳（1600m）
＊＊17　芦別岳（1726m）
＊＊18　夕張岳（1668m）
＊＊19　暑寒別岳（1492m）
#20　余市岳（1488m）
＊＊＊#21　樽前山（1041m）
＊22　羊蹄山（1898m）百名山では「後方羊蹄山」
23　ニセコアンヌプリ（1308m）
24　狩場山（1520m）
＊＊25　渡島駒ヶ岳（1131m）

26　大千軒岳（1072m）
雌阿寒岳（1499m）百名山では「阿寒岳」
武利岳（1876m）
芽室岳（1754m）
エサオマントッタベツ岳（1901m）
イドンナップ岳（1748m）
楽古岳（1472m）
恵庭岳（1320m）

東北

＊27　八甲田山（大岳1585m）
＊28　岩木山（1625m）
＊＊29　白神山（1235m）
＊＊30　姫神山（1124m）
＊31　早池峰山（1917m）百名山では「早池峰」
32　五葉山（1351m）
＊33　八幡平（1613m）

＊３４　岩手山（２０３８ｍ）
３５　烏帽子岳（乳頭山１４７８ｍ）
＊＊３６　秋田駒ヶ岳（男女岳１６３７ｍ）
＊＊３７　和賀岳（１４４０ｍ）
＊＊３８　焼石岳（１５４７ｍ）
＊＊３９　栗駒山（１６２７ｍ）
＊＊４０　神室山（１３６５ｍ）
＊＊４１　森吉山（１４５４ｍ）
４２　太平山（１１７０ｍ）
＊４３　鳥海山（２２３６ｍ）
＊４４　月山（１９８４ｍ）
＃４５　摩耶山（１０２０ｍ）
＊＊４６　以東岳（１７７２ｍ）
＊４７　朝日岳（大朝日岳１８７１ｍ）
＃４８　祝瓶山（１４１７ｍ）
＊＊４９　船形山（１５００ｍ）
＃５０　泉ヶ岳（１１７２ｍ）

＊51　蔵王山（熊野岳1841m）
＊52　吾妻山（西吾妻山2035m）
53　一切経山（1949m）
＊54　安達太良山（1710m）
＊55　磐梯山（1816m）
#56　大滝根山（1192m）
七時雨山（1060m）

越後

＊＊57　杁差岳（1636m）
＊58　飯豊山（2105m）百名山では「大日岳」を含む
＊＊59　二王子岳（1420m）
60　粟ヶ岳（1293m）
＊＊61　御神楽岳（1386m）
＊＊62　守門岳（1537m）
63　浅草岳（1585m）
＊64　平ヶ岳（2141m）

＊65　越後駒ヶ岳（2003m）百名山では「魚沼駒ヶ岳」
＊＊66　中ノ岳（2085m）
＊＊67　八海山（入道岳1778m）
＊68　苗場山（2145m）
＊＊69　佐武流山（2192m）
＊＊70　鳥甲山（2038m）
71　金北山（1172m）
72　米山（993m）
＊＊　荒沢岳（1969m）
未丈ヶ岳（1553）
大日岳（2128m）
北股岳（2025m）

南会津・那須・日光・尾瀬

73　八溝山（1022m）
＊74　筑波山（877m）
75　二岐山（1544m）

＊７６　那須岳（三本槍岳１９１７ｍ、百名山では茶臼岳１９１５ｍ）
７７　男鹿岳（１７７７ｍ）
７８　七ヶ岳（１６３６ｍ）
７９　荒海山（１５８１ｍ）
＊＊８０　帝釈山（２０６０ｍ）
＊＊８１　会津朝日岳（１６２４ｍ）
＊８２　会津駒ヶ岳（２１３３ｍ）
＊８３　燧ヶ岳（２３５６ｍ）百名山では「燧岳」
＃８４　景鶴山（２００４ｍ）
＊８５　至仏山（２２２８ｍ）
８６　高原山（釈迦ヶ岳１７９５ｍ）
＊＊８７　女峰山（２４８３ｍ）
＊８８　男体山（２４８６ｍ）
８９　太郎山（２３６７ｍ）
＊９０　日光白根山（２５７８ｍ）百名山では「奥白根山」
＊９１　皇海山（２１４４ｍ）
９２　袈裟丸山（１９６１ｍ）

田代山（1926m）
大真名子山（2375m）
錫ヶ岳（2388m）

上越

＊93　巻機山（1967m）
94　朝日岳（1945m）
＊95　谷川岳（トマノ耳1977m）
＊＊96　仙ノ倉山（2026m）
＊＊97　白砂山（2140m）
＊98　武尊山（沖武尊2158m）
＊99　赤城山（黒檜山1828m）
茂倉岳（1978m）
万太郎山（1954m）

上信

100　笠ヶ岳（2076m）

＊＊101　岩菅山（2295m）
#102　横手山（2305m）
＊103　草津白根山（本白根山2171m）
＊104　四阿山（2354m）
＊105　浅間山（2568m）
＊＊#106　浅間隠山（1757m）
＊＊107　榛名山（掃部ヶ岳1449m）
＊＊108　妙義山（相馬岳1104m）
＊＊109　荒船山（1423m）
＊＊110　御座山（2112m）
111　諏訪山（1549m）
高社山（1352m）
湯ノ丸山（2103m）
籠ノ登山（東籠ノ登山2228m）

秩父・奥多摩・奥武蔵

＊112　両神山（1723m）

＊＊１１３　武甲山（１３０４ｍ）
＊１１４　雲取山（２０１７ｍ）
＊＊＃１１５　白石山（和名倉山２０３６ｍ）
＊１１６　甲武信ヶ岳（２４７５ｍ）
１１７　国師ヶ岳（２５９２ｍ）
＊１１８　金峰山（２５９９ｍ）
＊１１９　瑞　山（２２３０ｍ）
＊＊１２０　茅ヶ岳（１７０４ｍ）
＊＊＃１２１　乾徳山（２０３１ｍ）
＊１２２　大菩薩嶺（２０５７ｍ）百名山では「大菩薩岳」
１２３　三頭山（１５３１ｍ）
＊＊１２４　大岳山（１２６６ｍ）
大洞山（飛竜山２０６９ｍ）
小川山（２４１８ｍ）
黒岳（１９８８ｍ）

丹沢・富士山付近

125 大山（1252m）
＊126 丹沢山（塔ヶ岳1491m、百名山では蛭ヶ岳1673m）
#127 金時山（1213m）
128 箱根山（神山1438m）
＊129 天城山（万三郎岳1406m）
＊＊130 三ツ峠山（1785m）
131 黒岳（1793m）
＊＊132 御正体山（1682m）
＊133 富士山（剣ヶ峰3776m）
＊＊134 毛無山（1964m）
＊＊135 愛鷹山（越前岳1504m）

八ヶ岳・霧ヶ峰付近

＊136 八ヶ岳（赤岳2899m）
＊＊#137 天狗岳（2646m）
＊138 蓼科山（2530m）
＊139 霧ヶ峰（車山1925m）

140　鉢伏山（1928m）
*141　美ヶ原（王ヶ頭2034m）
　　　高ボッチ山（1665m）

南アルプス

142　入笠山（1955m）
*143　鳳凰山（観音岳2840m）
**#144　鋸岳（2685m）
*145　甲斐駒ヶ岳（2967m）
#146　アサヨ峰（2799m）
*147　仙丈ヶ岳（3033m）
*148　白根山［北岳］（3193m）百名山では「北岳」
*149　間ノ岳（3189m）
**150　農鳥岳（3026m）
*151　塩見岳（3052m）
*152　荒川岳（東岳3141m）百名山では「悪沢岳」
*153　赤石岳（3120m）

妙高・戸隠

154　奥茶臼山（2474m）
＊155　聖岳（前聖岳3013m）
＊＊156　上河内岳（2803m）
157　茶臼岳（2604m）
＊158　光岳（2591m）
＊＊159　池口岳（2392m）
＊＊160　大無間岳（2329m）
161　黒法師岳（2067m）
#162　高塚山（1621m）
#163　熊伏山（1653m）
＊＊164　櫛形山（2052m）
＊＊165　笊ヶ岳（2629m）
＊＊166　七面山（1989m）
167　山伏（2014m）
京丸山（1469m）

#168　斑尾山（1382m）
*169　妙高山（2454m）
*170　火打山（2462m）
171　焼山（2400m）
*172　雨飾山（1963m）
173　青海黒姫山（1222m）
**174　黒姫山（2053m）
*175　高妻山（2353m）
**176　戸隠山（1904m）
**177　飯縄山（1917m）

北アルプス

178　朝日岳（2418m）
**179　雪倉岳（2611m）
*180　白馬岳（2932m）
181　唐松岳（2696m）
*182　五竜岳（2814m）

＊183　鹿島槍ヶ岳（2889m）百名山では「鹿島槍岳」
184　爺ヶ岳（2670m）
＊＊185　針ノ木岳（2821m）
＃186　蓮華岳（2799m）
＊＊187　烏帽子岳（2628m）
＃188　野口五郎岳（2924m）
＊＊189　赤牛岳（2864m）
＊190　水晶岳［黒岳］（2986m）百名山では「黒岳」
＊191　鷲羽岳（2924m）
192　三俣蓮華岳（2841m）
＊＊193　毛勝山（2414m）
＊194　剣岳［劔岳］（2999m）
＊195　立山（大汝山3015m）
＊＊196　奥大日岳（2611m）
197　鍬崎山（2090m）
＊198　薬師岳（2926m）
＊199　黒部五郎岳（2840m）

＊200　笠ヶ岳（2897m）
＊＊201　有明山（2268m）
＊＊202　餓鬼岳（2647m）
＊＊203　燕岳（2763m）
＊＊204　大天井岳（2922m）
＊205　槍ヶ岳（3180m）
＊206　常念岳（2857m）
＊＊207　霞沢岳（2646m）
＊208　穂高岳（奥穂高岳3190m）
＊209　焼岳（2455m）
＊210　乗鞍岳（剣ヶ峰3026m）
211　鉢盛山（2446m）
双六岳（2860m）
僧ヶ岳（1855m）
鷲岳（2617m）
北ノ俣岳（上ノ岳2661m）
錫杖岳（2168m）

蝶ヶ岳（２６６４ｍ）
大滝山（２６１５ｍ）

御岳・中央アルプス

＊２１２　御岳山［御嶽山］（剣ヶ峰３０６７ｍ）百名山では「御嶽」
＊＊２１３　小秀山（１９８２ｍ）
２１４　奥三界岳（１８１０ｍ）
＊＊２１５　経ヶ岳（２２９６ｍ）
＊２１６　木曽駒ヶ岳（２９５６ｍ）
＊２１７　空木岳（２８６４ｍ）
＊＊２１８　南駒ヶ岳（２８４１ｍ）
２１９　越百山（２６１３ｍ）
＊＊２２０　安平路山（２３６３ｍ）
＃２２１　南木曽岳（１６７９ｍ）
＊２２２　恵那山（２１９１ｍ）
御前山（１６４６ｍ）

加越・濃飛

２２３　白木峰（１５９６ｍ）
＊＊２２４　金剛堂山（１６５０ｍ）
２２５　人形山（１７２６ｍ）
２２６　医王山（９３９ｍ）
２２７　大門山（１５７２ｍ）
２２８　大笠山（１８２２ｍ）
＊＊２２９　笈ヶ岳（１８４１ｍ）
２３０　三方岩岳（１７３６ｍ）
２３１　猿ヶ馬場山（１８７５ｍ）
＊２３２　白山（御前峰２７０２ｍ）
２３３　経が岳（１６２５ｍ）
２３４　野伏ヶ岳（１６７４ｍ）
＊＊２３５　大日ヶ岳（１７０９ｍ）
２３６　鷲ヶ岳（１６７２ｍ）
＊＊２３７　位山（１５２９ｍ）
２３８　川上岳（１６２６ｍ）

＊２３９　荒島岳（１５２３ｍ）
＊＊２４０　能郷白山（１６１７ｍ）
２４１　冠山（１２５７ｍ）
奥三方岳（２１４０ｍ）

近畿

＊２４２　伊吹山（１３７７ｍ）
＃２４３　藤原岳（１１２０ｍ）
＊＊２４４　御在所山（１２１２ｍ）
２４５　倶留尊山（１０３８ｍ）
＃２４６　三峰山（１２３５ｍ）
２４７　高見山（１２４８ｍ）
＊２４８　大台ヶ原山（日出ヶ岳１６９５ｍ）
２４９　竜門山（９０４ｍ）
２５０　山上ヶ岳（１７１９ｍ）
＊２５１　八剣山（仏経ヶ岳、八経ヶ岳１９１５ｍ）百名山では「大峰山」
＊＊＃２５２　釈迦ヶ岳（１８００ｍ）

＊＊253　伯母子岳（1344m）
254　護摩檀山（1372m）
255　大和葛城山（959m）
＊＊256　金剛山（1125m）
＊＊257　武奈ヶ岳（1214m）
#258　蓬莱山（1174m
#259　比叡山（848m）
260　愛宕山（924m）
#261　六甲山（931m）
稲村ヶ岳（1726m）
長老ヶ岳（917m）

中国

262　扇ノ山（1310m）
＊＊263　氷ノ山（1510m）
#264　那岐山（1240m）
＊265　大山（剣ヶ峰1729m）

＊＊266　上蒜山（1202m）
＃267　道後山（1271m）
＃268　吾妻山（1239m）
＊＊269　三瓶山（1126m）

四国

＊270　剣山（1955m）
＊＊271　三嶺（1893m）
＊＊272　東赤石山（1707m）
＊＊＃273　笹ヶ峰（1859m）
274　伊予富士（1756m）
275　瓶ヶ森（1896m）
＊276　石鎚山（天狗岳1982m）
277　三本杭（1226m）
278　篠山（1066m）

九州

＊＊２７９　英彦山（１２００ｍ）

２８０　背振山（１０５５ｍ）

＃２８１　多良岳（９９６ｍ）

＊＊２８２　雲仙岳（普賢岳１３５９ｍ、平成新山１４８６ｍ）

＃２８３　鶴見岳（１３７５ｍ）

＊＊２８４　由布岳（１５８３ｍ）

＃２８５　大船山（１７８６ｍ）

＊２８６　九重山（中岳１７９１ｍ）

＃２８７　涌蓋山（１５００ｍ）

＊２８８　阿蘇山（高岳１５９２ｍ）

＊２８９　祖母山（１７５６ｍ）

２９０　傾山（１６０５ｍ）

＊＊２９１　大崩山（１６４４ｍ）

２９２　国見岳（１７３９ｍ）

＊＊２９３　市房山（１７２１ｍ）

＊＊２９４　尾鈴山（１４０５ｍ）

＊２９５　霧島山（韓国岳１７００ｍ）

**296 高千穂峰（1574m）
**297 桜島（御岳1117m）
#298 高隈山（1237m）
*299 開聞岳（924m）
*300 宮之浦岳（1936m）
経ヶ岳（1076m）

海抜〇メートルから登った富士山　——本当の富士登山——

富士山は標高日本一の山である。しかし、多くの登山者は五合目に当たる標高二三〇〇メートルぐらいまでバスや自動車で登り、それから上を自分の足で登って富士登山をしたと思っている。しかし、この山の魅力はそれだけでは充分にとらえることはできない。

かつて利尻岳に登ったとき、標高一七二一メートルの山をずいぶんきついと感じた。ほとんど海岸から登るためだが、これこそ本当の登山だと思ったものである。それ以来、富士山も一度海抜〇メートルから登ってみたいと思うようになった。地形図を調べてみると海岸から麓までの最短ルートを定めるのがなかなか難しい。山に近づくにしたがって最良と思われるルートが判然としなくなってくるのである。それでも何とか見当をつけて、二〇〇五年の五月下旬、山中一泊の用意をして私は田子の浦に向かった。

万葉集の山部赤人の歌で有名なこの地も、今は工業地帯となって風情も何もないが、困ったのは海岸がテトラポッドで埋め尽くされ、容易に海辺に出ることができないことだった。仕方なく、山より前に先ずテトラポッドをよじ登り、それを乗り越え、波打ち際に出て、両手両足を海につけてから歩き始めた。時刻は午前五時、ようやく明るみ始めた空の、林立する煙突の向こうに愛鷹山と富士山がかすんでいる。

港近くの工場地帯の一画に、赤人の碑が建っていた。よく知られた名歌が五本の石柱に万葉仮名で記されている。岩波版「日本古典文学大系」からのテキストとともにを挙げておく。

山辺宿祢赤人望不盡山謌一首并短謌
天地之　分時従　神左備手　高貴寸
駿河有　布士能高嶺乎
天原　振放見者　度日之　陰毛隠比
照月之　光毛不見　白雲母　伊去波伐加利
時自久曾　雪者落家留　語告
言継将往　不盡高嶺者

反歌
田兒之浦従　打出而見者　眞白衣　不盡能高嶺尓　雪波零家留

山辺宿禰赤人、不盡山を望くる歌一首并に短歌
天地の　分れし時ゆ　神さびて　高き貴き　駿河なる　布士の高

嶺を　天の原　振り放け見れば　渡る日の　影も隠らひ　照る月の　光も見えず　白雲も　い行きはばかり　時じくぞ　雪は降りける　語り継ぎ　言い継ぎ行かむ　不盡の高嶺は

反歌

田兒の浦ゆうち出でて見れば眞白にそ不盡の高嶺に雪は降りける

万葉仮名は読みにくいが、一読したことにして先を急ぐ。富士市街を抜けてからはひたすら大淵街道を北上する。片倉、中野、八王子など東京と同じ地名の町を通って、道は山の中に入る。岩倉を越えてからの林道がはっきりせず、結局、天照教林道から表富士周遊道路に出るという大回りをしてしまう。そのため第一日目はスカイライン沿いの樹林の中で一泊ということになってしまった。

二日目は、新五合目に上がる車道入口まで歩き、そこからガラン沢登山道に入った。上部で須山から来る道を合わせて宝永火口まで登る。この頃から空模様が怪しくなった。新六合目から雪に埋まった登山道を拾いながら、六合目、新七合目と登る。雨が降り出し、風が強まった。やがてそれは嵐の様相を帯びて、激しい風雨が頬を打ち、目を開けていられない状態となってしまった。天気さえ良ければ目的達成間近であったのだが、七合目で

田子の浦にある山部赤人の万葉歌碑（2005.5）

撤退を決意せざるを得なかった。

しかし、下り道に選んだ須山登山道はこの山の良さをしみじみと感じさせる歩道であった。このあたりは富士山で唯一噴火の影響を受けていない地域ということで、ブナが自生している。原生林の中を雨後の水が走り、五合目から上の岩だらけの富士山とは異なる深い森の中に緑豊かな世界が広がっていた。私はこの魅力的な登山道を年内にもう一度登ろうと心に決めて、水ヶ塚から雨に打たれながら日本ランドハイウェイを下り、遊園地発のバスで御殿場に出た。

それから五ヶ月後、今度は天候を見定めて一一月二日の深夜、私は再び駿河湾の海岸に立った。今回は駅から海岸がより近い東田子の浦を出発点に選んだ。昭和放水路沿いの松林から海岸に出てみると、驚いたことにここも工事中で海辺にテトラポッドが積み重なっている。やむを得ずまたそれらを乗り越えて浜辺での儀式を行う。暗い海岸の左右に灯りが見え、満天の星が空から私を見下ろしていた。正面南の空にオリオン座が上ってきていて、その右上に牡牛座のアルデハラン、さらにスバルが見える。そのそばにひときわ大きいのは接近しているという火星だろうか。

午前三時、北に向かって歩き始めると、やや右寄りに北斗七星が柄杓を左に向けて立ち上がり、私はちょうど北極星に向かって歩いている恰好である。東海道本線、国道一号線、新幹線、岳南鉄道、東名高速道路の順に横切っていく。この道は愛鷹山の裾を巻いて赤渕川に沿って緩やかに登って行き、やがては勢子辻から十里木に至る街道に出る。その愛鷹山の上に明けの明星が光を放っている。今宮を過ぎるあたりで夜が明けた。行く手に富士山が現れ、その山肌が紺青から薄青に、そして淡い褐色へと色を変えていく。頂上付近はうっすらと雪に覆われている。

深夜でも人の姿があって、麻雀屋の主人だったり、朝早くから仕事の準備をしている人だったり、あるいはウオーキングを楽しむ人だったりしたが、皆親切に道を教えてくれた。勢子辻でも畑に向かうおばあさんに近道の林道について尋ねてみたが、やはり街道を行って十里木の外れから別荘地に入るのがいいと言われたので、それに従った。

十里木は歴史の古い町で、関所跡や頼朝関係の史跡が残っている。新しく開けた別荘地は温暖で定住者も多いらしい。ここでようやく車の往来が激しい街道歩きから解放された。それまでは主要道路であるために、ひっきりなしにダンプトラックやタンクローリーがスピードを上げて行き交い、道端には車から投げ捨てられたゴミや空き缶が散乱していて不愉快きわまりなかった。周囲の自然が美しいだけにその対比が際立った。

日本ランドハイウェイに出てからは、長い車道を歩く覚悟をしていたが、遊園地の最初のゲート近くで、思いがけず「須山口登山歩道」という標識を見つけた。これがすばらしい道だった。保存会が守っている昔からの富士登山道で、歩きやすく、散り敷いた落ち葉を踏みしめていく、雰囲気のある山道である。しかも、まさに紅葉のたけなわだった。鮮やかな赤や黄に色付いた木々を愛でながら、秋の山を存分に味わって水ヶ塚に着いた時には午後一時を回っていた。

ここからは五月に一度歩いた道であるが、落ち葉のためにルートが不鮮明になっているところがあった。迂闊だったのは、雨が降らない限り富士山の沢筋には一滴の水も無いことに思い至らなかったことである。そのために、その後は手持ちのわずかな水だけで我慢しなければならなくなった。見事に黄葉したカラマツ林を抜けて宝永火口に出るころ、あたりをオレンジ色に染めて太陽が沈んだ。わずかに残る暮色の中をなおも進んで、新五合目手前でのビバークとなった。

二日目は、毎年晴れる確率の高い「文化の日」に当たっていたが、少しだけ天気が崩れた。小雪が舞い、頂上付近は雲霧に包まれていた。上部の登山道には雪があり、ロープには氷が張り付いていたが、ピッケル、アイゼン無しでも何とか登れた。新五合目を出発したのが朝の五時、九時一五分に山頂奥宮に達して、正午には出発地点に戻っていた。

こうして三七七六メートルを丸ごと自分の足で登ってみたいという私の願いは成就した。そしてますますこの山が好きになった。初めて夏登ったときにはお鉢めぐりをして、この山の群を抜く眺望に驚嘆した。二度目は冬に富士吉田から雪の大沢を登って、その美しさに感動した。その後は高所登山のためのトレーニングとしても登るようになったが、今富士山はさらに尽きることのない魅力をもつ山として私の前に立ち現れている。

池ノ谷(たん)　——裏剣への入口——

昭和五〇年に、山と渓谷社から名峰シリーズの一冊として『剣岳』が出版された。カバー表の写真は、八ツ峰上半部およびチンネと小窓の王に挟まれた三の窓を高く仰ぎ見る、いわゆる裏剣の夏姿、そしてカバー裏に使われていたのが「池ノ谷夕照」と説明が付けられた写真であった。

両側の黒々とした岩壁の間に鋭く切れ込んだ深い谷底に、夕日を浴びた雪渓がかすかに光り、やがて沈もうとする太陽のオレンジ色の光が、下にいくにしたがって濃さを増すグラデーションを見せながら谷一杯を埋めていた。本頁の中にもう一枚、大きなキスリングザックを背負った登山者の一隊が、V字谷の底を黙々と登っていく写真も載っていた。撮影は日本山岳写真集団としてあったが、池ノ谷の写真は、いずれも内田良平によるものであった。

これらの写真、とりわけ「池ノ谷夕照」は私に深い印象を残した。平蔵、長治郎、三の窓さらには小窓などの東面の明るい谷に比べて、暗く、陰鬱な印象を与える渓谷が剣岳の西面にあるということを、私はこの時初めて知った。かつて剣岳で岩登りをする人たちの中には、池ノ谷を登り、三の窓か長治郎雪渓上部の熊の岩で泊まる人も多かったと思われれてしまった。

る。現在は、そういう人たちは激減し、登山口である馬場島まで通じていたバスも廃止さ

その後、剣岳に登る時には、室堂からばかりでなく、大町から内蔵助平を通ったり、黒部からの長い水平道をたどって仙人池を経由したり、下山には早月尾根を下ったり、大日岳を越えて称名の滝に出たりした。八ツ峰や源治郎尾根をたどったこともある。しかし、池ノ谷は未知のルートとして残されていた。ようやく実際にそこを歩いてみようと思い立ったのは、定年を過ぎてからのことである。しかし、その年は梅雨明けが遅れ、白萩川の徒渉点まではたどり着いたものの、水量が多くてどうしても対岸に渡れない。泣く泣く引き返さざるを得なかった。

池ノ谷は「行けぬ谷」だという。白萩川との合流点から上は悪絶きわまりない険しさで、遡行は不可能に近い。それを回避するために白萩川を少し上流までさかのぼってから、小窓尾根を乗越して谷の上部に出る。そこからは雪があれば長い雪渓をたどって三の窓に達することができるのである。したがってこのルートが歩けるのは、梅雨明けから雪渓がかろうじてつながっているお盆の頃までのわずかな期間にすぎない。

六五歳になった八月の上旬過ぎ、馬場島山荘に電話を入れてみた。「今年は雪が多いので、なんとか歩けるだろう。しかし、人は入っていない」ということだった。

八月一二日の早朝、富山地鉄で上市まで行き、タクシーで馬場島に入った。白萩川の徒

渉点までは前回歩いている。その時よりは半月ほど遅い時期なので、池ノ谷の最下部にはすでに雪はまったく見られない。雷岩と呼ばれる巨岩がある徒渉点に着いてみて驚いた。二年前は激流の下になっていた岩が現れ、靴を濡らさずに渡れるのである。

そこから先のルートには多少の不安を持っていたが、明瞭な踏み後がある。ただ、急登につぐ急登で、重荷が肩に応える。時々休んでは、同じようにせり上がっていく対岸の急斜面を眺めながら一息入れる。登り着いたところが小窓尾根で、それを東にたどる。歩く場所により、白萩川と池ノ谷のいずれかの、あるいは両方の水音が聞こえてくる。白萩川の水音の方がやや近く感じる。

登り始めてからおよそ三時間半で一六一四メートル峰に着く。晴れていれば豪壮な剣岳の西面が眺められるはずなのだが、折悪しくにわか雨が降り出して雲の中である。しかし、しばらく待つうちに雲霧が動き、山影と谷筋が見え出す。剣岳の頂上は、直下まで迫っている樹木に覆われた早月尾根の背後である。その左側に早月尾根と小窓尾根に挟まれた長大な雪渓が見えている。これが初めて見る池ノ谷上部の姿である。狭く、急峻で、上部中央に剣尾根が降りてきている。右股は見えているが、三の窓に通じる左股は小窓尾根から張り出した岩峰に隠されてしまっている。

雪渓の末端を目指して下るが、固定ロープが何本も張られている急降下である。下り着いて右岸をしばらく遡行するとキャンプの跡が散見される場所に出た。雪渓まではあとわずかだが、ここなら安全で水を取りやすい。池ノ谷を正面に見る位置にテントを張る。雨が上がり、長治郎の頭から続く剣尾根のⅠ峰からⅢ峰までの岩稜が高々とそびえ立っている。その左に遠く小窓の頭、そして小窓の王も見えている。明日の第一目標地点である。

深夜、星が出て、小さな雲の形がいくつか見えるほかは、空は晴れていたが、そのまま朝になった。池ノ谷を登る絶好の条件に恵まれたのである。午前六時に雪渓の末端でアイゼンを付けて歩き始めた。二股の手前までで一時間、左股に入って谷が狭まる地点までさらに一時間。三の窓は遙か先である。一段雪渓を上がった左手に一張りの青いテントを見つけた。まだ寝ているのか入り口は閉ざされ物音がしない。そのまま通り過ぎる。

やがて両側が切り立ったV字状の谷底を埋める雪渓を歩くようになる。池ノ谷を登っているという実感が湧く。思ったほど威圧感はない。二カ所に雪渓の割れ目があったが、クレバスというほどのものではなかった。行く手の空が明るくなり、左手の岩壁の陰から朝日が顔を出す。谷底まで日が射し込み始める。V字状に広がる空をジェット機が横切り、その白い飛行機雲が青空を三角形に切り取る。一歩一歩登る雪渓の表面は小さなスプーンカットが連続しているが、その合わせ目が鋭い山の稜線を思わせる。少しうす汚れてはいるが、冬の日高山脈みたいだと思う。

雪渓の上端に達するまでが実に長かった。途中二〇分ずつ二度ほど休んだが、四時間半以上かけて登ったことになる。長治郎の頭から来る雪渓が合流し、その上に剣尾根の第Ⅰ

49　池ノ谷

朝日が射し込む直前の池ノ谷（2008.8）

峰が灰色の、人を寄せつけないきびしい姿で天を突き刺している。向かい側には小窓の頭が見上げても上部は見えないほどの高さで切り立っている。振り返れば、登ってきた池ノ谷がどこまでものびている。

そこから、崩れやすい岩屑を踏んで三の窓までおよそ四〇分、ついに念願の池ノ谷のトレースが終わった。反対側の、のびやかな三の窓雪渓に比べれば厳しさはあるものの、陰鬱どころか、剣岳西面の新たな魅力を教えてくれる明るい谷であった。チンネの登攀を終えて、熊の岩へ移動しようとしている人たちがいた。三の窓雪渓の状況を聞くと、一ヶ所雪が切れているが、問題はないということだった。

三の窓雪渓を下り、二股から真砂沢に行く途中で雨が降り出して、この日から北陸地方の天候は不安定となり、連日雷雨と集中豪雨に見舞われるようになった。天候といい、雪の状態といい、体調といい、三拍子揃った山行に、満ち足りた思いで山をあとにした。

未丈ヶ岳　――越後の春山――

山には色々な登り方がある。登山方法ではない。登るべき山の選択基準、意味づけと言ってもよい。その一つに干支（えと）がある。十二支に関わりのある山を登るのである。私は未年の生まれである。これに縁のある山は第一に蝦夷富士羊蹄（しりべし）山であろう。この山には昭和五四年に登った。当時私は三六歳、偶然にも未年の登山であった。これはあとになって気づいたことだが、未丈ヶ岳の場合は自分の干支に関係のある山であることはあらかじめ分かっていた。しかし、そのことに大きな意味を感じていたのではなく、スキー登山に好適の山として浮かんできたのである。

銀山湖に近く、越後三山、平ヶ岳、守門・浅草岳、檜枝岐周辺の山々に囲まれた地域の中にあって訪れる人のあまり多くない山のひとつである。積雪期は奥只見丸山スキー場から往復できるというので、四月に入ってすぐ出かけた。

一日目はスキー場から稜線に上がったところにテントを張った。雪が舞っていたが、ときどき近くのピークが見えて、天候は回復に向かっていた。翌朝、方向を間違えて時間をロスしたために、未丈岳への分岐に着いたときには九時になっていた。スキー場発の最終バスに間に合わせるにはギリギリの時刻だった。しかし、この頃にはすっかり視界が開けてコブの頭から見下ろすと、西に狭い支尾根が降りていた。

この時までに私は一つの決断をしていた。稜線上の段差が予想以上に大きくてスキーでの上りに時間がかかりすぎた。雪はよくしまっていたので、スキーを置いていくことにしたのである。その方が早いように思われた。天候に恵まれた雪山をスキーで思いのまま歩き回る楽しさは何ものにも代え難いが、私にとってスキーはどこまでも歩行のための用具であって、滑ること自体が目的ではない。私はスキーをデポし、両手にストックだけを持って歩き始めた。

最初の小ピークを越えると、もう樹林と呼べるようなものはなく、のびやかな雪尾根が続いていた。鞍部の吹き溜まりの雪もせいぜい膝下程度で、氷化してピッケル、アイゼンが必要なところもなかった。左側に雪庇の張り出した急斜面を落としているピークを右寄りに越えていくと、行く手に真新しい白紙を二つ折りにして伏せたたような美しい雪稜が現れた。超小型のモンブランとでも呼びたいような美しいピークである。その雪稜を踏むのが惜しくて、少しそれて斜面のなだらかな方を歩く。しかし両斜面とも急になってくるとそうもいかず、初めてトレールを刻む者の特権ということにして、忠実に頂稜をたどる。

丸山分岐のピークが間近に聳えていた。そこからゆったりと右に続く稜線の果てが目指す未丈ヶ岳である。主稜線直下は雪壁となり最上部に小さな雪庇を作っている。それを

春の未丈ヶ岳（1994.4）

破って頂上にはい上がる。反対側も急斜面だが、腰を下ろすだけの場所を確保して小休止する。

周囲に展開する雪山に呆然とする。北又川を隔てて対する荒沢岳が目を引く。地味ながらどこから見ても秀麗な山頂部をそびえ立たせているこの山は私のお気に入りのひとつだ。少し離れて越後三山の駒ヶ岳と中ノ岳が真っ白に雪をかぶっている。はるか彼方には平ヶ岳と燧ヶ岳が浮かんでいる。しかし、当面の目標はこれらの山々とは反対側、すぐ目の前に見えている未丈ヶ岳である。樹木に覆われた左斜面とは対照的に白一色の広大な東側斜面に雪庇が張り出している。距離感をつかむのが困難で、頂上を往復するのにどのくらい時間がかかるのか判断がつかない。時間がかかることを想定して早々に腰を上げた。

それが正しい判断であることがすぐに分かった。分岐からの下りは難所であった。この時期、稜線上の雪庇が大きく崩落して、その上を最近降った雪が覆っている。雪の下には落とし穴が隠されている。運よく堅雪を踏んだとしてもアイゼンをつけていない靴はよく滑った。岩や灌木が現れているところを選びながら歩いた。

広い尾根に出てからは雪庇にさえ注意すればよかったが、頂上までは遠かった。直下で群生するシャクナゲの灌木に行く手をさえぎられた。その藪の切れ目を縫って急斜面を登り切ると思いがけず人がいた。私と同じようにストックだけをもった二人連れで、広げたシートの上でお茶をわかしながら食事の最中であった。頂上はすぐ先だという。

じきに何の標識もないが平坦な山の最高点と思われる所に立った。正面に浅草岳が根張りのある大きな姿を見せている。鬼ヶ面山の岩壁が黒々と突き立つ左奥が守門岳だ。いずれもかつてスキーで登ったことのある山々である。東側には会津朝日岳、丸山岳、高幽山が同じような形の三つの美しいピークを連ねている。その連なりの先にあるのが会津駒ヶ岳である。このあたりの山には北アルプスのような華麗さも南アルプスのような重厚さもない。しかし、人の住む里を包み込んで幾重にも重なり合う山々は、いかにも山国日本というにふさわしい風景を作り出している。

山笑うとはこのような時期を言うのであろうか。確かに雪山ではあるのだが、光あふれる空の下で、山は冬の厳しさとはどこか異なるおだやかな姿を見せている。丸山分岐でも目にしたそういう山々の大観に再び見入っているところへ先ほどの二人が登ってきた。改めて互いに自己紹介をする。地元新潟の人たちで「今日はこの山頂は自分たちの貸し切りだとばかり思っていたのに」と笑った。シルバーライン途中のトンネルから登ってきたのだという。未丈ヶ岳に唯一開かれている夏道は、枝折峠に向かう国道からこのトンネルの避難所を経由して来るのである。

午後一時二〇分に頂上を後にした。光あふれる春の陽を浴びながら、前方に豪快な荒沢岳、右手に駒ヶ岳から兎岳に連なる雪山を眺めながらの贅沢きわまりない下山路である。越後三山只見国定公園のちょうど真ん中に位置する未丈ヶ岳はこの地域絶好の山岳展望台なのだ。そこから見える名だたる山々のほとんどに私は足跡を記している。

私は、無事山頂を踏んだことによる開放感とこの広大な天地を一人行く高揚感にあふれ、できることならそのまま雪原から大空に飛び発ちたいような気分だった。軟雪の斜面にときどき混じるブレイカブルクラストの部分にさしかかる毎に、足下から大げさな音を立てて氷片が滑り落ちていった。もし遠くから眺めている人がいたら私はまるで山を駆け下っているように見えただろう。

午後の太陽の下で陰影を増してくる雪稜に、一筋私のつくった踏跡が刻まれていた。それをたどって往路の半分の時間で分岐まで戻り、荷物を回収して最終バスに乗り込んだ。その日は久々に山間の宿に一泊、大沢温泉の浴槽に身を横たえた。

大源太山から朝日岳へ　――上越のマッターホルン――

格別何があったというわけではない。しかし、いつまでも忘れられない山というものがある。私の場合、この大源太山から朝日岳への山行がそうであった。

谷川岳には大源太山という名前の山が二つある。一つは谷川岳の西側、三国峠と平標山のちょうど中間あたりにある一七六四メートルの山、もう一つは北の清水峠に近い、七ツ小屋山のすぐ北にある一五九七メートルの山である。

だいぶ以前に、生徒を連れて平標山から仙ノ倉山、万太郎山を越えて谷川岳本峰まで縦走したことがある。このルートは、ポピュラーな天神尾根や西黒尾根と違って、この山の奥深さが感じられるロングコースである。そのときに西の大源太山のすぐそばを通った。しかし、私にとって気になっていたのは北の大源太山の方であった。理由はこの山が「上越のマッターホルン」と呼ばれていたからである。

九月に入って間もない頃だった。オーナーになっている鴨川の棚田の稲刈りが終わった翌日、池袋から新潟行きの夜行バスに乗った。午前三時半に湯沢ＩＣに着いて、地図を確認し、岩原スキー場駅を通って大源太キャニオンまで夜道を歩く。旭原で小休止、朝食を済ませて登り始めた。

予想していたより歩きやすい道で、二時間四〇分の後、難なく頂上に立った。台風九号が近づいているということだったが、まだ影響らしいものは見られず、秋晴れの空の下に上越の山々が見渡せた。南に谷川岳の本峰、北に巻機山、東には明日越える予定の朝日岳への山の連なりがあった。

すぐ目の前に七ツ小屋山がある。いったん下り、登り返す途中から振り返ってみて、この山がどうして「マッターホルン」なのかが分かった。東側が切れ落ち、西側にはこぶがあるが、それでもキャニオンに向かって急傾斜の斜面を下ろし、その上に見事な三角形の山頂を置いた山容はそう呼べないことはない。これをさらに清水峠に寄った稜線から眺めると、兜状のごつごつした岩山となり、東壁が正面を向いてさらに迫力を増す。

それにしてもかわいいマッターホルンだ。私は本物のマッターホルンも登ったことがあるが、はるかにスケールの大きな険しい岩山である。ヨーロッパでは、アルプの上は一木一草も無い雪と岩の世界となるが、日本では、どんな岩山でも探せば草が生えている。しかし、私は念願の「上越のマッターホルン」に登って満足だった。

七ツ小屋山で蓬峠に行くルートを分けて、清水峠に下る。笹原の中の道だ。谷川岳は東面の岩壁を除けば、この笹原が特徴的な山だ。一見したところ緑の褥だが、身を横たえるのに適した柔らかな草原ではない。送電線の下をくぐり、山小屋と見まごう立派な送電線監視所の建物の先に、三角形の小さな避難小屋があった。今夜はここ泊まりである。

上越のマッターホルン大源太山（2007.9）

水場は少し戻ったところにあった。小屋の背後に小さな鳥居と祠が作られていて、その向こうに巻機山から越後に続く山並みが見えていた。谷川岳には雲がかかり、その中に見え隠れする山頂をいっそう高く見せていた。少し早かったが支度をして、周りの山々を眺めながらゆっくり夕食をとった。

この時期、この天気の中で、他に一人の登山者もいないのが不思議だった。私は、贅沢な山の中の孤独の時間を楽しんでいた。何を考えるでもない。ただおだやかな自然の中にあることの幸福を感じていた。この山行が心に残っているのは、この時の眺め、この時に過ごした時間のせいかもしれない。

思えば、この年になるまで山で過ごした時間は膨大なものである。その分、より有意義な仕事に打ち込むべきではなかったかと思うことはある。もっと人のため、世のために直接役立つように働くべきではなかったろうか。しかし、私にはそういう使命感は希薄だったし、何かのためというと、いつもそこにすぐ偽善的なにおいを感じてしまうのだった。だから、山に限らず、いつも自分に忠実に、本当に自分がやりたいと思うことを追求してきた。そのこと自体は後悔していない。少なくとも自分に正直に生きてきたのだし、そうできたのは幸せなことであった。その到達レベルは、努力も含めて自分の能力の限界であろうと思っている。

風が出て、夜に一度止み、それから再び吹き始めた。明け方、目を覚ました時には雲霧があたりを覆っていた。しかし、荒れ模様ではなく、時折、上空に青空が見えた。五時三〇分に出発してジャンクション・ピークまで、およそ一時間半、そこから朝日岳を往復したが、残念ながら期待していた谷川岳東面の展望は得られなかった。

十数年前の六月、まだ多量の雪が残る尾根を白毛門を越えて笠ヶ岳まで登ったことがある。このときも天気が今ひとつで、一の倉沢をはじめとする岩壁は雲の中だった。朝日岳まではもうすぐだったが、装備が十分ではなかったために途中から下山した。雪が解けた後の斜面には一面、群生したイワウチワが花をつけていた。

ジャンクション・ピークまで戻ってから宝川温泉を目指して下った。小沢のほとりに茂るナナカマドの中には、早くも紅葉を始めている枝があり、ガマズミが赤い実をつけていた。さいわい渡渉点の水かさは、心配したほどではなかったが、それでも靴の中を濡らさずには渡れなかった。

無事渡り終えたところに遭難碑があり、石に彫った仏像が乗せてあった。ここの渡渉で若くして命を落とした人のものであった。そこから川沿いの長い道を宝川温泉まで下ったが、途中二度雨に降られ、昼過ぎにやっとバス停にたどり着いた。

谷川岳には何度か登っている。一の倉沢で一番やさしいルートとされる南稜を登ったこともある。「近くてよい山」というのがキャッチフレーズだが、近年は登山者が減り、したがって遭難者も激減した。そのこと自体は喜ばしいが、一抹の淋しさを禁じ得ない。

この日、私は宝川温泉からバスを乗り継いで湯の小屋温泉に向かった。そこには家内が先着していた。最近よくあるパターンである。この上州の名湯で山の疲れを癒し、翌日二人で近くを歩いた。台風が接近して、県内の鉄道に一部不通区間が生じたりしていたので、予定を切り上げて早めに帰宅した。

男鹿岳（おじか）　――栃木の藪山――

会津の藪山を愛する人は結構いるようだ。道のない尾根や谷をたどり、ときに背丈を超える藪をかき分けて人気（ひとけ）のない山頂に立つことが何とも楽しいらしい。

もちろん藪山は会津の専売特許ではない。日本全国これ藪山だと言ってもいいくらいで、私も夏の日高ではおおいに苦労させられた経験がある。

さて、会津、すなわち福島県と境を接する栃木県の地図を開いてみよう。カラー版の地図ならば、西側の茶色っぽく塗られた北の部分が那須、南東部が日光の山々である。それらに挟まれて塩原温泉郷がある。その北を見ると、やや茶色が濃くなって山々が密集している。これらも知る人ぞ知る藪山なのである。最高峰は大佐飛山（おおさびやま）（一九〇八メートル）だが、未だに登山道は開かれていない。

その大佐飛山のすぐ北にあるのが男鹿岳（一七七七メートル）である。地図で見るとすぐそばを林道が通っており、簡単に登れそうだが、実際はこの上もなく楽しい藪山である。十月の、山里ではそろそろ紅葉が始まる頃に出かけた。

塩原温泉から北に一時間ほど歩くと白戸という集落があり、その一番奥にある小山さんというお宅が最終人家となる。登山者をあたたかく迎え、山の様子を話してくれたり、庭先に引いた水を汲ませてくれる。

一〇時半にここを出発してひとしきり登り、林道に出てからさらに三〇分ほども歩くと山道が始まる。広葉樹林の中をなだらかに登る気分のいい道である。やがて傾斜が増すと、木々の紅葉が目立つようになる。遠目には緑と赤のだんだら模様に見えていた赤い葉を下から透かし見ると、太陽の光に燃えるようで、それに黄葉が入り交じる。

尾根に出て、右に山頂が見え出すが、左に大きく回り込んでからが実に長い。これが最後の斜面だろうという期待が何度も裏切られる。結局三時間以上かかって、着いたところが日留賀（ひるが）岳。この山域では人気のある山である。行く手には鹿又岳と大佐飛山。目指す男鹿岳は目立たないピークだ。背後に鶏頂山と釈迦ガ岳という二つのピークを持つ高原山が大きい。

鹿又岳の山腹が無惨に切り裂かれて林道が通じている。日留賀岳山頂からそこまで道は無いが、四〇分ほどの短い距離だとガイドブックには書いてある。しかし実際は違った。

藪に分け入ったのが三時三〇分。四〇分経っても最初のピークにすらたどり着けない。ネマガリダケとハイマツとその他の灌木が入り交じる藪は、頑強な抵抗を示して行く手を阻む。藪に結ばれた赤いビニールテープと白いビニールひもが時々現れるが、常時それらをたどっていけるほどは多くない。わずかに尾根を外しただけで藪の抵抗は格段に強固になる。また尾根筋に戻るのに一苦労する。

林道に向かって下ることになる二つ目のピークに至るまでに一時間半が経過していた。夕焼けが薄れ、空は暗さを増していた。急いで降りようと下をのぞくと、急な谷になっていることに気付いて大きく左に回り込む。ネマガリダケが抵抗する。いつしか首に巻いていたタオルを奪われ、眼鏡をはじき飛ばされた。両手でネマガリダケを掴みながら足元周辺を探してみるが、暗くてよく見えない。やむを得ず放棄することに決めて、尾根筋を下り続ける。

鞍部にはテントを張るだけの空所が見つかるかと思ったが、そこも深い藪だった。それから少し進んだ所でとうとう時間切れとなり、ネマガリダケを押し倒して、窮屈な空間にテントを広げる。傾斜している高い方を頭にして横になるだけの場所をかろうじて確保できた。夜半、月が出たが、水音にも似た谷を吹き上がる風の音が一晩中聞こえていた。

翌朝は五時半頃に明るくなり、六時過ぎに出発した。林道に出るまで二〇分。藪こぎはトータルで二時間二〇分もかかった。塩那林道を一時間ほど歩いた所に道路建設記念碑が建っていた。塩原側から二九・二キロメートル、板室側から二一・六キロメートルの地点で、昭和四一年から四六年にかけて道路を拓いたのは、栃木県知事の要請を受けた宇都宮駐屯の自衛隊一〇四建設大隊であったという。

目の前に大佐飛山が高々と聳えているが、間は深い谷に隔てられている。その先、男鹿岳の登山口まではそれほど遠くないはずなのだが、林道は徐々に下り始めていた。おかしいと思って引き返し、山側を注意深く見ながら行くと、灌木にビニールひもが巻かれた所から、かすかな踏み跡が上がっていた。

それをたどって尾根に出ると、あるようでないような踏み跡はさらに不分明となり、また、あの日留賀岳からの藪こぎが戻ってきた。しかし、今度は黄色い布きれの目印が増え、時々見失って思わぬ苦労をするのは同じだが、尾根筋は比較的分かりやすかった。

一七五四メートル峰から左に折れてさらに三〇分あまり行くと平坦となり、杉やオオシラビソが立つ笹藪の一角に出る。どこが頂上なのか全く見当がつかない。とりあえず、なおも目印を探しながら進んでいくとルートは下り始めた。これは別ルートだと判断して引き返し、荷物を下ろして、辺りを歩き回ってみた。

最高点と思われる所から樹林を透かしてみると、少し明るくなっている場所がある。藪をかき分けていくと、一本の木の枝に「男鹿岳」とだけ記した板が縛り付けられていた。その根方に半ば笹に隠れるように古びた三角点があった。

これまでも、樹林に囲まれた展望のない山頂に立ったことは何度もある。だが、ここでは何かが違っていた。周りは鬱蒼と茂る木々と笹藪ばかりである。決定的なことは、そこには道が無いことだった。山頂に近くなって、部分的に黄色いビニールひもが張られていたが、それほどここでは一度方角を失えば迷う危険が大きかった。

道が無い。標識も無い。山慣れた登山者以外に訪れる人もいない。この状態がいつまで保たれるだろうか。完成すれば日塩もみじラインと那須スカイラインとを結んで一大山岳観光道路になり得る林道がすぐそばまで来ている。今はまだ舗装も進まず、一般供与されていないが、それが解放されたあかつきには、おそらくこの辺りの様相は大きく変わるだろう。深い藪山でなくなった男鹿岳は、もはやこれほどの魅力は持ち得ないだろう。この何の変哲もない森に覆われた山がどうして見る人に感動を与えるのだろう。ふと日留賀岳山頂で見かけた「山は命の母、森はけもののふるさと」という文句を思い出した。

森は命を育み、生きとし生ける者の生の営みを護ってくれている。海に生きる生物さえ森に依存している。その生態系の中に保持されている厖大な遺伝子と、それが生きている環境とが人間を含めた生物を存続させている。今日、地球規模で加速している森林破壊から見れば、この森の中に通じている一本の林道など取るに足りないものかもしれない。しかし、なおそれは今後大きく広がる可能性のある一筋の傷のように目に映る。日本全土に広がっているこの種の傷をこれ以上大きくしてはならないだろう。

ルートが分かっている下りは早かった。一〇時半頃には林道に出られるはずだった。ところが、尾根からの下り口を見つけ損なってしまった。オオシラビソが二本並んで立っていてビニールひもの目印があるはずだった。その場所らしい所で目印を発見できずに通り過ぎてしまったのである。それに気付いて、適当なところから下りようと思った。

藪の中を半ばすべり落ちて行くと、林道の側壁の上部に出た。高度があり降りることができない。無理をすれば確実に骨折する。ネマガリダケに掴まりながら、降りられる所までトラヴァースすることにする。しかし、逆向きのネマガリダケに押し出され、万一足を踏み外せば転落の恐れがある。やむを得ず全エネルギーを集中して藪を乗り越え、少し上部をトラヴァースしていく。行く手に何本かオオシラビソが見え、そこまで到達できれば降りられると思った。

無事林道に降り立ったのは一一時一五分。山は紅葉のたけなわだった。何年ぶりかで見る豪奢な綾錦を独り占めにしながら、板室温泉まで五時間、車の上がって来ない林道を歩いた。

笈ヶ岳　――加賀・飛騨・越中国境の山――

残雪期が登山適期という山がある。夏道のない藪山で、無雪期には入山困難だが、残雪期には藪は雪に覆われて比較的容易に歩くことができ、しかも厳冬期よりも天候は安定し、雪があることで水にも不自由しない。白砂山に続く信越国境の佐武流山などもそうであるが、この笈ヶ岳もその一つに数えられる。

四月中旬に、六月までは閉鎖という白山スーパー林道入り口にある中宮温泉に電話をしてみた。連休までにはバスが入ると思うが、もし開通しなければ五キロ手前の一里野から歩くことになるという返事だった。

例年の実績から心配はしていなかったが、四月二九日にようやく中宮温泉まで開通したというバスを登山口である白山中宮で降りた。午前十時半。山登りにはやや遅い時間だが、このバスは金沢方面から私鉄に乗り換えた鶴来という駅が始発で、午前と午後に一本ずつ、一日二本しかない。昔は白山下まで来ていた鉄道も今は短縮され、それに代わるべきバスも利用者減、便数減で、その不便さからますます利用者が減るという公共輸送機関おきまりの悪循環に悩んでいる。したがって登山者のほとんどは自家用車利用である。今回その便のない私は、道を尋ねたおばあさんの「一人かね。クマに気をつけてね。」という声に送られて歩き始めた。

白山三宮の一つという笥笠神社の前を過ぎてしばらく行くと「落石の恐れがあるため進入禁止」という通行止めがしてある。しかし、施錠されているわけではなく、簡単に取りのけることができるのでほとんどの車は乗り入れているようだ。尾添(おぞう)川支流の雄谷を渡るとじきに行き止まりとなる林道からさらに上につけられた道をたどる。バス停からおよそ一時間ばかり歩くと、右手から幅の狭い石段が斜めに下りて来ている。下部が崩壊した土砂で分かりにくくなっているが、少し登って左折すると、細く一直線に続く階段の長さに驚かされる。

ややきつい歩幅の石段をようやくのことで登りきると、中宮発電所の貯水池がある。満々と流水をたたえた、さほど大きくないコンクリートづくりの貯水槽で、その東側から尾根上に山毛欅(ぶな)尾山に至る踏み跡が続いている。

しばらく登ると、巨木となった杉林を抜けたあたりの斜面に一面カタクリが咲いていた。麓にも群生地があって、花そのものはそちらのほうが美しいが、重荷を背負っての登り坂で出会う花の姿には心が和む。この時期、雪の消えた地表にはカタクリの他にスミレやキクザキイチリンソウなどが咲き、樹にはコブシやムラサキヤシオツツジなどが花をつけて目を楽しませてくれる。

予報では天気は下り坂ということだったが、この時点では大して心配するような状況ではなかった。頂上に至る最後の急坂の手前で何人かの下山者に会った。冬瓜平まで行きたいと言うと、中でベテランと思われる一人が時計を見ながら、ぎりぎりだなと心配そうな顔をした。

山毛欅尾山の山頂は一面の雪に覆われていて、行く手に大笠山から笈ヶ岳の稜線が望まれ、反対側には白山のボリュームのある山塊が見えていた。途中思いの外時間を費やして時刻は午後四時、ここからコースタイムに記された二時間で冬瓜平まで行けるかは微妙なところだった。途中でも適当なところを見つけてテントを張るつもりで先を急いだ。

予想していたこととはいえ、その先は時間がかかった。単に距離が長いというだけではなく、それまでと違って登路がはっきりせず、とくに雪が無くなっているところでは藪の中でのルートファインディングを要求された。しかし、要所に赤布の標識やテープがあり、気をつけていればなんとか正しいルートをたどることができた。

夕闇が迫っていた。さらに雨が落ち始めた。何度目かの小ピークを越えたところで午後六時を過ぎてしまった。前夜の夜行バスの疲れも溜まっていたので、それ以上無理をするのはやめて、山毛欅の林の中の、そこだけ雪の消えている一画にテントを張った。

その夜は木の葉を揺るがす突風のような音に悩まされ続けたが、テントをたたく雨音はそれほどひどくなかった。午前三時頃に目が覚めて外の様子を窺ってみたときには、風は強いものの、山のシルエットがはっきり見えていて、歩けないことはないと感じた。朝食を済ませて出発の準備をし、午前五時に外に出たときにも最悪の天候ではないと思った。

歩き始めてしばらくして、周囲の山々が薄い雲霧に包まれた。風が止まず、雪雲に覆われてしまうようであれば前進をあきらめざるを得ないかもしれないが、ともかく冬瓜平まで行ってみようと思った。

小一時間でそれらしい場所に出た。そこから右手の冬瓜山の裾を巻くトラヴァースは思いの外長かったが、その途中で単独行の男性に会った。笈ヶ岳には昨日登ってしまい、これから下山するという。上に女性三人のパーティーがいるが、この天気だから気をつけるようにと言って下りて行った。

正面に笈ヶ岳が見えていた。条件さえ良ければ二、三時間で往復できそうに思えた。しかし、上空を灰色の雲が強い風に乗って流れていた。これがピークにまで懸かるようになると状況は厳しくなる。

ルートは先ず冬瓜平からいったん下る。右側山頂部の岸壁から三筋の滝が落ちていて、とくに水量の多い中央の水音が谷間にこだましていた。谷の反対側からも水流の響きが聞こえているが、いずれも先端は谷を埋めた雪の下に流れ込んでいる。やがて稜線までの長い上りが始まる。雪は表面が柔らかくアイゼンをつけるまでもない。ピッケルだけしっかり雪面に差し込みながら登る。小さめの靴跡がある。先行の女性パーティーのものだろう。

鞍部に出て左に稜線をたどる。右手にもう一つ山稜があり、ルートはシリタカ山から一度下ってからその稜線をめがけて登り返している。南から雲が吹き上がり山頂部を覆っていて嫌な予感がした。しかし、あと一時間もかからないだろうと思い一歩を踏み出す。頂上に続く稜線に出るまでに雪の途切れる場所があり、木の枝をまたいだり、くぐったりして藪を乗り越える。そこから先はほぼ岐阜県側の雪の上をたどるが、小笈（こおいずる）の上り下りがやや急斜面だ。それを越えたところで下山してくる三人のパーティーに会った。大阪からの女性グループだった。「こんな日に登ることになってしまって」とリーダーが残念そうにつぶやいた。

　頂上はそこからすぐだった。それまでと同じような雪の斜面の上部をたどってから、最期に小さな藪を乗り越えると狭いながらポッカリ開けた山頂部に出た。三角点と山名・標高を刻んだ標柱、それに小さな石造りの祠があって、中を覗くとこれまた石を彫った小さな顔が覗いていた。八時十五分。視界は効かないが、一時風雨が止んで静かな時間が流れていた。カメラをテントに置いてきてしまっていたので、山頂の小石を一つ拾う。白山が見えないのは残念だが、その姿は以前、冬に大日ヶ岳と鷲ヶ岳に登ったときに目にしている。

　帰路は藪尾根を乗り越える入り口を見出すのに多少手間取った以外は比較的スムーズに冬瓜平らまで戻った。しかしその後で予想外の苦労が待ち受けていた。冬瓜山から落ちてきた石が散乱する谷筋をトラヴァースしてからのことだった。たどるべき尾根をすぐに特定することができなかった。赤布の標識も無く、先行パーティーのトレールも雨のために不明瞭になっていた。似たような起伏の中のどれをたどればよいのか判断に迷った。上部ではほんのわずかの方向の違いでも、下部では拡大されて、まるで違うところに出てしまう。

固雪の上にアイゼンの跡があったが、その爪跡は注意しないと見失うほどにかすかだった。慎重に見極めながら、それを忠実にたどっていくと赤布が見つかった。雨がしみこんで黒ずんでいるところがトレールに見えたり、スプーンカット状の雪の上に人が歩いたような跡があったりして、うっかりしていると違うところを下りてしまっている。そのたびに戻った。藪を横断するところが一番危ない。そういうところには普通テープや赤布の標識などがあることが多いのだが、いつもあるとは限らない。

結局、登りと同じくらいの時間を費やしてなんとかテントまで帰り着いた。全てが濡れて重くなった荷を背負って、歩き出した時にはすでに十一時半を過ぎていた。その後も山毛欅尾山までの樹林帯で何度か迷い、山毛欅尾山からの下りでは杉林の中で一度ルートを外した。その都度赤布を見出すまで登り返した。

もうひとつの困難は、雨のために踏み跡がぬかるんで滑ることだった。このために下山の予定時間は大幅に遅れ、四時のバスには間に合いそうもなかった。そろそろ貯水槽に出ると思われる頃、「お父さん」という子供の声を聞いたような気がした。

やがて現れたのは、例の三人の女性パーティーの一人であった。最後尾を歩いていたメンバーがいなくなったという。それでその人の名前を呼びながら戻ってきたというのである。私は誰にも会っていないので、貯水槽からまっすぐ下るもうひとつの道を下った可能性があると思った。続いて登ってきたもう一人の話からその通りであったことが分かって、どうやら遭難騒ぎにならずに済んだ。

再び長い石段を下って林道に出た時にはすでに四時を過ぎていた。昨日、路肩に停めてあった車で残っていたのは大阪の泉ナンバーの一台だけだった。降り続く小雨の中を、白山中宮を目指して歩き始めた。

三十分も歩いたと思われる頃、後ろから先ほどの車が追いついて座席が汚れるのも厭わずに載せてくれた。中宮温泉の旅館を予約してあると言うと、自分たちも温泉に入りたいからそこまで送ると言う。思いがけずバスとそれほど違わない時刻に宿に着くことができた。聞けば三人はここへ来る前に東北の山を登ってきた帰りだということで、かなり山慣れた人達だった。ルートファインディングが確かだったわけである。

日本の秘湯の一つである宿で、浴槽に身を沈めながら私は今回の山行を思い返した。笈ヶ岳は長らく心に掛かっていた山の一つだった。きわどいところもあったが、ともかくも無事登頂を果たして下山できて嬉しかった。天候は今ひとつだったが、それなりに心に残る春の雪山であった。

野伏ヶ岳（のぶせ） ――春スキー行――

早朝、宿のご夫婦に朝食の用意と駅までの送迎をしていただいて、六時の町営バスに乗り込む。基本的にはスクールバスだというのだが乗客は私一人である。白鳥から桧峠を越えて石徹白（いとしろ）の上在所までは一時間足らずで、白山中居神社の前に降り立つ。部分的に緑青を吹いた黒い銅製の大鳥居の背後に、数本の杉の巨木がそびえている。境内は歩くのも困難なほどの雪に覆われている。左手石徹白川の対岸には目指す野伏ヶ岳のピークが高々と見える。

春とはいえ、まだ雪が厚く残る林道を、キャンプ用具一式を詰め込んだザックとスキーをかついで歩く。上部で足が埋まるようになってからスキーを着ける。杉林の中をうねうねと続く道をひたすらたどる。上空には昨日とは一転して快晴の青空が広がっている。

一昨日は、白川郷から東に三時間ほど登った山中にテントを張ったのだが、夜半過ぎから雨が降り始めた。朝方、テントの外に出てみると雨足はそれほど強くなく、トレールが消えるほどではなかったので、ときどき雲霧に視界をさえぎられながら、ともかくも猿ヶ馬場山の頂上に達した。雨は終日降り続いた。全身濡れたままで途中、まだつぼみが固い荘川桜を見ながらバスで美濃白鳥にたどり着いた。

春は短い周期で天気が変化しやすいので、登山もそれへの対応が必要である。冬のような寒さの後で、春を感じさせる陽気に恵まれたりする。その逆もある。汗ばむのを感じながら二時間ほど歩くと、いきなり目の前が開けた。牧場跡と言われるなだらかな起伏が広がっている。前に野伏ヶ岳、後方北寄りには白山から続く尾根が降りてきていて、山上に開けた別天地という印象だ。野伏ヶ岳自体も実は白山の支稜線上の山である。

白山から南に伸びる稜線は、三ノ峰で西に赤兎山、経ヶ岳に続く支稜を分ける。その先で稜線はさらに二分し、一方は銚子ヶ峰から大日ヶ岳へ、もう一方は願教寺山から野伏ヶ岳を経て、やがて西に向きを変え、遠く能郷白山方面に続いている。奥美濃というのは越前と美濃を分ける越美山脈と近江と美濃を分ける伊吹山脈、およびその周辺の山々を指すというのだが、実際に福井県と岐阜県の境界線をなしているのは、野伏ヶ岳を含む稜線である。ところが国土地理院の地形図は別として、一般の地図では野伏ヶ岳は山名さえ記載されていないものが多い。かつての和田牧場はこの大日岳と野伏ガ岳の間の景勝地にあったのだ。

野伏ヶ岳はくまなく雪に覆われた山肌を朝日に白く輝かせ、左右からせり上がる稜線を形のよい円錐形の山上部が受け止め、さらにもう一本、ダイレクト尾根とよばれる積雪期のルートが左側から正面に突き上げている。夏は一面の笹藪で登る人もいない道の無い山であるが、その藪が雪に隠れている現在は、休日には駐車場が満杯になるほどの登山者が全国からやって来るという。

ルートは、広い牧場跡を横切り、左寄りにゆるく登ってからダイレクト尾根までトラヴァースする。尾根に出てからはそれを忠実にたどるだけである。最初の急登部分で前を行く二人連れに追いついた。東京と横浜から来たという私とほぼ同年代の男性である。一人はアイゼンと輪カンジキ、もう一人は幅広のショートスキーとスノーシューという装備である。この相棒がスキーの名人と呼ぶ人は、上りは頂上までスキーを背負っていた。長年日本の山を登り続けてきたらしく、「この山は、大体主な山は登りつくしたという人がやって来るところだ」などと言う。

頂上に続く斜面に出る最後の急坂の下でスキーを脱いでデポした。表面がクラストしてはいるが、雪は柔らかく、登山靴で踏むとしっかりと受け止めてくれる。尾根を登り切った少し先に大きなシュルントが口を開けていた。それを慎重に乗り越えると頂上まではすぐだった。ただ丸い雪面があるばかりで標柱も山名表示板も無い。たとえあったとしても雪の下であろうが、なんとなく物足りない。猿ヶ馬場山ではこれがもっとひどかった。その名の通り馬場のように広い頂上のどこが最高点なのか分からないのである。とりあえず先蹤者の足跡が途切れたところをそれとするしかなかった。

それにひきかえ野伏ヶ岳は何という爽快な頂上であったことだろう。後から登り着いた例のベテランが「何とも豪快な頂上だ」と表現したとおり、周囲に視界をさえぎるものは何もなく、見えるものは山また山ばかり、しかも全てが目の下である。事実上はもっと高い白山もはるかに遠い。驚くべきは背後の南から西の方角に重なり合う山々である。濃尾平野の北にこれほどの山があろうとは思いもかけなかった。

濃飛と呼ばれる地域のうち飛騨山脈は、いわゆる北アルプスで比較的知識があるといってよい。しかし、さらにその西側の飛騨高地は、何回か登山で訪れるようになってようやく概念がつかめてきたところである。奥美濃は会津と同様私にとって長い間、秘境めいたところであった。その秘境であった白川郷もユネスコの世界文化遺産に登録され、白山スーパー林道に続いて東海北陸自動車道が縦断しようとしている。現在、未開通区間となっているその核心部分が、計画によると猿ヶ馬場山の下あたりを通るようである。

思いは複雑である。日高山脈の下にもトンネルがうがたれる時代である。われわれ人間の生活が便利になっていくことの恩恵は否定しないが、生活と密着していたはずの自然がますます遠のいて観賞的に楽しまれるだけとなり、その根元的深さと恐ろしさが忘れ去られないことを願いたい。

風が強かった。麓では快晴微風という快適な春の気候であったが、山の上では気温が下がり、ゆっくり座って休憩などという気分にはとてもなれない強風が吹いていた。それでも私は三〇分余り立ったままで、わずかな軽食と飲み物を口に入れながら、この何も無い、しかしこれ以上贅沢な眺めもない頂上を去りがたい思いでいた。

二人が先に下り始めた。スキーを履いている方が当然、格段に早い。見事なシュプールを描いて降りて行き、ところどころで立ち止まって、相棒を長い時間待っている。そのかたわらを私は安全第一にゆっくりと下る。条件がよかったせいもあるが、登り約二時間半、下りは一時間半もかからない、予想していたよりあっけないほどの山であった。しかし、心は春の山を存分に堪能したという満足感に満たされていた。

牧場跡まで下ってきた二人連れのうち、スキーを履いていなかった物静かな男性が頂上を振り返り、「二時間前にはあの上にいたんだな」と感に堪えたようにつぶやいた。私も、たおやかに立つ野伏ガ岳にもう一度目をやってから、ここで泊まる用意をしてきた重いザックを再び背負い、スキーを着けて二人の後を追った。

大笠山　――大門岳から――

日本山岳会の「日本三百名山」には「加越・濃飛」という地区項目がある。加賀、越中、美濃、飛騨を指すのであろうが、それまでこの地域の山々は私には比較的なじみが薄かった。とりわけ白山山系の北部にあたる加飛越国境の山々は一般的にも辺境の山であったという。

三国の国境がちょうど合わさるところにあるのが笈ヶ岳で、長く登山道がなく、すぐ南に三方岩岳、北に大笠山があるのだが、積雪期以外は、深い笹藪をかき分けなければいずれの山からも縦走は不可能であった。

三方岩岳は、今では白山スーパー林道の途中からハイキング気分で登れる山となってしまったが、大笠山の方は未だ奥深さを残す山である。八月下旬、この山のさらに北にある大門山からテント一泊で登った。

合掌集落が世界遺産となった白川郷と五箇山のちょうど中間にある西赤尾から、ブナオ峠への車道が上がっている。よく水害で通行止めになる道だという。このときは刀利ダムに下る道が通行止めであったが、峠までは入ることができた。

以前は上平村営のキャンプ場があったというが、今はその痕跡も認められない。ここに車を置いて、午前一一時過ぎに登山を開始した。その日の朝、白山スーパー林道が開くのを待って三方岩岳に登ってきたためにこの時間になってしまったのである。

一時間と少しで大門山分岐に着く。ここにザックを置いて頂上を往復する。それまでの晴天が曇って、雲霧が流れていた。視界は効かず、遠雷が聞こえた。猛暑が続いた後の台風一過で、晴れるかと思われたのに前線の影響が残り、各地で大雨が降った。以来大気の状態は不安定で、午後には雷雨に見舞われるようになった。

雨をやり過ごして午後二時、赤摩木古（あかまっこ）山に向けて歩き出す。水の無いルートなので三リットルほど背負っているのが肩に重く感じられる。尾根通しに三〇分ほどで頂上。時折雲霧が切れて、はるか遠くに大笠山らしい山影が見えた。

ナタメ平で泊ろうかと考えていたのだが、暗い鞍部だったので、もう少し先に進んでみる。しかし、平坦な場所はなく、やむを得ず、登山道にテントを張る。熊は無理だろうが、人なら何とか脇を通れる。

夕方早めに食事を済ませて寝袋に入る。日が落ちてしばらくすると、テントの東側が明るみ、草葉の影が映っていた。外に出てみると月が出ていた。満月である。そのため空全体が青っぽいが、それでもいくつか星が見える。翌日の天気は期待できそうであった。

翌朝五時三〇分、余分な荷物はザックに入れてデポし、雨具、カメラ、行動食、水だけを持って出発した。道は刈り払われていて歩きやすかった。見越山まで一時間、奈良岳まではもっと早かった。

　ところが奈良岳と大笠山の鞍部まで来たとき、ルートは一変した。そこには草刈り機二台と、混合ガソリン、替え刃、作業手袋などが放置されていた。そういえば、見越山を下ったところにもそれらしい痕跡があって、登山者がビバークした跡かと思っていたが、そうではなく、作業員は一時的に山を下りているのだ。この先作業の完了まではおそらく何日も要することであろう。

　環境庁の下で富山県と石川県が管理しているらしいこの登山道は、桂湖からの道が開かれて以来、利用者が少なくなっているようだ。鞍部から大笠山への猛烈な藪が雄弁にそれを物語っている。

　ネマガリダケを主体とする藪は、登りでは顔を打とうとするササを胸元でかき分けていく。トレールがはっきりしている間はいいが、それがはっきりしなくなると、どこをどう歩いてよいか分からない藪の中で踏み迷う。男鹿岳とそっくりの状態である。

　そのために大幅に予定時間を超過して、何とか山頂部に抜け出した時には歩き出してから五時間が経っていた。山裾に見えていた岩峰を回り込むと、裏側はスラブ状の壁になっていた。どこから見ても大きな山容のこの山は、たしかにスケールにおいて周囲の他の山とは一段違う。

　頂上に立つと、目の前に形に特徴のある笈ヶ岳が見える。残雪期に登ったときの記憶がよみがえる。登りには一面にカタクリの咲く大斜面があった。あの時は、頂上は雲霧の中で何も見えなかった。

昨日、反対側の三方岩岳から見たのと同じ深い藪が間にあった。かつて歩かれていた縦走路でさえこの通りなのだから、道の無い藪の通過は想像もできないほどの困難さだろう。途中、稜線の向こうに見えていた白山は雲の中に隠れてしまっていた。

私は、この山域の中でももっとも奥深い頂きに立っていた。「加越・濃飛」と呼ばれる地域の山々がどのような姿をしているか、実際にこの目で確かめられたという思いがあった。田んぼの中に立つ合掌作りの家々は日本のもっとも美しい風景のひとつであろうが、それらの集落はこの深い山々に囲まれ、育まれたものなのだ。

翌日、私は白山宮のある五箇山の上梨から人形山に登った。前日、大笠山の一三時間に及ぶ行程を歩いたにもかかわらず、最後に一山を登る余力が残っていた。悪路を乗り切って着いた登山口に車を置いて、一本調子の尾根道を上がっていくと、およそ二時間で白山宮の奥宮が置かれていたという宮屋敷跡に達する。

ここから右に人形山、左に三ヶ辻山を眺めながら灌木と草原の中の道を行く。一度下ってから登り着いたところが三ヶ辻分岐。再び正面に「加越・濃飛」の山々が眺められる。一番奥に白山、左に三方崩山。ということはそのすぐ右のピークが奥三方岳だ。ここからは右端が見越山となり、そこから左に奈良岳、大笠山そして笈ヶ岳と並んでいる。

私は人形山頂上で登山靴を脱ぎ、気持のよい草原に横になって、これらの山々を眺めながら小半時を過ごした。アザミがすでに白い種に変わり始めていた。すぐ隣りにはより標高が高く、ピラミダルな三ヶ辻山があった。分岐から一時間もあれば往復できるだろう。普段なら登らずに帰るなどということはあり得なかった。しかし、私は、疲れていたせいもあったのだが、なぜか深い満足感に満たされ、この人形山で今回の登山にピリオドを打って下山したのである。

黒法師岳（くろぼうし）　――南アルプス深南部の山――

通称南アルプスと呼ばれる赤石山脈は、北の甲斐駒ヶ岳から一応の南端とされる光岳（てかり）まで、六〇キロメートル以上にわたって三千メートル前後の高峰を連ねる長大な山脈である。ほぼ中間に塩見岳（三〇五二メートル）があり、最高峰は北部にある日本第二の標高をもつ北岳（三一九三メートル）、盟主は南部にある赤石岳（三一二〇メートル）である。

その南アルプスのさらに南は深南部と呼ばれ、この山域の特徴である鬱蒼たる森林に覆われた数多くの山々が存在する。光岳（てかり）で分岐した東側の尾根は信濃俣から大無間山へと続き、西の尾根には加加森山、池口岳が連なり、熊伏山に至る。その二つの尾根の南側、大井川と天竜川に挟まれた一帯にはひしめくように頭をもたげている峰々がある。そのほぼ中央にあるのが黒法師岳（二〇六七メートル）である。まだ時折は雪が降り、春が一進一退をくり返している三月下旬にこの山に登った。

熊伏山のすぐ東に青崩峠という、今は史跡のようになってしまった峠がある。かつては信州と遠州を結ぶ信州街道（秋葉街道）の重要な峠道で、塩の道でもあり、諏訪大社、秋葉神社への参詣人が往復し、近世には女工たちも越えた。今国道は山の崩壊地帯を避けて大きく迂回している。信州の秘境の一つだった遠山郷から兵越峠を越えて水窪（みさくぼ）に出るまでが実に遠い。ようやく人家が現れるあたりから、今度は東に向きを変え、再び山中に入ると水窪湖がある。ロックフィルダムを渡って、さらに未舗装の林道を奥に進む。やがて暗い林の中に戸中川（とちゅうがわ）東俣林道のゲートが現れる。今夜はここで車泊する。

暗いのは、実は林の中だからだけではない。夕方で、しかも天候があまりよくないのである。天気は下り坂で、夜にも雨が降り出すという予報であった。山沿いでは雪になる可能性が高かった。一人山に向かいながら、今日は珍しく逡巡する気持ちがあった。

山が嫌になったわけではない。でも、こんな時期の、こんな天気の中で、上部は雪であることが分かっている、どう見ても地味な山に、どうして一人苦労して登ろうとするのだろうという思いがふと湧いた。古井由吉の「山に行く心」というエッセイ集の中に同じタイトルの文章がある。自身山にも登るこの作家は「山に行くのはしょせん好きで行くのであって、その他のもっともらしい理由をつけることはつまらないことであるが」と断った上でこう言う。

「この単純明快な『好き』ということにはしばしば意外に深い、ほとんど本源的と言ってもよいような心身の欲求をふくんでいることがあるものだ。都会人の登山について言えば、生きた空間を取り戻したいという欲求があきらかにはたらいている。都会の生活では空間は閉鎖的になるか、そうでなければただ平板にひろがるか、そのどちらかに傾きやすい。それにつれて人の存在感も根もとにおいて閉鎖的になるか、群衆的なものへひろがってしまうか、どちらかになりやすい。いずれにしてもそれによって張りを失った空間感覚と存在感を、平地から谷へ、谷から尾根へと運び上げて、地形の中にある人間のかたちを掴みなおそうとする。山地から平地へひらけてゆく自然の地形の展開を、途方もない時間の推移を逆に遡っていくことによって、存在を原始的なものへと煮つめていき、それからまた平地へ下ることによって、自然から文化への展開を自分の足と躰で確かめようとする。」

それもそうなのだが、私が山に向かうのはもっと単純に、そこに展開する世界を目のあたりにしたいという止むに止まれぬ衝動に突き動かされるからだ。私の心の中には山を怖れる気持ちがある。同時にその懐に入って安らぎたいという気持ちがある。容赦ない自然の力を怖れると同時に、それを克服して自分を生かしてくれているものに同化し、その秘密の美と真実に対面したいという欲求がある。自然の奥義、その驚異に触れたいという思いが私を山に引きつける。

夜の間、時折車の屋根をたたいていた雨は、明け方には止んでいた。五時に起きて食事を済ませ、用意を整えて、六時五分に歩き出した。春分を過ぎたばかりで、あたりはすでに明るく、周囲の山も見えていた。その山腹をゆっくりと雲霧が流れていた。

左手はるか眼下に、まだダムによって去勢されていない東俣沢が、高い瀬音を響かせている。その流れに右手の山側から何本もの枝沢が入る。それらをまたいでいる橋を渡りながら長い林道を行く。ひときわ水量が多い日蔭沢は少し離れて見ると橋をはさんで上下に続く一本の長い滝のようだ。一時間半、およそ六キロ歩いて右に林道支線が分かれるすぐ先が登山口であった。

ヒノキの林の中を右斜め方向に登っていくとやがて小さな尾根に出て左折する。等高尾根と呼ばれ、道の両側にはアセビが多い。もっと南の山ではもう花房をつけているのだろうが、ここではまだ蕾も見あたらない。展望のない道をひたすら登っていく。木の根を回り込んだり、急傾斜を登りやすいようにつけられている細い道は、登りは間違うことはないが、下りは注意しないと分かりにくい。雪があるとなおさらだ。そのため要所に赤い布やテープがつけられている。それらが目につかなくなったら要注意だ。

ゲートに行方不明の登山者の情報提供を求める木の札が立てられていた。昨年の一〇月に入山した六一歳の男性が帰らないという。山の危険を過小評価することも、人間の能力を過大評価することも危ないが、私が常に心がけていることは、自分が今歩いてきた道を確実に戻れるかということである。これができるかぎりは大丈夫だと思うのである。

一時間ほどで一時傾斜がゆるむ地点に出る。鞍部とよばれるところだろうと思うが、すぐにそれまで以上の急な登りとなる。途中一箇所右手がガレたところを通過するが、ここから目指す黒法師岳が望まれた。このあたりから登山道にうっすらと雪を見るようになった。昨夜降った雨がここでは雪として残っているのだが、やがてもっと多量の残雪が道の屈曲部を埋めるようになった。氷化していると足を取られて難渋する。アイゼンを持ってこなかったことを悔やむが、いまさらどうしようもない。

一七八五メートルのピークを過ぎると登山道はところどころ雪の下に隠れ、慎重にルートを確かめながら雪の斜面を登るようになる。登山口に置かれていたノートによれば、二日前に二人の登山者が登っているはずだが、その足跡はごく部分的にしか残っていない。この頃から遠くの山を覆っていた灰色の雲がここにも押し寄せ、雪まじりの強風が吹き始めた。低気圧は、はるか北のはずだが、そこから伸びている前線の通過である。

笹藪が途切れ、右手に崩壊した谷が現れ、そこから吹き上げる風をもろに受けるようになった。ヤッケのフードを深く被り、先を急ぐ。黒い砂礫が凍ってよくすべる。アイゼン無しでどうしても通過できない場所に出会ったときには潔く退却することも考えていたが、ここまで来れば頂上は近い。時間はまだ一一時前、滑落だけはしないように一歩一歩足場を確かめながら慎重に歩を進めた。

ほどなくバラ谷の頭への分岐を示す道標が見えてほっとする。ここから頂上はすぐのはずである。左の笹藪の中の雪の斜面を登っていくと、林の中にポッカリと白く大きな円丘が現れた。そのほぼ真ん中あたりに標高が書かれた標識の頭だけが突き出ている。不思議な感じがした。樹林に囲まれた頂上はたいてい平坦なのに、ここでは明らかに円頂状を成している。それが雪であるだけなおさら美しい。

頂部に＋ではなく×と刻まれていることで珍重されているという一等三角点は雪の下で

ある。そのあたりに目をやると、木の切り株になにやら書かれたものがビニールのカバーに覆われて縛りつけられている。読んでみると、国土地理院の発注業務で法令に基づく許可を得てこの木を伐採したという断り書きであった。六月になると、この黒法師岳から丸盆岳にかけての稜線にはシロヤシオが咲くという。もう少し南の山では四月がアカヤシオ、五月がシロヤシオの開花時期だが、より北で、高度が高いこのあたりではひと月遅れるようだ。

深南部の山々はほとんどがスギ、ヒノキ、ツガ、シラビソなどの針葉樹に覆われている。そのなかにブナなどの落葉樹が混じる。アルペン的な風光には欠けるが、それだけ日本的な山の滋味がある。この森が水を溜め、空気を浄化し、生き物を育み、人間にも豊かな恵みを与えてくれている。それだけでなく人間の美感、情感、精神にも働きかけ、宗教的ともいえるような落ち着きと安らぎを感じさせてくれる。

黒法師岳はまさにそのような典型的な山の一つである。黒々とした針葉樹に覆われているところからその名がついたと考えられるが、私の心の中に刻まれた山頂部の雪の円丘はいつまでも消えることはないだろう。黒法師岳（くろぼうしだけ）は白帽子岳であった。

奥三方岳(さんぽう)　――知られざる名山――

奥三方岳と聞いて、それがどこにある山かすぐに分かる人はかなり山を歩いていると言ってよい。すぐそばにある三方崩山や白山スーパー林道沿いの三方岩岳、南信と美濃の県境にある奥三界岳などはまだ知られている方だろう。ずっと北の加越国境にある奈良岳の東に奥三方山というのがあるが、全く別の山である。

奥三方岳は、白山の東およそ一〇キロメートルのところにある岐阜県の山で、登山道は無い。三方崩山までは道が通じているのだが、そこから奥三方岳に登るには、藪こぎを避けようとすれば積雪期ということになり、その時期は三方崩山の登山道も大部分雪の下である。

春の訪れが例年より一週間は遅いと言われていた年の、ゴールデンウィークの前半にこの山に登った。荘川から御母衣湖に沿って北上すると、白川郷の手前に平瀬という温泉が湧く集落があり、飛騨白山という道の駅が設置されている。そのすぐ前が三方崩山登山口である。

前夜、激しいにわか雨が通り過ぎたあと、星空になった。これは好天になると喜んだのも束の間、また雨が降り出し、明け方に止んだが、空は不気味な黒い雲に覆われていた。

しかし、天気予報は晴天を告げていたので、六時、思い切って出発する。

しばらくは車も入れる林道であるが、強風で折れたスギの枝や落石が路面を覆っている。じきに雪が現れ、気付かないうちに山道に変わった。始めは登山道の屈曲がはっきりしていたが、やがてそれも分からなくなり、小尾根をひとつ越してからは谷を埋めている雪の上をほとんど直登した。二人連れの先行者があり、そのトレールを利用させてもらえたのはありがたかった。

稜線に出ると、道が現れ、しばらくそれをたどった。歩き出してから二時間ほど経っていたので小休止する。名も知らぬ小鳥が鳴きながら枝の間を飛び交い、人間の目には見えないエサを啄んでいる。そのあたりから傾斜がきつくなり、ブナの林の中を、雪を踏んで登る。

やがて林を抜け、左側が崖状に落ち込んでいる縁に沿って登るようになる。視界が開け、ダケカンバの枝越しに点在する平瀬の農家が小さく見下ろされた。周囲には緑の草原が広がり、ヨーロッパのアルプを連想させる。谷の向こうに大きな山容を見せているのは猿ヶ馬場山だ。

行く手に三方崩山が見え出す。今は雪面となっている急峻な谷の向こうに、荒々しい岩壁をこちらに向けて、頂上ピークがそそり立っている。ここからは、時に夏道が露出しているところもあるが、大部分は雪に覆われた尾根筋をたどる。雪の斜面の登行は問題ないが、何カ所かナイフエッジ状に切り立った部分の通過には神経を使う。

その最初の手前で、前を行く二人に追いついた。愛知県から、一人は何度もこの山を登りに来ていて、これからが大変だという。風が強いときは進むことができず、一度ならず引き返したこともあって、ここはのんびり楽しめる雪山などではないという。相方の体調があまりよくないということなので、ここから私が先頭に立つ。

それまではピッケルだけで登ってきたのだが、ここでアイゼンを付けることにした。両方が切れ落ちたナイフエッジの上を、バランスをとりながらゆっくり進む。次々と小ピーク乗り越えて高度を上げていく。左側に大きな雪庇が張り出しているところまで来たとき、正面に奥三方岳が姿を現した。

何と優美な、魅力的な姿であろう。頂上に当たるひときわ高い円頂部を右端に載せて、長い裳裾を引くように左に長大な稜線を巡らせ、その突端に当たる部分にオオシラビソと思われる疎林を置いて雪の斜面が三方崩山側に下りている。ぜひとも登りたいと思った。しかし、問題があった。

それまでの行程に時間がかかりすぎていた。時計の針は一一時を回っていた。雪の三方崩山は、たしかに甘い山ではなかった。あと頂上まで一時間はかからないだろう。だが、それから最長三時間で奥三方岳を往復してここまで戻ってこられるだろうか。三時を過ぎてからの下山は、これまでたどってきたルートを考えると危険だった。早朝、出発をため

三方崩山稜線からの奥三方岳 (2010.5)

らったことを後悔した。先行者が言った「やめた方がいい」という言葉が再び耳元で聞こえた。

三方崩山の頂上は三角点も標識も雪の下だった。時刻はかろうじて一二時前。私は一つの予定を立てた。これから一度下ってあのオオシラビソの生えているピークまで登ってみよう。もし三〇分でそれができれば、頂上まで行ける可能性が生まれる。ともかく行けるところまで行ってみよう。その上で、どうしてもダメなら再挑戦もやむを得ないだろう。

そう決断してからの行動は早かった。大斜面を駆け下り、対向斜面を登りだしたが、さすがに直登はできない。気は焦るのだが、滑落に気を付けながら、ジグザグに高度を上げていく。頭上にオオシラビソが見えだしたときにはすでに三〇分は過ぎていた。しかし、私は行けると思った。この先稜線は平坦になり、頂上部分のみが急峻となる。雪が深くない限りおそらく予定時間内に頂上に立てる。

その予想は当たった。たおやかな頂上ピークを目の前にして、私は、またしてもこれはモンブランだと思った。文字通りには背後にそびえる白山だろうが、奥三方岳の円頂は、あおぎ見る小型モンブランといった恰好であった。踏み跡ひとつない雪を踏んで、午後一時一五分私は奥三方岳の頂上に立った。白山の頂上には雲が懸かっていたが、その大きな姿が眼前にあった。その左右には延々と白い山並みが伸びていた。

奥三方岳の山頂には花と白山をあしらった手作りの山名表示板がオオシラビソの梢高く

取り付けてあった。標高二一五〇メートル。私が持つ古い「世界山岳百科事典」では二一四〇メートルとなっていて、しかも高度一覧表では地形図上に山名表示の無い山ということになっている。しかし、現在の五万分の一地形図には三方崩山のすぐ西にこの山が表示されている。

長らく心に期していた山であった。南には御母衣湖、北には鳩谷のダム湖が見えていた。白川郷はそのすぐ北にある。かつて私は金沢からスーパー林道を経由して初めてそこを訪れ、その後、そこからスキーで猿ヶ馬場山に登った。こうして、私にとってもっとも未知の領域だった加越・濃飛の山々がようやく親しいものになりつつある。

五色ヶ原再訪と錫杖岳 ——三三六山最後の山——

二〇一一年九月に五色ヶ原を再訪した。そこは、もう三五年以上も前に一度、家内とともに大町から針ノ木岳を越えて黒部湖を渡り、刈安峠経由で訪れたことがあった。その時はさらに薬師岳、双六岳を経て笠ヶ岳までのロングコースをたどった。五色ヶ原は文字通り花々が咲く草原で、それを縫うようにして清流が流れ下っていた。

今回、再び訪れたのは、その草原の最上部に鷲岳という未踏の山があったからである。鷲岳はすぐ隣の鳶山と並んでいるが、縦走路は鳶山の頂上を通っているのに、鷲岳の方はその裾を巻いてしまっている。三三六山登頂も終わりに近づいて、その中に数えられているこの山にもきちんと登っておこうと律儀に考えた結果の再訪だった。

この山に一番近いアプローチは立山の室堂からである。そのコース上にある浄土山、龍王岳、鬼岳、獅子岳という山々にも興味があったし、伝説のザラ峠にも心引かれた。第一日目は晴れた。浄土山への登り口の少し先に立山カルデラの展望台がある。そこから初めて鷲岳を目にした。五色ヶ原からは小さな丘にしか見えないのだが、ここからは、背後の薬師岳に比べればスケールは一回り小さいものの、谷の上に屹立している姿が圧倒的なボリューム感で迫ってくる。ザラ峠までは、絶えずその姿を確認しながら行くことになる。

折立から太郎平に登る途中から見るこの山の姿もなかなか立派なものである。

浄土山の山頂には、あたかも城砦のような石垣が組まれ、軍人霊碑が建てられている。昔の山頂を知る者には余計違和感を感じさせるらしい頂上を早々に後にして、龍王岳に登る。縦走路からほんのひと登りで山頂に立つことができる。ここからはすぐ近くの立山やその左奥に剣岳、東の正面に針ノ木岳、そしてその右には、槍から笠ヶ岳までの北アルプスの大観が広がる。龍王岳という名前は、鬼岳との鞍部から振り返ったときに初めて実感された。峨峨たる岩の積み重なりが鋭く天を突いているのが、まさに龍の姿なのである。

縦走路は鬼岳の山腹をトラヴァースしてしまうので、最高点と思われるところを目指して登ってみる。踏跡も山頂を示すようなものも何もなかった。地形図上に山名表示はあっても、あえて登ろうとする人は少ないのだろう。急斜面を下って縦走路に戻ったところで、大きなザックを背負った外国人の青年に会った。カナダから来たという。日本は九度目だけれども、日本語はあまりうまく話せない。でも、とても音楽的な言葉だという。これまで吉野から大峰山の前鬼口までと、北海道の大雪から十勝まで歩いたことがあり、今回は上高地まで行くという。言われてみれば、このルートは剣と槍を結ぶ北アルプスのゴールデンコースなのだ。

獅子岳からザラ峠までは長く急な下りだ。明日これを登りかえすのかと思うと少々憂鬱だが、登れば下らなければならないのが山登りである。ザラ峠は結構広い。そこから西には立山温泉を経て常願寺川に下り、富山に出る谷が開け、東側からは中ノ谷に下り、平ノ小屋で黒部川を渡って、対岸は針ノ木谷に至る谷が食い込んできている。当時富山城に拠っていた戦国の武将佐々成政が、主従九四人でこの峠を越えたのは天正一二（一五八四）年一二月のことで、当然雪中行軍であった。織田家に忠誠を誓う成政が、秀吉に対抗するために家康の再挙を促す目的であったが、結局徒労に終わり、悲劇的な晩年を迎えることになる。

五色ヶ原から湯川谷に落ちる荒々しい斜面が鷲岳の山腹にあたり、そのザラザラ崩れた様子は、富山市役所の展望台からも見えるという。ひと登りで五色ヶ原の一角に出る。キャンプ場への道を左に見送って進むと五色ヶ原山荘が見えてくる。右手に鷲岳の頂上がある。一部はハイマツに覆われているが、ほとんどが草薮である。木道からそれて、高山植物を踏みつけないように、水が枯れた水流の跡をたどる。山頂の下でそれが途切れてからは、点在する岩を伝いながらできるだけ直登する。三〇分ほどでハイマツに囲まれた頂上らしい場所に着く。そこが最高点だろうというだけで、もちろん何もない。しかし、眺めは最高だ。

眼下に広大な五色ヶ原。草原とひときわ濃い緑のハイマツのなかに赤屋根、白壁の山荘がポツンとある。その向こうに目を引くのが針ノ木岳、南隣の鳶岳の向こうに薬師岳。その彼方に黒部五郎岳から笠ヶ岳、槍ヶ岳と連なる山並みがある。左手前に聳えているのは水晶岳だろう。五色ヶ原を見下ろす草原にしばらく寝ころんで過ごす。空いっぱいにうろこ雲。山はもう秋である。日が傾いて、もうじき夕闇がやってくる。

下山は右手の石の斜面から、ハイマツの中に通じている登山道を目指して下る。山荘を通過して分岐まで戻り、キャンプ場に向かう。トイレと給水の設備があり、数人の先行者の中に例のカナダ人がいた。挨拶をして、少し離れたサイトにテントを張る。あたり一面花が終わったチングルマのヒゲが夕日に輝いている。昔、家内と一休みした場所はどのあたりだったのだろう。傍らを水が流れていたはずだが、それを思わせる場所はどこにも見当たらなかった。

夜の間は星が見えていたのだが、明け方天気が崩れた。風が強く、雨も降り出した。それでもルートが分かっているので、下山の準備を始めた。ところがテントをたたもうとしていたところを突風にあおられて飛ばしてしまった。慌てて追いかけたが、追いつけずテントはハイマツの中に入ってしまった。飛び込んでそれを抑えてくれたのがカナダの青年だった。室堂に戻る旨を伝えて、無事上高地に着くことを祈ると言った。

小雨が降り続く中を、前日のルートを逆にたどり、浄土山からは一ノ越に出て、ミクリガ池温泉に下った。立山の駐車場に止めておいた車で松本に帰る途中、神岡から新穂高温泉を通る。三三六山最後の山となる鍬杖岳はそのすぐ近くなのだが、天候が思わしくなく、靴も軽登山靴だったので、このときは駐車場を確認しただけで帰った。

錫杖岳に登ったのはほぼひと月後の一〇月上旬だった。山は紅葉が始まっていた。槍見館下の駐車場に車を置いて六時に出発した。この温泉旅館は、昔家内と北アルプスの大縦走を果たして、笠ヶ岳から下り、最後に泊まった思い出の宿である。当時より建物が大きくなり、温泉の数も増えているようだ。登山道は思いのほか岩が多くて歩きにくかったが、麓近くにはたくさんの山栗が落ちていた。

第一飯場まで登ると、彼方の梢の切れ間に錫杖岳の名の元となった岩峰が遠く望まれる。クリヤ谷を渡渉して一時間半ほど登ると、突然、驚くべき光景が現れる。眼前に屏風のような岩壁が姿を現すのである。前衛フェースと呼ばれるこの大岩壁は実は錫杖岳の下部に過ぎず、本峰はその奥にそびえているのだが、相当離れた高みに登らなければその全容を見ることはできない。

登山道から錫杖沢出会に下りて、正面の沢を登る。脇道もあり、それほど難しい沢ではないが、一般の登山道ではなく、道標も一切ない。岩小屋が近いと思われる頃、下ってくる一人の男性に会った。装備から見て岩壁の登攀者ではなかった。錫杖岳に登りたいがルートがはっきりしないという。一緒に、とりあえず岩小屋まで行ってみる。ガイドブックには沢の左とか右とか書いてあるが、実際の地形は分かりにくい。ともかくも南峰と本峰である北峰との鞍部を目指して沢を詰めていく。時々右の岩壁に取り付いているクライマーの声が聞こえる。

錫杖岳前衛岩壁（頂上は左奥）（2011.10）

伏流となり、岩壁の裾を登っている感じになる。ルートであるのかないのか判断がつかないまま、岩を伝い、藪を掻き分けていく。最後に急なネマガリダケの中を直登すると、どうやら鞍部に達したように思われるのだが、藪が濃く、やはりルートが判然としない。しばらく藪の中を行きつ戻りつしながら探っているうちに、どうやら踏み跡らしいものにぶつかる。それを見失わないようにたどっていく。大きな岩壁の背後を回りこんで本峰と思われる登りとなる。木の根をまたぎ、岩を乗り越えて踏み跡が続いている。歩くというより、よじ登ると言う方が適切なルートだ。

岩の背後ばかりたどっているようなルートが、岩稜の上に出たと思ったところが錫杖岳の頂上だった。はじめはコースタイムよりだいぶ早いと喜んでいたのだが、後半ですっかり取り返されて、歩き出してから五時間半を要していた。しかし、そこにはなんという光景が待っていたことだろう。

登りついた正面に、槍ヶ岳から穂高岳までの大観が広がる。ジャンダルムの突起がはっきりと見えている。その右彼方に厳めしい霞沢岳、さらに右に焼岳の大きな姿がある。その手前眼下には新穂高温泉がはるかに望まれる。もっと右に乗鞍の稜線、そしてはるか遠くに加賀の白山。槍ヶ岳から反対側に目を転じると、抜戸岳を経て笠ヶ岳の山頂が仰ぎ見られる。かつて家内とそこから槍見までの長大なコースを下った。その向こうに中崎尾根の奥丸山が見える。厳冬期の槍ヶ岳に登った時のルートである。

先行していた男性の単独行者と写真を撮り合って話をする。岐阜の各務原から来た人で、昨日は毛穴谷から鏡平まで登ったという。この二日間、晴天が続いて、今日も秋の山が満喫できたとのことで、「何でこんな苦労するのかと思うけれど、この景色を見るとまた来たくなる」と言う。そうなのだ。山に登り続ける人はみなそう思い、山を離れることができないのだ。

この山が、私にとっては「三三六山」登山最後の山になった。想像を上回るよい山を、好天に恵まれて登ることができて幸せだった。私は今後も、これまでと同じように山を登り続けるだろうし、たとえ登れなくなる時がやってきても、私の心が山から離れることはないであろう。

錫杖岳はすばらしい山である。長大、急峻な雪渓を登ってその山頂に立った毛勝山同様、私の基準では三百名山どころか、二百名山に入れてもよいと思う。すぐ近くに笠ヶ岳があるにしても、二一六八メートルという高度にも不足はない。岩登りだけを目的にこの山を訪れ、その頂上を知らないとすれば、まことにもったいないことである。

剣岳や穂高岳、妙義山、雨飾山などもそうであるが、日本には紅葉が岩に映える山がいくつもある。この錫杖岳もそのひとつだろう。登りには十分心に留めることができなかったその景色を何度も振り返りながら山を下った。

雁ヶ腹摺山　――旧五百円札の山――

「日本三百名山」を登るについては、当初それほど厳密に考えていたわけではなかった。リストアップした山を一つ一つ計画的に登っていくというより、行きたい山の中に一つ二つと組み込んでいって、次第に大詰めが近づいてきたのだった。そんなある日、三三六山のうち、まだ自分が登っていない山をチェックしていて、とんでもないことに気がついた。てっきり登ったとばかり思っていた二つの山に、実際には登っていなかったのである。原因は単純な勘違いと、同名異山。まず、黒岳と黒金山を混同していた。しかも二つの黒岳はともにこの黒金山の比較的近くにある山であった。同名異山は実に多い。日本で最も多い山名は「駒ケ岳」だというが、「朝日岳」、「大日岳」、「経ヶ岳」、「釈迦ヶ岳」なども多い。そして「黒岳」も同類だったのである。

三三六山の中の三つの黒岳で、自分が登っていたのが北アルプスの水晶岳だけであることに気がついて、私は少しばかり慌てた。早速、河口湖の北にある黒岳を登りに行った。河口湖越しに富士山を眺める好展望台である。もう一つの黒岳には少し問題があった。この山は大菩薩山塊の小金沢連嶺の一峰である。いずれは晩秋にテント持参で歩いてみたいと思っていた山域であった。しかし、それについては一つのこだわりがあった。

今はコインになってしまったが、古い五百円札の裏には有名な富士山の絵が印刷されていた。雁ヶ腹摺山から撮られた写真を基に描かれたものであった。この山は大峠を隔てて黒岳と向かい合っている。黒岳に登るのなら、ぜひこの山にも登りたいし、それには富士山の雪の状態が旧五百円札の絵と同じ頃がいい。それはいつか。

晩秋では少し早いような気がした。温暖化が進んでいるので、もう少し冬に近い頃か、そうでなければ春先がよさそうに思えた。結局、三月末ということにして、二〇一二年三月三〇日に、山中一泊の用意をして出かけた。自宅から最寄駅の東葉高速線八千代緑ヶ丘までピッケル、アイゼン、ザックを担いで歩き、五時七分の始発電車に乗って、新宿からの特急を大月で降りた。

ハマイバ前行きのバスを待って、一時間半ほど山の中に入り、九時過ぎに終点で降りた。ハマイバは、バス終点のマス釣りのための施設を指しているらしいが、もともとはその背後にそびえる山の名前で、由来は諸説あるが「破魔射場」であるともいう。林道は冬季間閉鎖されているので、大峠までは歩くほかない。

天気はよかった。路面に雪はなく、歩きやすいが、長い。ゲートを過ぎ、分岐する湯ノ沢を見送り、支沢を二つ渡って、大峠が見えてくるまでたっぷり三時間半かかった。もっとも、近づく春に膨らみ始めた木の芽や、枝からぶら下がるさまざまな形状の実や房に興味を引かれる度に立ち止まっての歩行であった。

大峠の西側には休憩のための小さな小屋が立っていて、そこから雪の中を黒岳への道が上がっている。道路を挟んで反対側には雁ヶ腹摺山への道がトラヴァース気味に右に斜上している。小屋に荷物を置いてアイゼン、ピッケル、カメラだけを持って雁ヶ腹摺山に向かう。いったん平坦部に出て方向を変え、再び登りになる。最後は落葉樹の木立を抜けて、えぐれて歩きにくいカヤトの斜面となる。

晴れてはいたが、残念ながらかすんでいて遠望が効かない。山頂に二つの説明板があった。一つには五百円札の富士山の山であること、もう一つには大月市が選定した富嶽十二景一番目の山であることが記されていた。旧五百円札裏の絵の基になった写真は、名取久作という人が撮影したもので、撮影は昭和一七年一一月三日午前七時一五分頃という。第二次大戦中の晩秋であった。

天気に文句は言えない。再び大峠の休憩小屋に戻って、パッキングをし直し、三時半過ぎ、黒岳を目指して登り始めた。今日は頂上で幕営の予定である。しかし、雁ヶ腹摺山の往復に結構時間がかかっていた。黒岳の登りは最初はそれほどでもなかったが、上部は案外急で雪が深かった。頂上が近いことは分かっていたが、荷物が肩に重く感じられ、足には疲労が溜まっていた。そろそろ暗くなり始めていたこともあって、林の中に平地を見出してテントを張った。寒気が厳しく、羽毛のシュラーフの背中から冷たさがしみこんでなかなか寝つけなかった。夜半、外の様子を確認してみると、黒い樹林を通して星空が見え

雁ヶ腹摺山からの富士山（2011.3）

旧五百円札裏面

た。

翌朝、二十分ほど登って黒岳頂上に着いた。展望はない。林の中の雪原に陽が射していた。六時三〇分、この連嶺の最高点である小金沢山を目指して歩き始めた。大菩薩峠から塩山に下るつもりだった。見通しの効かない樹林の中の道である。といっても登山道は雪の下だ。最初のピークに達して、樹林の切れ目から周囲を見渡した。背後に真っ白な富士山が見えた。不意を突かれて驚いたが、この瞬間に私は一つの決断をした。

戻ろう。今あの雁ヶ腹摺山の上に立てばこの富士山が見られる。小金沢連嶺はまた来ればよい。下りは早かった。昨夜泊まった場所を通り過ぎ、途中、赤岩ノ丸から見た、青空にくっきりと浮かぶ富士山に心が躍った。休憩小屋に荷物を置いて、もうすっかり様子が分かっているルートをたどって雁ヶ腹摺山の上に立った。

待望の風景が目の前にあった。一点の雲もない。その空の下に朝日を浴びた富士山が秀麗な姿をこちらに向けている。その前に重なる青い山々。富嶽十二景とはこの前山を従えて十二単を着たような富士山を眺められるのが特徴なのだという。五合目あたりから上に雪をまとい、かつて一月に登ったことのある吉田大沢がちょうど正面に見える。

雁ヶ腹摺山と富士山の頂上とは、直線距離にして三九キロメートル。その間に滝小山と三ツ峠山が並ぶ。後ろにおよそ二〇キロ延長すると雲取山である。この距離感がまことによい。山は、近づき過ぎても遠過ぎても最美の姿にはならない。また、方向が違うと形が変わってしまう。山中湖からの富士山は、稜線のこぶが気になり、河口湖からの富士山は取り澄まし過ぎている。忍野からの富士山は美しいが、やや近過ぎる。

現在の千円札の裏面には、手前に桜の花を配して湖面に影を落す富士山が描かれている。二〇〇四年まで流通していた旧五千円札裏面の富士山が本栖湖からのものであることは比較的よく知られていた。その絵柄は今の千円札の桜の部分に松が描かれていた。二つの絵を比べて見るとほとんど同じであることが分かる。実は両方とも山岳写真家岡田紅陽の作品を基にデザインされたものであるという。

湖に映る逆さ富士は面白いし、富士山そのものの姿も美しい。しかし、幾層もの山々の彼方に聳え立つ旧五百円札の富士山には冒し難い気品がある。その気高い立ち姿を脳裏に刻みつけるように、私はなおしばらくその山頂に留まっていた。

雁ヶ腹摺山という名前もよい。このあたりには牛奥ノ雁ヶ腹摺山と笹子雁ヶ腹摺山というもう二つの雁ヶ腹摺山があるが、渡り鳥に寄せる里人の想いが伝わる。一時間後、私は山を下り、大峠から再び三時間の林道歩きのあとハマイバに戻った。

武利(むいり)岳　——武華山から——

久しぶりに北海道の山を歩いた。層雲峡を挟んで大雪山と向き合うニセイカウシュッペ山、摩周湖の東岸にそびえるカムイヌプリ、そして北大雪山系に属しながら訪れる人の少ない武利岳、武華山である。それぞれに独特の魅力をもった山々だが、もっとも強い印象を与えられたのは武利岳であった。

武利岳と武華山は共に石北峠の北に連なり、山頂間の距離はわずか四キロに過ぎない。「ムリ・ムカ」とセットで呼ばれることが多く、かつては両山をつなぐ縦走路があった。ところが歩く人が少なくなって廃道となり、今日この二つの山はそれぞれの登山口から個別に登られている。

こんなに近く、隣り合う山でありながら、大回りをして往復登山をすることには抵抗があった。なんとか縦走できないかと思っていたところ、健脚者なら武華山から武利岳までピストンが可能だという記事が山岳雑誌に載った。一も二もなくそれを採用することにした。

今回は初めて自分の車をフェリーに積んできた。層雲峡側から石北峠を越えてほどなく、武華山林道が左に分かれる。これを一〇分も走ると終点となり登山口が現れる。午後六時過ぎ、明けるのも暮れるのも早い北海道では、そろそろ夕闇が辺りを覆い始めている。今日はここで泊まる。九月の上旬だが、このあたりでは朝夕の気温は一〇度を切り、山の上ではすでに紅葉が始まっている。

翌朝五時半に登山口を出発した。夜の間、星が瞬いていた空を雲が流れ、その切れ間から射す太陽の光で、山の斜面がスポット的に明るくなったり、ときおりパラパラと雨が落ちてきたりして、武華山の山頂は雲に覆われがちだった。

稜線に出てから、通称前ムカといわれる一七四七メートルの標高点までが結構長い。右への分岐を探しながらハイマツの中を行く。ハイマツの間の緑色の草原を、真っ赤に紅葉したウラシマツツジが覆っていて、そこだけ深紅の絨毯が敷かれたようだ。その中に風化した白っぽい枯れ枝やコケ状の植物が混じったりしているのを見ると、星野道夫の写真集を思い出す。この北の山がアラスカと同じ植物相を見せていることに興味を引かれる。

歩き始めてほぼ二時間、「左・山頂」を示す初めての小さな標識があった。左折せずにその先を少し進むと、突然右手に大きな山容が現れた。どちらかといえばそれまでのなだらかで、小ぶりな山に慣れた目にはとてつもないスケールに見える。その雄姿を眼前にしてふつふつと登高欲が湧いてくる。これこそ自分が登りたかった目標の山だ。

踏み跡が下っている。鞍部は樹林に覆われて見えないが、それを抜けた先にハイマツの中に白く切り開きが上に伸び、稜線を右にたどってから頂上に続く大斜面を直上している。

第一感でこれは歩けると思う。時間がかかったとしても午後一時頃までには戻ってこられるだろう。それから武華山を経由して下ったとしても夕方それほど遅くならずに町に出られるだろう。そう思って武利岳への一歩を踏み出した。

ハイマツはじきに落葉樹林に変わり、その中に濃淡さまざまに色づいたナナカマドが、林の中にあでやかな姿で立っていたり、山腹から谷に向かって枝を伸ばしたりしている。ルートは右が切れ落ちた崖沿いで、そこに張り出した紅葉を入れて武利岳をカメラに収めようと苦心惨憺する。しかし、山はむしろある程度離れた方が姿が美しく見え、近づくにしたがって前山が大きく立ちはだかって頂上は見えなくなる。

鞍部はまず小さな草原から始まるが、すぐに笹藪となり、対向斜面の下部まで続く。迷いやすいとすればこの部分である。廃道化したとはいえ、踏み後はかなりはっきり残っている。しかし、もし要所に残されている赤布がなかったら、笹の中で踏み迷うようなところが若干ある。多少ルートファインディング能力が必要とされそうだ。

やがてハイマツの中に白く見えたルートに出る。白いのは枯れたハイマツの枝や根であった。それを抜けて平坦になった稜線を進むとハイマツと砂礫の急斜面が現れる。これをゆっくり登って行く。背後に武華山が大きな屋根のような姿で全容を見せている。東の方に阿寒、知床方面の山が見える。とりわけ目を引くのは雄阿寒岳だろうか。西には大雪山の膨大な根張りが見えるが山頂部は雲の中だ。ニセイカウシュッペ山は高度感のある鋭角的な頂稜部が、ここからは実にすっきりとした姿だ。

さしもの大斜面も一歩一歩運ぶ足の下に屈して、登り着いた稜線の向こうに頂上につながる岩稜が伸びている。これが予想以上に長い。しかも大小のピークを越えていく。岩に張り付き、山腹を覆ってここでもウラシマツツジが山を赤く染めている。きわどい岩稜をたどりながら、足元に敷きつめられた上向きの小さな赤く円い葉に目を慰められる。

最後の斜面と思った先に、もう一つのピークが現れ、そこに十字架のような物が見える。近づくにつれ、それが二本の杭に打ち付けられた山名表示板であることが分かる。一〇時二〇分、風化してすっかり薄れてしまっている武利岳という三文字を目にした。

なんとすがすがしい山頂であろうか。反対側にはこれまでたどってきたのと同じような岩稜が鋭いピークを連ねて一気に下っている。その西側斜面をのぞき込むと、ここも赤紫色のウラシマツツジがびっしりと張り付いていて、その遙か下の緑の谷間に朱や赤のナナカマドが燃えている。目を上げれば北海道の山の展望台とでも呼びたいような広大な風景が広がる。大雪山やトムラウシは相変わらず雲の中だが、石狩岳、音更山など東大雪の山々は姿を現している。その彼方に突こつとした峰を連ねているのはクマネシリだろうか。よく見ると表大雪と東大雪の山々のちょうど中間あたりに富士山型の一峰が頭をもたげている。方角からすると十勝岳のようだ。

驚くべきは東側に広がる大原生林である。かつてフィンランドに行ったとき、果てしなく広がる森に深い感銘を受けたことがある。北海道の森林はそれに劣らない。荒れ始めているとはいえ日本の国土の多くはいまだこのような森に覆われている。水を保ち、空気を浄化し、養分を蓄え、多様な生物を育む森の恩恵を人は忘れてはならないだろう。

単に物質的な営みにとどまらない。森はそこで暮らす人間の精神にも大きな影響を与えずにはおかない。「森林の思考・砂漠の思考」を書いたのは鈴木秀夫だが、緑の森を目にしながら生きる日本人からは、砂漠や石に囲まれて暮らす人々が持ち得る苛烈な思想は生まれにくいのではないだろうか。私は日本に生まれたことを幸福に思う。

武利岳は丸瀬布(まるせっぷ)側の登山口からは数時間で往復することができる。それもいい。しかし、もし武華山まで縦走することができれば山の印象は一段と深まるだろう。逆コースでもよい。この山は深田久弥の百名山でもなく、日本山岳会の三百名山にも入っていない。しかし、私の名山リストには確実に入る。そう思いながら立ち去りがたい山頂を後にした。

三度目のトムラウシ　――山ガール遭遇記――

初めて北海道の山を訪れた時、まず大雪山から十勝岳までの縦走を試みた。天候が万全ではなく、時間がかかったが何とか目的を達した。そのとき、ちょうど中間の位置にあるトムラウシを越えて、そのスケールの大きさと、いかにも北の山らしい景観に心を引かれた。三〇代始めのことで、単独行であった。

それからほぼ一〇年後、今度はクワウンナイ川を遡り、前回のルートとは十文字に交差する形でトムラウシを越え、五色が原、沼の原を横断して石狩岳に登り、ニペソツまで足を伸ばした。このときは比較的天候に恵まれて、クワウンナイ川の、滝の瀬十三丁の沢登りを楽しみ、五色が原に咲き乱れる花々に魂を奪われた。ただし、入山時に大雨が降って一日停滞を余儀なくされ、おまけに沢の源頭を詰め損なって小金ヶ原（銀杏ヶ原）に出てしまい、そこでテントを張る羽目になってしまった。一〇年前には一面にウサギギクが咲いていた草原はハクサンイチゲの原に変わっていた。その天国のような場所を、後に霞沢岳で遭難したIさんとさまよった思い出は忘れがたい。

そして今年、私は六八歳になった。まるでその自覚がないが、山への思いは変わらない。北の山への憧れも相変わらずで、残っているルートから、トムラウシに三度目の登山をしめである。

ようと考えた。トムラウシ温泉からトムラウシ、化雲岳を越えて天人峡に降りる比較的ポピュラーなコースである。しかし、二年前の夏、このコース上で一八人の登山者のうちガイドを含めて八人が死亡するという事故が起きていた。悪天候の中で低体温症に陥ったためである。

山に事故は付きものであるが、遭難死だけは避けたい。今回は連れもいた。信州での田舎暮らしの先輩で、同じ千葉県に住むOさんである。日本百名山登頂を目的とする地元山岳会に所属し、木彫りの彫刻絵画を趣味として音楽もお好きだという。自然を愛し、料理や手芸にも堪能な奥様ともども大変お世話になった。

八月中旬、新得からバスでトムラウシ温泉に着いた時は、あいにく雨だった。温泉宿舎ではなく、少し先の野営場でキャンプをする予定だったわれわれは雨の中を歩いた。予想に反して、他のキャンパーは遅くなってから車で着いた男女一組だけであった。短縮ルートからの日帰り登山者が多くなっているのかもしれない。夕方、雨は時々止んだが、夜になってからは、強くはないものの一晩中降り続いた。

翌朝、午前三時に起きて出発の用意をした。雨は小降りとなって、上空の雲は薄く、切れ間も見えた。五時過ぎ、前日確認しておいた林道から山道に入った。最初の急坂はじきに気持ちのよい林間の道に変わり、一時間半ほどで短縮ルートとの分岐に出た。この頃には雨は上がって、時折、薄日が射した。しかし、山の上の方は雲に覆われていた。

カムイ天井まではすぐで、新道からコマドリ沢に下った時には、まだ九時をそれほど回っていなかった。ここから前トム平へは、沢を渡ってゴーロを越え、ひたすら急坂を登る。雪渓はすでに消えていた。このハイマツ帯で事故当時、ガイドの一人が意識を失った状態で発見された。前トム平で、短縮路から先行していた男女に追いついた。それよりすこし前、一八〇〇メートルで強風のためリタイアしたという一人の男性登山者に会った。たしかに風が強かった。しかし、天候は回復方向のはずで、先行者がいることもあり、われわれは登り続けた。やがて眼下にトムラウシ公園が見え出した。巨石が立つ草原の中に池が点在し、高山植物が咲いている。付近には大きな雪渓も残っている。写真を撮り、南沼への傾斜のあるトラヴァースルートをたどった。遭難時三人の犠牲者が出たところである。風が勢いを増していた。

南沼への分岐までが長かった。その分岐で私は、キャンプ指定地になっている南沼に行くか、直接頂上を越えるかOさんに尋ねてみた。Oさんは頂上の方を指した。さらに風が強くなった。姿勢を低くしていないと荷物ごと持っていかれそうになる。上空に時々青空がのぞくような気もするのだが、すさまじい風が吹いている。とある岩陰にザックと杖がデポしてあった。先行者はここから空身で頂上を往復しているらしい。

私は様子を見るために、その岩の後ろ側の、多少は風が避けられそうな草原に身を横たえた。続いてやってきたOさんに寒くないか聞き、雨具の下に何か着るように言った。低体温症のことを思い出したからである。事実、風のために体温が急激に奪われて寒かった。私もザックの中から薄いダウンを出して雨具の下に着込んだ。それでも動かないでいると体が冷えていくのが分かった。雨で濡れていないことが救いだった。

そこへ、頂上方面から二人が降りてきた。一歩進んでは岩につかまり、頭を低くして転がるように近くまで来た。声をかけたがまるで聞こえないらしい。近寄って大声で情報交換をする。頂上までは二五分、荷物を背負っていては危ない。風はここが一番ひどくて、上のほうは少しましだという。ヒサゴ沼まで行きたいと言うと、やめろとは言わなかった。「気をつけて」と言う。ルートはしばらく吹きさらしだが、そのあと窪地状に入る。そこまで行ってみようと思った。

荷物が比較的大きいOさんは、時々風にあおられて苦労していたが、大岩の間を登り続けると、ぽかっと頂上に出た。一二時二五分だった。狭い窪地で、トムラウシ山という標柱以外に頂上であることを確認するものは何もない。晴天ならば、周囲には三六〇度の大展望が広がっているはずである。初めてのOさんには気の毒だったが、私はかつて二度この山頂から大雪や東大雪、十勝の山々を眺めている。残念ながら、今日は前トムに向かう途中、十勝方面の山が少し見えただけだった。

改めて地図を見て、北沼まで一五分、そこからヒサゴ沼まで二時間半というコースタイムを知ったOさんは、先にたって下り始めた。大きな岩がごろごろした歩きにくい道だった。北沼までは一五分どころではなかった。霧に包まれ、雪渓が水の中まで入り込んでいる。水面は強風に波だっていて、三五年前と同じだった。荒涼とした沼を前に築かれた暴風壁の石積みも昔と変わっていなかった。二年前、この岩陰でチーフガイドと登山客の一人が亡くなり、少し先の雪渓でさらに二人が死亡した。当時、北沼は雨のために水が溢れ、川のように流れ出していたという。それを渡ろうとして体を濡らしたことが、さらに体力を弱める結果となったようだ。その先、南沼のキャンプ指定地を目前にしてもう一人が犠牲になった。

昨年、この事件を詳細に取材した「トムラウシ山遭難はなぜ起きたか」という本が出版された。従来、疲労凍死と片付けられることの多かった低体温症について教えられるともに、山での悪天候への対処法や、いわゆるツアー登山について考えさせられることの多い本だ。そのカバーには、トムラウシの南面をヘリコプターから撮った写真が使われている。大量遭難の現場である。手前に、半分以上まだ雪に覆われている南沼、その崖の上部には南沼キャンプ指定地、そしてトムラウシ頂上の向こう西側には北沼の一部も見えている。よく見るとトムラウシ公園から上がってきた道が、山頂、キャンプ指定地、十勝岳への縦走路であるオプタテシケ方面へと三方に分かれている様子がよく分かり、われわれが強風の中たどったルートもはっきり写し出されている。天候さえよければほとんど問題がないところが、ひとたび条件が悪くなると死と隣り合わせの場所に変わる。山に登る者はそのことをよく心得ていなければならない。

北沼からの道はトムラウシの南斜面より風は弱かった。それでもロックガーデンと呼ばれる巨石を越えていくルートでは、再三バランスを崩しそうになった。疲れていたせいもあっただろうが、予想をはるかに上回る時間がかかった。日本庭園と呼ばれる場所で大休止を取った。そこからはよく整備された木道が続き、やがて右手にヒサゴ沼が遠望されるようになった。分岐からまた、岩の道をたどって、雪渓を下り、そこで今夜の宿泊に必要な水を汲んだ。小ぶりで濃いピンクの桜草やツガサクラの類がたくさん咲いていた。沼沿いの小道を歩いて避難小屋に着いたのは午後五時三〇分であった。

古びた二階建ての小屋は、一階の一部を残してほぼ満員だった。二階にはアメリカ、イギリスからやってきて日本でALTをやっているという外国人が、ガイドとともに滞在していたことを翌日知った。そのほかに北大と酪農学園大の学生、トムラウシを登りに来て、天気が悪いために停滞していた夫婦、そして今流行の山ガールと呼びたいような若い二人連れがいた。この二人も三度目のトムラウシを目指して来たということだったが、あきらめて下山するという。それで、翌日は天人峡まで、先になり、後になりして一緒に下った。

二日目も天気は回復せず、化雲岳からポン化雲岳を越えるまでは雲の中だった。前日は強風だったとはいえ、雨が降らなかったことが幸いしたが、この日は途中で雨が降り出した。しかし、「神々の遊ぶ庭」と呼ばれ、チングルマの花と実が敷き詰められた化雲岳手前の草原や、ポン化雲岳から下の、ハイマツを置いて穏やかな広がりを見せる高原の風情には心引かれるものがあった。

後者が第二公園と呼ばれるところだったらしく、その下の湿原地帯に二キロメートル以上にもわたって木道が続く第一公園が出現した。この頃から天気は回復し、下界は晴れていた。天人峡が近づくと、対岸に羽衣の滝の全容が現れた。私は滝にはあまり感激しない方なのだが、途中で右からの水流を合わせ、数段にわたってたぎり落ちる、スケールの大きなこの滝の眺めはすばらしい。ここでわれわれはコーヒーを沸かして昼食にした。

ほどなく二人の山ガールもやってきた。一人は北海道の留萌出身、もう一人は秋田の鷹巣の人だった。ともに弘前大学で学んで、現在、一人は幼稚園の先生、他方は小学校の養護教諭をしているようであった。夏休み、学生時代に登った山々を久々にまた訪ねたということらしい。驚いたことに鷹巣の人の実家は秋田市で、父親は私と同じ小学校の卒業生だった。さらに驚かされたことがある。

天人峡温泉で一泊した翌日、ニセコに行く予定だったわれわれは、旭川からの列車を札幌で降り、小樽行きに乗り換えようとした。その列車は札幌からは千歳空港行きのエアポートライナーになるのである。出口に向かって歩いてゆくと、左手の座席に腰を掛けていた若い女性が立ち上がって会釈をした。慌てて会釈を返しながら、楚々とした姿のその女性の顔を見た。なんとそれは山ガールならぬ、見覚えのある秋田美人だったのである。

羽衣の滝をバックにした山ガール（2011.8）

群別岳（くんべつ）　――二つ目のマイナー十二名山――

今からもう二〇年ほど昔の一九九一年夏、雨竜沼湿原から南暑寒別岳、暑寒別岳を縦走したことがある。そのときに、この増毛山塊には西側にもう一つの山脈があることを知った。群別岳から浜益岳、雄冬山と連なる、見た目にはなだらかな連峰で魅力的だが道が無い。登るとすれば沢登りか山スキーである。あの山々をスキーでたどったらさぞかし楽しいだろうと思いながら増毛に下った。

久しく忘れていたこれらの山が再び意識に上ったのは、昨年八月、三度目のトムラウシを登ることになった時で、その帰りに、群別川から登る計画を立てた。しかし、前年、大量遭難騒ぎがあったトムラウシの気象条件がこのときも厳しくて体力を消耗し、結局断念してしまった。

そして、今年、最も条件的には良さそうな五月の連休にスキーを担いで出かけた。札幌でレンタカーを借りて、夕方、国道二三一号の群別橋の北から林道に入った。三キロメートルほど走って群別川を渡り返したところに一台の車が停まっていた。人の気配がしなかった。ややスペースがある場所なので、近くに駐車して、徒歩で道の先を調べてみた。すぐ雪が出てきて、深い水溜りがある。乗用車ではここが限界だ。

その夜は月が出て、星も見えた。しかし、翌日の天気予報は曇りのち雨であった。太平洋の南から低気圧が近づいてきていた。翌朝、四時頃起きてみると西からしきりに黒い雲が流れていた。驚いたことに、無人と思っていた車から男性が降りてきて、声をかけられた。北見在住の人で、昨日は天気が良くて、何人か登っている人がいたという。「いけるところまで行ってみますか」ということに意見が一致して、四時半、一足先に出発した。万一の場合ビバークできる用意をし、ピッケル、アイゼンを持ち、スキーを担いだ。今年は雪が多いということだったが、林道の雪は溶けて柔かくなっていた。溶けた場所にはフキノトウがもうだいぶ大きくなっていたが、木々の芽吹きはまだだった。

三キロメートル歩いて再び右岸に渡る。コンクリートの橋はその部分だけ雪が溶けてプールのような水溜りになっている。青々として水量豊かな群別川は、白いしぶきを上げて奔放に流れ下り、渡渉など思いもよらない。ほどなく左の急斜面から剥がれ落ちた雪のブロックが道をふさいでいた。乗り越えるしかないが、雪崩には細心の注意が必要だ。

二キロメートルほどで林道が終わったような気配があるが、その境目がはっきりしない。そのまま谷沿いに左寄りに登っていく。いったん谷に下ってからトド松の林の急傾斜を再び登り返し、やがて樺の疎林の中の緩斜面となる。ここからスキーを履く。正面はるかに群別岳下部の岩峰が見え出す。その先で左右から二つの沢が滝状となって落ちていた。ここで大休止をとる。ここまでで四時間かかっていた。

曇り空でやや風があるが、時々薄日が差し、雨はすぐに降りそうには見えない。北見の人がゆっくりと登ってくる。年齢は私より一回り下のようだが、山には高校時代から登っているという。「上は風が強そうだ」と言う。ここから再び急斜面となるので、スキーはデポし、アイゼンをつけ、ストックをピッケルに持ち替える。

頂上まで一時間半程度という予想は見事に外れて、岩峰の基部に着くまでに予定時間が過ぎてしまう。二、三〇歩ごとに立ち止まってはひと息入れないと登り続けることができない広大な斜面である。ハイマツに覆われた岩峰の基部からは西に、浜益岳だろうか、たおやかなピークが望まれた。ここまでは晴れていた。それから天候は徐々に崩れていった。

岩峰は東側を巻くはずだった。しかし、雪が切れ、岩が露出している。しばらくアイゼンを脱ぎ、また雪が現われたところで再び履いた。困ったことにベルクシュルントが口を開けていた。トラヴァースルートはずっと下なのだ。岩壁と雪渓の間のシュルントはさほどの深さはなく、雪渓の先端は踏み破るほど薄くない。注意しながらこの雪渓の先端部を渡っていくことにした。少し下部にクレバスが開いているところがあり、その下は背筋がぞくぞくするような急斜面である。

雪がしっかりしているところを見定めてピッケルを深く差し込み、三点支持を確保しながらそろりそろりと前進する。万一滑落したら止められるだろうかと思う。軟雪であるのが救いだが、おそらく無事ではすまないだろう。たとえ無事でも、長い時間をかけて登り返さなくてはならない。時間にして一〇分か一五分くらいだったろうか。この難所を通過して、安全な尾根に出た。

ここで岩場は終わり、その先は片側に笹とハイマツが露出している雪の尾根をたどる。傾斜は相変わらずきつい。緊張を解き、力を回復するためにしばらく休む。風が強まっていた。三〇分はかからなかっただろう、雪渓の登りが終わった。ハイマツが行く手をさえぎっている。よく見ると、人が通った思われる隙間がある。それを踏み分けていくと群別岳の頂上だった。一二時一五分。三角点と山名表示板があった。こがね山岳会が立てたもので、白木の板を彫ったものだが、すでに灰色に風化してしまっている。

そこだけぽっかりと開いた空間がなんとも好ましい。雲霧に覆われて展望は望むべくもないが、心の中に深い喜びが湧いた。ようやく来たと思った。朝歩き出してから八時間近く、いや、初めてこの山を目にしてから二一年目である。その間、もちろんこの山のことばかり考えていたわけではないが、これでやっと一つの懸案が解決し、一つの輪が閉じた。

来年は古希を迎える。まだこのくらいの山なら登る体力はありそうだ。七〇歳、あるいは八〇歳になったら、もう一度、今度はイタリア側からマッターホルンを登ってみようなどと考えたこともあったが、最近は、特別な意味づけなどは不要なことだと思うようになった。ただ自分が登りたい山を自分が思うように登ればよいのである。自然は人間に無関心だというが、そして確かにその通りだと思うが、自分は本当に自然が好きで、最も野性の自然に触れることができる方法が登山というだけのことである。

これほど立ち去りがたい思いがした山頂も少ない。北の山であり、久恋の山であり、予想以上に困難な山であったためかもしれない。しかし、きりがないので一五分と決めた滞在時間が過ぎた一二時半に下山を開始した。

往路に苦労したトラヴァースは、下を通ればはるかに楽であった。北見の人は岩峰まで引き返したらしい。靴跡だけで、アイゼン、ピッケルの跡が無い。それら無しで登り続けることはほぼ不可能で、さらに雨が落ち始めていた。

前日にも人が登っているということだったが、その跡はすぐに消えてしまう。場所によっては雪が変色しているのでそれと分かるが、雪の上に泥が付いているような所では、足跡かどうかにわかには定めがたい。一度はルートを見失って、苦労して戻り正しいルートを発見した。スキーを担ぐようになると、その重さが応えたが、夕方六時過ぎ、何とか無事に車に帰り着くことができた。

高天原温泉　――北アルプス最奥の温泉へ――

たまに、特定の山頂を目指さない山行をすることがある。剱岳池ノ谷もそうであったが、今回の北アルプスの山旅も目的は温泉であった。若い頃は、別に嫌いではなかったが温泉にそれほど関心は持っていなかった。それがいつの頃からか、温泉そのものを目指すようになってしまった。とはいえ、その温泉は本物でなければならない。

近頃は、温泉達人、温泉博士、温泉チャンピオン、温泉作家などと称する人たちが登場しているようだが、その中の一人郡司勇という人に「足元湯」というのを教えられた。「源泉自体が湯船になっているのだから、これ以上新鮮な湯はなく、大地からの恵みであり、神々しいものである」という。これを読んで、私は別府の明礬温泉・泥湯まで行ってしまったが、日本を代表する名湯の多くが足元湧出源泉浴槽（全国で三十箇所程度）なのだという。

温泉を愛する人は多く、中にはマニアックな人もいるが、私は人里はなれた山の中の温泉がとくに好きである。勿論ちゃんとした宿があって、それなりの接待をしてくれるところもよいが、そういう設備がなくても本物なら出かけていく。北海道知床のカムイワッカの滝は有名だが、秋田の泥湯奥にも大湯滝というのがある。どちらも滝壺が温泉である。

河原に自分で浴槽を掘って入るというところも何箇所かある。

そういう究極の温泉の一つが北アルプス最奥の場所にある高天原温泉である。北アルプスの南の端を一応上高地か穂高岳のあたりとしよう。そこから北上する山脈は槍ヶ岳、双六岳を越えて三俣蓮華岳に至る。その名のとおりここで山脈は二分して西側は薬師岳を越えて剣岳に至る。東側は鹿島槍ヶ岳を越えて白馬岳に至り、やがては親不知で日本海に没する。これら二つの山脈の間を流れているのが黒部川である。高天原温泉はこの黒部川の源流域にある雲ノ平と呼ばれる高原の下部にある。

どこから行くにしても、歩いて山を越え、山中一泊が必要である。最も多くの人にたどられているルートは、富山から夏季だけ運行されるバスで折立まで入り、薬師岳への道を登り、太郎平で稜線を乗っ越して薬師沢に下り、沢沿いに黒部川の出合まで行く。ここに薬師沢小屋があって、そこまでが普通一日行程である。翌日、さらに黒部川に沿って下り、途中から沢を離れて大東新道をたどり高天原峠に出る。そこから一時間ほどの岩苔小谷に下ると高天原でそこにも山荘がある。温泉はさらに二十分ほど下った温泉沢出合に涌いている。

私も、前年一緒にトムラウシに登ったOさんとこのルートで入山した。天気が続いて、太郎平まで行手に薬師岳、背後に有峰湖を眺めながら爽快な登りを楽しみ、太郎平からは大下りのあと、めっきり登山者の少なくなった薬師沢沿いの、樹林の中の道を歩いた。黒部川との出合の狭い場所に小屋が立っている。小屋の前の河原に木造のテラスを張り出して、その先の吊橋で黒部川を渡るようにしてある。テントを持参していたが、ここにはキャンプ指定地が無いので小屋泊まりとなる。

翌朝、食事は自分たちで済ませて五時に出発する。雲ノ平への道を見送って一時間ほど河原を歩く。黒部川が九十度北に流れを変える地点の少し先で右の支沢に入る。少し登ってあとはトラヴァース気味に高天原峠までの長い道をたどる。峠に荷物を置いて高天原に下った。たしかにここはちょっとした別天地だ。三方を山に囲まれ、樹林の中のそこここに池塘を置いて穏やかな草原が広がる。

温泉は小谷の右岸、河原からすぐの笹薮の中に作られていた。自然石をコンクリートで固めた浴槽にホースで湯を引き入れている。白濁でぬる目、かすかに硫黄臭がする。片側によしずをさし掛けた脱衣場が作ってあり、その背後に同じよしずで囲った女性専用の浴槽がある。もちろん露天だが、見上げるとカラマツの巨木が枝を広げている。いつまでも入っていられそうな湯の中でのびのびと手足を広げる。木漏れ日の陽射はやわらかく、時折さわやかな風が頰をなでていく。

対岸に新しく作られたらしいもう一つの小さな浴槽がある。パンツに登山靴だけという珍妙な格好で河を渡り、そちらにも行ってみる。やや熱めで、もろに日が照りつけるのでまぶしい。Oさんはすぐ上流からも湯が涌き出しているといって、そこを掘って浅い即席

高天原温泉にて（2012.8）

の湯船につかったりしている。行ってみるとほとんど水だがほんの少しぬるい感じもする。再び元の浴槽に戻り、われわれはここで一時間半ほどを過ごした。

そこからさらに少し下った行き止まりのようなところが夢の平で、竜昌池というやや大き目の池がある。ここまで来ると赤牛岳のピークが望まれ、反対側に薬師岳が大きい。上部はたおやかに見える東南稜の下部は荒々しい岩壁である。池塘にはトンボが舞い、あたりは真昼時の静寂に包まれている。この日、高天原峠まで戻ったわれわれは、再び荷物を背負い、雲ノ平までの最後の道をゆっくり登って、水の豊富な祖父岳下のキャンプ場に泊まった。

テントの入り口を開けると、正面の黒部五郎岳が朝焼けに染まっていた。今度の山行で踏みしめる唯一の山頂といってよい祖父岳の頂上に登る。位置的に北アルプスのど真ん中なので主なピークのほとんどが見える。正面の鷲羽岳、左に水晶岳、針ノ木岳、遠く立山・剣、薬師岳、黒部五郎岳、笠ヶ岳、三俣蓮華岳、双六岳、槍ヶ岳、穂高岳、眼下に黒部川の源流、背後には雲の平。これらの山々は今までに何度も登ってきた。しかし、高天原温泉は訪れる機会の無いまま残っていたのである。

宿願を果たした思いで水晶小屋の前でひと休み、真砂岳手前の分岐から南真砂岳へのルートを採った。今度は鷲羽岳や水晶岳を裏側から見ることになる。南真砂岳からの竹村新道は長大な下りである。真砂岳分岐ではまだ昼前であったが、南真砂岳、湯俣岳を経由して湯俣山荘に下りた時には五時を過ぎていた。ここの内湯も高天原温泉と似たような泉質であったが、見ものは上流にある噴湯丘であった。

「千天の出合」という標識に、昔、北鎌尾根を登った時に来ていることを思い出しながら湯俣川を遡ってゆくと、左岸からもうもうと湯気が立ち昇っているのが見えた。その中から巨大な硫黄の塔が見えてくる。もう一つ、川の中にまるで雪をかぶったような茸状の岩塔があり、湯気を噴き出していた。河岸では二人の若者がシャベルで河原を掘り、露天風呂作成の最中だった。手を入れてみると川の水でうめなければならないほど熱かった。

翌日、高瀬川沿いに、ダムまでの二時間半の道を歩きながら振り返ると、南真砂岳から下りてくる稜線が見えた。その最後の部分を眺めながら、昨日の逆落しのような急斜面を改めて思い出した。

筑北村からの爺ヶ岳と鹿島槍ヶ岳

音楽

MUSIC

かやぶき音楽堂のブラームス

京都駅から山陰本線で北に一時間半ほどのところに、胡麻という駅がある。駅から南東の方角に目をやると、山裾に大きなかやぶきの家が見える。それが音楽堂である。歩いても一五分ほど。駅から見えるというのは、間には田んぼが広がっているだけで、さえぎるものがないからである。おおかたはすでに稲刈りが終わっていて、畦には真っ赤な彼岸花が咲いていた。

初めてここを訪れたのは今から七年近く前の平成一五年暮れのことであった。この時は美山町のかやぶきの里を訪ねてから、車で立ち寄った。音楽堂のかやぶき屋根にはうっすらと雪が積もっていた。扉は固く閉ざされていて、訪問者に対しては、希望者は住所、氏名を書いておくようにとの指示があった。

以来、毎年コンサートの案内が送られてくるようになった。是非聴いてみたいと思いながら、なかなか機会を得られないでいた。今年はショパンとともにシューマンの生誕二〇〇年ということで、ゆかりのあるブラームスの作品が採りあげられることも多かった。

二〇一〇年秋の「ザイラー・ピアノ・デュオかやぶきコンサート」のプログラムもシューマンとブラームスであった。京都北部には長老ヶ岳、大江山という、それほど高度はないが魅力的な名山もある。これは何としても出かけようと思った。

朝早目の電車に乗れたので、音楽堂には開演一時間半前に着いてしまった。音楽堂への登り口に迦陵頻窟（KALAVINKA）と書かれた看板が立っている。後でいただいたプログラムには、おおよそこのような説明があった。

この音楽堂は、福井県大飯郡の禅寺「善応寺」の旧本堂を移築・改築したもので、命名者は天竜寺の平田精耕老師。「迦陵頻窟（からびんくつ）」とは「迦陵頻伽という鳥のいる部屋」の意味で、極楽浄土にいるその鳥は、姿ばかりでなく声も美しく、仏さまの声にたとえられている。

堂々たる造りで、すぐ下に立っている同じかやぶきの母屋と重なり合う様は、見上げると豪壮ささえ感じさせる。あたりの農家は、あらかた建て替えられて、かつてのかやぶき屋根もトタンで覆われてしまっている。見たところ純粋なかやぶきは他に二軒だけである。

開場までの間、そのあたりを歩いてみる。朝方、西の空は曇っていて時折小雨がぱらついたが、この頃から晴れ間が出て、やがて眩しい陽が射すようになった。刈り残されている田んぼの畦近くを通ると、無数のイナゴが飛び出す。四隅だけ手刈がしてある。機械で刈れない部分をあらかじめ刈ってあるのだ。

その田んぼの中の道を三々五々、連れ立って人々が音楽堂に向かう姿が見られるようになるころ、私も迦陵頻窟に引き返す。入口にはすでにかなりの人が列を作って開場を待っていた。こうして今日、明日、一一時と三時の二回ずつ、来週の土日にも四回、計八回のコンサートが行われる。

内部にはいると、一階の床一面に座布団が敷きつめられている。合掌造りの家のような上部には二階席と三階席も作られていて、みな思い思いに場所を選んで座る。満席ということであったが、この回の聴衆は二三〇人と聞いた。ピアノの上方には反響板として十数枚の板がそのまま、あるいは湾曲させて固定してある。破風の最上部が空いていて、演奏の間も風が吹き通る。

ピアノはハンブルク・シュタインウェイとカワイのフルコンが各一台、連弾でも、二台のピアノでも四手の作品が演奏できるように置かれている。その向こうはガラス張りで、外には大きな竹が何本か見え、石灯籠が置かれている。日射しは内部に立てかけられたよしずでさえぎるようにしてある。

定刻に、演奏会用に着替えたエルンスト・ザイラー氏が、自ら銅鑼を鳴らして奥様である和子さんとともに登場。一曲毎に自ら解説をしながら演奏を始めた。最初はシューマンの「小さな子供と大きな子供のための連弾曲集」から八曲、その第一、三、四、六、八、九、一〇、一二番が弾かれた。ドイツ人は行進曲が好きだが、自分はそれほどでもない。しかし、この第一曲はよい曲で、他もきれいな曲だという解説であった。たしかに除かれた曲は行進曲と活発な曲であるが、最後の一二番だけは詩的で表情豊かな曲で、ブラームスの「ドイツ・レクイエム」のブレーメンでの初演の際に、ヨアヒムがクララのために弦による演奏をしたという。

かやぶき音楽堂は、普通のコンサートホールよりピアノの音がより自然に聞こえるような気がする。ザイラー氏自身は「釘を一本も使わず、天井の高さ九メートル、一二〇畳の空間は独特の残響があり、とても素直な音がする」と言っている。

続いてはブラームスの「シューマンの主題による変奏曲」（Op.23）。これはシューマンが自殺未遂の末エンデニッヒの病院に入院したときに、二一歳のブラームスが作曲した同名のピアノ独奏曲（Op.9）ではなく、シューマンが亡くなってから五年後に四手のために書かれた曲である。主題も前とは違うシューマンが最後に書き留めたといわれる「天使の声」の旋律に基づく一〇の変奏曲である。

シューマンが神経に異常を来す直前に頭を占めていたというこの主題は、前年に作曲されたヴァイオリン協奏曲にも聞かれ、シューマン自身もこの主題に基づく変奏曲を残している。シューマンは事実上最後の作品となったこの曲の写譜を終えてからライン川に走ったということで、私はそのことを思わずにこの主題を聞くことができない。

ブラームスは同じ年に「ヘンデルの主題による変奏曲」を作曲しているが、シューマンの主題によるこの曲にはそれほどの技巧が示されているとは思われない。また、主題も含め全体の印象はそれほど暗いものではない。「色とりどりの小品」から主題が取られ、クララ・シューマンも同じ主題による変奏曲を書いている作品九は、そのクララに献呈されているが、作品二三の方はシューマンの三女ユーリエに献呈された。アガーテと別れて二年後のことだが、ブラームスはこのユーリエとも同じ結果になってしまうわけである。

後半のプログラムである「愛の歌」、「ハンガリア舞曲集」の前に二〇分の休憩があり、恒例となっているらしい手作りのケーキとハーブティー、長年のスポンサーである酒造会社の提供というお酒が振る舞われた。ハーブはミントであったがケーキの小麦粉同様夫妻が手塩にかけたものである。

「愛の歌」一八曲には歌が付いているが、今回はピアノ四手版で演奏された。ただし、それぞれの歌の訳詞がプログラムに載せられており、ザイラー氏はどれがどれだか分からないでしょうとみなを笑わせてから演奏に入った。歌詞の内容はたわいないものだが、当時この曲集は大人気となり、ブラームスは続編「新・愛の歌」を書いた。当時のウィーンの家庭ではこのような音楽を自ら弾いたり歌ったりして楽しんでいたわけである。

「ピアノ・デュオは、一八、九世紀のヨーロッパやアメリカではハウスムジーク（家庭音楽）として、家の中で兄弟、姉妹、夫婦、親子で親しまれてきました」とザイラー氏は書いている。当時の中流階級の人たちにとって音楽は教養の一部で、レコードやラジオもない時代、家族そろってオペラやコンサートに出かけたり、家ではハウスムジークを楽しみ、音楽への理解を深めていったのだという。

「ハンガリア舞曲集」は最初ピアノ連弾用に作曲され、のちにピアノ独奏、管弦楽用にも編曲された。ただし、よく知られているようにブラームス自身がオーケストレーションしたのは第一、三、一〇番の三曲のみで、あとは当時の作曲家たちがその編曲を楽しんだ。最後の五曲の編曲者はドヴォルザークである。

全二一曲は四集に分けて出版され、ザイラー氏も四つの本があると言っていたが、この日はご自身演奏が難しいという第三集の六曲が演奏された。第一一から第一六曲まであるが、このうち一一番、一四番、一六番は「ハンガリア舞曲」といいながらブラームスの創作であるという。

アンコールでは、舞曲集の次の曲である第一七番が演奏された。どちらかといえばよく親しまれている前半の曲ではなく、後半からの今回の選曲には、演奏者のこだわりがあるようにも感じられた。実際「ハンガリア舞曲」の後半にはよく聴くと味わい深い曲がある。

こうして二時間ほどの演奏会は終わりを告げたが、帰り際に全員にお土産があった。なんと自家製米のおにぎりである。そういえば朝、母屋の外にあるトイレなどを見て回っていたザイラーさんが、前庭の掃除をしながら落ち葉を燃やしている老人に、「おにぎりを握っているおばさんたち、煙いと言ってるよ」などと声をかけていた。一部海苔で巻いた小さなものだがもちもちした食感と、口の中に広がった米そのもののおいしさが忘れられない。最後に和子さんが今年はイノシシに相当量やられてしまったけれども、こうして皆さんに食べていただけるだけのものは残っているという話をされていた。

かやぶき音楽堂前のザイラーご夫妻（2010.9）

ザイラー夫妻が米作りをしていることは聞いていた。ミュンヘン生まれでケルン音楽大学に学び、ジュリアード音楽院を卒業し、世界的に活躍しているザイラー氏は「農作業は指を大切にするピアニストにとってよいことではありません」と言いながら、日本の田舎に生活の根を下ろし、七枚の水田を耕作しているのである。もともとくに農作業がやりたくて胡麻に住んだわけではなく、グランドピアノを二、三台置きたい場所を探していて見つけたのがかやぶきの農家だったという。

新田舎人フォーラムというところが夫妻にインタビューをしているが、それによれば「音楽家にとって、朝起きて楽器の前に座り、一日中練習ができることが最高の環境であり」、都会ではそれだけのスペースは持てないし、雑音も多いという。また、ヒットラーが政権を握った頃のドイツで子供時代を過ごし、戦争になって明日の命も知れず、食べ物も少なくなったときに田舎で暮らした経験があり、そういうことが影響しているかもしれないとも言っている。

その「音農一致」の生活ぶりは二人の著書である「ザイラー夫妻の晴耕雨奏」（立風書房）に詳しい。一読して浮かんでくるのは、夫婦揃って芸術家であると同時に、大地にしっかり足を置いて生きている生活者の姿である。「農業をやることはとても自然なことで、目の前に土があり、気がついていたら土を耕していたにすぎません」と言うザイラー氏は、さらにこう続ける「この自然は、音楽家にとっては生きる基としてかけがえのない大切なものなのです。（略）創造的な仕事をしている音楽家は、豊かな自然の中で生活しているかたが多いようです。ヨーロッパではこれが当たり前。都会のコンクリートの中だけでいいものが生まれてくるはずはありません。ピアニストの命は、手や指だけじゃなく、心なんです。その心を育んでくれるのは豊かな自然です。」

そのザイラー氏の言葉として和子夫人は、「主人はピアノを教えていますと、日本人はテクニック至上主義のようで、音楽教育も、ソリストの養成が目的なのではないかと感じることが、しばしばあるそうです」と紹介した後でこのように言う。「音楽するということは、音楽をどのように感じて、いかに理解するかが重要なことで、作曲者がどのように考えて作った曲なのか、どんなイメージをふくらませ、小節を考え、全体の構成を考えたか、そして、どんなふうに人に聴かせようとしているか、それを追求していくこと」。そしてこの本の最後の言葉が来る。

「特に、人生の中でいちばん柔軟な子供たちの感性を目覚めさせてやりたい。真似するんじゃなく、ちゃんと自分で体験して、自らの力で生み出せるように。そのためには、自然というものにもっともっとふれさせたい。土や水や草や風や、そんな大地とふれあうときの感動こそ、とても大切です。」

わが家では、田んぼに水を張ると、息子が真っ裸になってもう泥んこになって泳ぎます。ところが日本じゃふつうそんなことはしません。先ず親がさせない。汚いからダメという教育。みんなご飯を食べているのに、田んぼに入ったことがないという……。

人間がいて地球があるんじゃない、地球あってこそ、人間が存在するってこと、ちゃんとわかる子供になってほしい、といつも願っています。」

一九七三年のデュオ結成以来、国内外で数百回におよぶ演奏会を共にしてきたという和子夫人は、知性とユーモアとたくましさを兼ね備え、おだやかな自然体で生きている女性のように見受けられる。あまり知識の無かった私の質問に対して、今の母家に住んで三五年以上、買ったのはもっと前のことで、音楽堂は練習用に建てたのだと説明してくれた。

ブラームスがピアノ連弾用、あるいは二台のピアノによる四手用に作曲、編曲した曲は大変な数にのぼる。すでに挙げたものの他に、「ピアノ五重奏曲」や「ハイドンの主題による変奏曲」には二台のピアノによるものがあり、あの愛すべき一六曲の「ワルツ」も連弾用である。

編曲にいたっては、四曲の交響曲、二曲のピアノ協奏曲、同じ二曲ずつのセレナーデと「序曲」、九曲の室内楽（弦楽四重奏曲一、二、三番、ピアノ四重奏曲一、二番、弦楽五重奏曲一、二番、弦楽六重奏曲一、二番）、さらには「ドイツ・レクイエム」まである。ピアノ協奏曲第一番と交響曲第三番、第四番は二台のピアノ用と連弾用の両方がある。これらの編曲により、ブラームス自身あるいは他の音楽家、また一般家庭でも、オーケストラや室内楽のピアノ以外のメンバーがいなくても作品の演奏が可能になるわけである。ピアノ協奏曲やピアノを含む室内楽のピアノ編曲版というのは最初奇異に感じたが、実際に聴いてみると、それぞれにまた違った魅力がある。

ピアノ・デュオの演奏会はコンタルスキー兄弟やラベック姉妹、あるいはアルゲリッチなどの演奏を聴いたことがあるが、ザイラー夫妻の「かやぶき音楽会」は、その環境がすばらしい。森の中の音楽会を夢想する人は多いし、事実、森の中や高原に立つ音楽堂もある。タングルウッドや札幌、信州音楽村のような野外のコンサートホールもある。しかし、本当に田舎の、改造したとはいえ農家で、演奏者自身大地を耕しながらの音楽会というのは他に聞いたことがない。

本来、音楽は、都会の密室の中で、息を詰めながら聴くものではないだろう。演奏者には、厳しい修練と真剣勝負の緊張がつきものではあろうが、それでもなお音楽はその字のごとく、楽しむものであり、自然と同じように生きている歓びを感じるものでありたい。それが人工物を極力排した、自然の中で聞けるのならそれに勝るものはない。私が薪能を好むのも同じ理由からである。

ザイラー夫妻は、このようにして三〇年以上にもわたって日本の田舎でピアノ・デュオによる演奏を続け、ご自身音楽と生活を楽しみながら、西洋音楽のすばらしさを伝え、その道を志す音楽家を育て、地域文化の振興にも多大な貢献をしてきたわけである。

かやぶき音楽堂から胡麻の駅まで、田んぼの中の道をたどる私の耳には、最後のアンコールで弾かれた、もともとはジプシー（ロマ）と呼ばれた人たちの音楽である「ハンガリア舞曲」の旋律がいつまでもついて離れなかった。その情熱的で、やるせなく、哀愁を帯びた音楽は、はるかに洗練されたものとはいえ、実はブラームスの音楽とも共通するものではないかと思った。

ブラームス声楽曲の森（クラウス・グロートの詩を中心に）

ブラームスの歌曲といえば、すぐに「メロディーのように」（Op.105-1）を思い浮かべるようになったのはいつからのことだろう。おそらくそれは、「岡崎實俊ドイツ歌曲名唱集」というCDをある人からいただいてからのように思われる。この曲集にはシューベルト、ベートーヴェン、シューマン、ブラームスの、それこそ名曲ばかりが収められているが、最後の五曲がブラームスである。その第一曲でこの曲が歌い出された時、私は「これぞブラームス！」と改めて思ったものである。

それまでにも、この曲は何度も聴いている。一番古くはサヴァリッシュのピアノによるフィッシャー＝ディースカウだったろうか。次いで東芝レコードから出た「ブラームス歌曲集」のムーアのピアノによるハンス・ホッター、女声ではシュワルツコップ（ピアノはジョフリー・パーソンズ）、グラモフォンの「ブラームス大全集」も女声でジェシー・ノーマン（ピアノはバレンボイム）、CPO盤ではバリトンのアンドレアス・シュミット（ピアノはヘルムート・ドイッチェ）、そしてBrilliant盤全集はテノールでクリスティアン・エルスナー（ピアノはブルクハルト・ケーリンク）といった具合である。

そのつどよい曲だと思っていたが、この日本人の歌唱によって、ドイツ歌曲の中でのブラームスの名曲として、私の心の中でゆるぎない位置を占めるに至ったのである。作詩はブラームスの友人でもあったクラウス・グロートで、次のような内容である。

Wie Melodien zieht es
Mir leise durch den Sinn,
Wie Frühlingsblumen blüht es
Und schwebt wie Duft dahin.

Doch kommt das Wort und faßt es
Und führt es vor das Aug,
Wie Nebelgrau erblaßt es
Und schwindet wie ein Hauch.

Und dennoch ruht im Reime
Verborgen wohl ein Duft,
Den mild aus stillem Keime
Ein feuchtes Auge ruft.

それはメロディーのように
ひっそりと私の感覚に染みとおり、
春の花のように咲きこぼれ、
芳香のようにほのかにただよう。

だけど、言葉でそれをとらえ、
この眼でたしかめようとすると
それは灰色の霧のように色あせ、
吐息のように消えてしまう。

それでもなお、詩句の中に
あるかぐわしさがこっそりととどまる、
うるんだ眼が、それをやさしく、
静かな胚芽から呼びおこす。　（西野茂雄訳）

ブラームスの音楽も、この詩に寄り添うように、やさしく、ひそやかに、陰影を伴なって進んでゆき、後にはえもいわれぬかぐわしさを残して消えてゆく。単純な曲なのにいつまでも忘れることができない。ああブラームス、ブラームス！である。アルト歌手シュピースに寄せる想いがあるとか、その旋律が同時期に作られたヴァイオリン・ソナタと似通っているとかいうことはどうでもいいことである。ただ、ひとつの歌曲として聴く人の心の奥底に届く。

＊

グラモフォン盤のブラームス全集の声楽曲解説を担当している、ドイツ音楽学の重鎮といわれるルートヴィッヒ・フィンシャーはこう言っている。

「ブラームスの歌曲は、比較的少数のものだけが馬鹿に人気がある反面、他の大部分のものは殆ど全く知られていない。そうしたことのため、彼の類例の無い豊かさが見誤られる恐れがあることを考えると、全曲のレコードで彼の歌曲全体を聴くことは、注意深い聴き手に、この豊かさを発見するための探検旅行の機会を与えることになるのではないだろうか。」

私も、まさにそのような聴き手のひとりであったわけだが、器楽と違って声楽作品には言葉の壁がある。音楽についての専門知識のみならず、ドイツ語の力も乏しい者にとって、歌曲や合唱曲は聴くだけでも大変なことである。その点を留保してのことであるが、一度ブラームスの声楽曲全体を耳にした者は、その「シューベルトを除けばドイツの歌曲の中で二度と再び見られないほどの、圧倒的に豊かな個性ある作品にみたされた」世界に驚倒するだろう。

グラモフォン盤の「ブラームス大全集」が出たのはずいぶん昔のことである。LPレコード八巻六二枚の全集は後半四巻が声楽曲で、「歌曲」、「重唱曲」、「無伴奏合唱曲」、「オーケストラ付合唱曲」に分けられていた。しかし、厳密に言うとこれは「全集」ではない。リートはほぼその全てが収められているが、その他では洩れているものも多い。その後、Brilliant盤のブラームス全集が出て、さらに歌曲はCPO盤でも聴くことができるようになった。個別のCDは数限りなくある。

Brilliant盤の全集はドイツ民謡も含めて、ほぼすべての声楽曲を網羅しているが（ただしグロートの詩による歌曲ではOp.63-9が抜けていたりする）、歌曲に関しては収録の仕方が独特である。グラモフォン盤やCPO盤は、作品番号毎に録音されている。そうすると一つの曲集の中でソプラノ、テノール、バリトン用といった曲が入り混じることになる。Brilliant盤は声部ごとに、あるいは曲の関連性などに基づいて収録されている。そうすると、今度は作品番号がばらばらということになって、一つの曲集をまとめて聴くことができない。これは不便だが、ブラームスには連作歌曲が少ないことを考えれば、その種のものさえまとまっていれば、ある声部の曲をまとめて楽しめるという利点がある。ともかくも、こうして私は遅まきながらブラームスの声楽曲の全体像を少しずつ知るようになった。

フィンシャーは、その発展段階によってブラームスの歌曲を五つのグループに分けている。最初は一八五一～三年のハンブルク時代で作品三、六、七。次が、ブラームスが唯一婚約にまで踏み込んだアガーテが絡んでいるとみられる作品一四、一九（一八五八～九年）。それから第一の大きな山をなす「マゲローネのロマンス」（一八六一～九年）から「オフェリアの歌」（WoO.22）や作品六三（一八七三～四年）までの時代。そして第二の山である作品六九（一八七七年）から作品一〇七（一八八六～八年）までの時代が続く。そして最後が一八九六年の「四つの厳粛な歌」（Op.121）である。これは歌曲に関しての話であり、それぞれの期間や各期間の間には、他のジャンルの声楽曲が多数書かれている。

ブラームス二〇歳頃の初期の歌曲は、いかにも多感な青年らしく、愛の悲しみや苦しみを歌ったものが多く、名曲といわれる「愛のまこと」（Op.3-1）、「まことの愛」（Op.7-1）などが含まれている。

五年後の作品一四の八曲は、そのほとんどが民謡の歌詞に基づいている。第一曲「窓の前で」（Op.14-1）は、「愛のまこと」と同じような濃密な情緒を漂わせるが、この曲は「女声合唱のためのドイツ民謡集」（WoO.38）の中にも編曲があり、より素朴でさわやかな作品に仕上がっている。第二曲「傷ついた子供」や第六曲「恋人のもとへ」も単純ながら魅力的である。次の作品一九の曲集になると、いかにもブラームスらしいロマンティックな歌の世界が開かれた思いがする。「別れ」(Op.19-2) や「エオルスの琴によせて」(Op.19-5) などは、ピアノ伴奏も含めて心の琴線に触れる曲だ。女声合唱のための「アヴェ・マリア」(Op.12) や二つのホルンとハープの伴奏による「四つの歌」(Op.17)、また「二八のドイツ民謡集」(WoO.38) が書かれたのもこの頃である。

一八六一年、ブラームス唯一の連作歌曲集「マゲローネのロマンス」(Op.33) の作曲が開始される。二九歳のブラームスがウィーンに出る前年にあたる。「ドイツ・レクイエム」(Op.45) の作曲と並行していたこともあって、この曲集は完成するまでに八年を要し、最終曲の出版はブラームス最大の宗教曲の全曲初演と同年(一八六九年)である。

ルートヴィッヒ・ティークの「民話集」による曲集は一五曲からなり、それぞれの曲の前には語りが付いている。ドイツ語が堪能ではない身には少々辛く、音楽だけを楽しむには歌曲だけの録音がよい。物語は御伽噺であり、単純だが、それにつけられたブラームスの音楽は本格的である。騎士の旅立ちを歌う第一曲から、マゲローネと会う喜び、別れの悲しみ、再会、そしてとこしえの愛を歌う終曲まで、力強く真実な音楽が付けられている。この間に、作曲されたプラーテンの詩やダウマーの訳詩による作品三二は概して暗いが、最終曲が「私の女王よ」(Op.32-9) である。「永遠の愛」(Op.43-1) を含む作品四三では、第二曲「五月の夜」(Op.43-2) も佳曲である。

三五歳頃から四一歳頃までの数年間に作品四七から作品六三までの曲集が作られる。曲数にして五〇曲、その前半は簡潔で淡々としているようだが、豊かな表現力に裏付けられ、心のひだを歌うような曲が多い。とくに、「秋の感情」(Op.48-7)、「すみれに寄せて」(Op.49-2)、「たそがれる夕べ」(Op.49-5)、「私は夢を見た」(Op.57-3) などの微妙な陰翳に心引かれる。よく知られた「たより」(Op.47-1)、「日曜日」(Op.47-3)、「子守歌」(Op.49-4) などもこの時期の作品である。その後半に至って初めてグロートの詩による歌曲が現れる。ブラームスファンなら誰一人として知らない人はいない作品五九の第三曲「雨の歌」である。

Walle Regen, walle nieder,
Wecke mir die Träume wieder,
Die ich in der Kindheit träumte,
Wenn das Naßim Sande schäumte!
Wenn die matte Sommerschwule
Lässig stritt mit frischer Kühle,
Und die blanken Blätter tauten,

雨よ降れ、そして私が子供の時に、
雨が砂の中で泡立つ時に、
その時に見た夢を
再びあらわしておくれ！
うっとうしい夏の暑さが
新鮮な涼しさと物うげに争うとき、
そして輝く木の葉がつゆにぬれ、

Und die Saaten dunkler blauten.
Welche Wonne, in dem Fließen
Dann zu stehn mit nackten Füßen,
An dem Grase hin zu streifen
Und den Schaum mit Händen greifen.
Oder mit den heißen Wangen
Kalte Tropfen aufzufangen,
Und den neuerwachten Düften
Seine Kinderbrust zu lüften!
Wie die Kelche,die da troffen,
Stand die Seele atmend offen,
Wie die Blumen,düftetrunken,
In dem Himmelstau versunken.
Schauernd kühlte jeder Tropfen
Tief bis an des Herzens Klopfen,
Und der Schöpfung heilig Weben
Drang bis ins verborgne Leben.

苗床の青さが濃くなるとき、
小川にはだしで立つことは
何と気持ちのよいことか！
そして草原に歩み入って
清水を両手ですくうのだ。
あるいはあつい両の頬を
冷たい雨滴でひやさせる。
そして新しく生まれた香りある風を
幼い胸にあてさせる。
花のうてながつゆを滴らせるように
心は息づき開いている。
香りに酔える花のように、
天のつゆにぬれている。
すべてのしたたりは冷たくふるえ、
心臓の鼓動にまで浸みこむ。
天地創造の聖なるいぶきが
かくれたる生にまでしみこむ。

Walle,Regnen,walle nieder,
Wecke meine alten Lieder,
Die wir in der Türe sangen.
Wenn die Tropfen draußen klangen!
Möchte ihnen wieder lauschen,
Ihren süßen,feuchten Rauschen,
Meine Seele sanft betauen
Mit dem frommen kindergrauen.

雨よ降れ、私たちが子供の時に
戸口で歌った古い歌を
めざましておくれ！
外では雨が高鳴っていたあの時に！
あの雨の、甘いざわめきを
私は再び聴きたいのだ。
いとけなき子供の恐怖感のうちに、
私の魂を雨でうるおしたいのだ。

（渡辺護訳）

子供の頃、降る雨に濡れる自然を見つめながら、その中に「天地創造の聖なるいぶき」さえ感じとったという清新な感情を歌っているが、最初から最後まで、雨の音を模したブラームスの音楽がさらに効果を高め、忘れえぬ印象を与える。そのメロディーは、次の同じグロートの「残響」（Op.59-4）に引き継がれ、さらにその余韻は次のメーリケによる哀切な第五曲「アグネス」冒頭のピアノ伴奏にまで及んでいる。それ以前にもブラームスは、「残響」と全く同じ歌詞に別のメロディーを付けた、もう一曲、別の「雨の歌」（WoO.23）を作曲している。「雨の歌」（Op.59-3）が第三楽章の主題として使われたヴァイオリン・ソナタ第一番のことはいまさら述べるまでもないだろう。

この「雨の歌」（Op.59-3）に限らず、ブラームス歌曲のピアノ伴奏の妙は驚くばかりで、「目かくし鬼ごっこ」（Op.58-1）、「雨の降る間に」（Op.58-2）、「セレナーデ」（Op.58-8）、「嘆きII」（Op.69-2）、「太鼓の歌」（Op.69-5）、「海辺から」（Op.69-6）、「ひばりの歌」（Op.70-2）、「失望」（Op.72-4）、「荒野を越えて」（Op.86-4）、「夜鶯」（Op.97-1）など枚挙に暇がない。

八曲からなる作品五九の最後の二曲「私の傷つける心」（Op.59-7）と「あなたの青いひとみは」（Op.59-8）もグロートの詩によるもので、一方は烈しく、他方は静かに聴く人の心に訴える名曲といえる。この後ブラームスは作品六一の「四曲の二重唱曲」、作品六二の「七曲の合唱曲」を書くが、そのあとの作品六三の最後の三曲がまたグロートである。この曲集の第二曲、シェンケンドルフによる「思い出」も美しい曲だが、グロートの「懐郷」（Op.63-7~9）は、またしても失われた子供時代を懐かしむ歌である。「懐郷」の郷は「心のふるさと」であり、三曲ともに、今となってはもう取り返しのつかない日々の回想である。その第一曲。

Wie traulich war das Fleckchen,
Wo meine Wiege ging,

私のゆりかごが下がっていた
あの一隅のなつかしさ。

Kein Bäumchen war,kein Hechkchen,
Das nicht voll Träume hing.

全ての木や垣根は
夢という実がみのっていた。

Wo nur ein Blümchen blühte,
Da blühten gleich sie mit,
Und alles sang und glühte
Mir zu bei jedem Schritt.

ひとつの花が咲けば、どこでも
すべての花がいっしょに咲く。
私が歩けば一足ごとに
すべてが歌い、輝くのだ。

Ich wäre nicht gegangen,
Nicht für die ganze Welt!-
Mein Sehnen, mein Verlangen,
Hier ruht's in Wald und Feld.

全世界にも代えられぬものを
私は捨てるべきではなかったのだ。
この森や野の中に
私のあこがれはとどまるだけだ。

（渡辺護訳）

この曲は普通ソプラノで歌われるが、続く第二曲、第三曲は男声のための曲である。とくに第二曲は、グロートとブラームスにして初めて生み出し得たといえるような歌の世界で、私は第一曲以上に強い愛着をもっている。

人はみな幸福を求めて、母親の愛によって守られた世界を飛び出して行くが、結局、自分が捨てた以上の場所はこの世には無いことに気づいて、もはや戻ることのできない子供時代を振り返る。「なぜ私は幸福にあこがれて母の手から離れたのだろう?」「幸福をさぐることは無駄なのだ。まわりはすべて荒れはてた砂地なのだ」。苦い現実認識と、甘美な思い出が交錯する中で、詩人は空しく子供の国に戻る道を捜し求める。その歌詞に添って、ブラームスの音楽は、おだやかに、ひめやかに、憧れと悔恨を込め、真実と限りない懐かしさに満ちて流れる。

フィンシャーが第一の山と呼ぶ、「ドイツ・レクイエム」から第一交響曲までの間にあたる時期を、門馬直美は、ブラームスの詩人および詩の選択から見た創作時代区分の第二期と見て、はじめ目立っていた「甘い恋愛を歌ったものが影をひそめ、自然に対する愛や感情を込めたものや、観念的な抒情が好まれるようになり」、「この時期の歌曲はおよそ、孤独な感傷性を持ち、憂愁を秘めたものが多い。そして、死と関連のある歌詞が選ばれるようになる」と言っている。

一八七六年、四三歳のブラームスは交響曲第一番を完成する。この年から最後のオーケストラ曲である二重協奏曲が書かれるまでの一二年間が歌曲においての第二の山ということになる。「愛の歌」(Op.71-5)、「森の静寂」(Op.85-6)、「野の寂しさ」(Op.86-2)、「サッフォー頌歌」(Op.94-4)、「メロディーのように」(Op.105-1)、「わがまどろみはいよいよ浅く」（Op.105-2）、「乙女の歌」（Op.107-5）などブラームスの代表作に数えられる名作が次々と生み出される。いや、それらばかりではない。第一の山の後期においても既にそう言ってよいような充実があるのだが、書かれるすべてが傑作と言えるような実り多い時期である。

慎重に題材を選び、歌曲作家として練達の技術を用いて多様な世界が展開される。「甲斐なきセレナーデ」（Op.84-4）、「ジプシーの歌」（Op.103）のような明るく快活な曲もあれば、「乙女の呪い」（Op.69-9）、「裏切り」（Op.105-5）のような劇的で激しい曲、あるいは「死は冷たい夜」（Op.96-1）、「墓地で」（Op.105-4）のような迫りくる死を予感させるような曲もあるが、ブラームスがくり返し作曲し続けたのは愛と孤独の嘆きと苦しみ、またその悲しみと喜びを歌う歌であった。その多くに込められているものは、永遠の憧憬であり、喪失の悲嘆であり、失ったもの、過ぎ去ったものへの懐旧の情である。

それらの思いがそのまま、作曲家としてのブラームス自身のものではないことはフィンシャーが指摘しているとおりであろうが、すべての声楽曲の歌詞をブラームス自らが選んでいるのであるから、そこには単に作曲への興味ばかりでなく、詩の内容への共感も含まれていると言ってよいのではないだろうか。「野の寂しさ」に漂う、心にしみ透るような孤独感がブラームスのものでなかったと誰が言えよう。

この期間に作曲されたグロートの詩による歌曲が、冒頭の「メロディーのように」なのであるが、他に、花は咲いてもそれを見るべき人がいないと訴える「早く来よ」(Op.97-5)と、想う人との間をいまだ厳しい冬が隔てているという「霜が降りて」(Op.106-3)の二曲がある。この頃になると民謡の編曲も含めて、どれをとってもブラームスの歌曲として完成されている感じがする。名曲としてよく挙げられるもの以外に私が心引かれる曲としては、「蜘蛛の糸」(Op.72-2)、「おお、涼しい森よ」(Op.72-3)、「夏の夕べ」(Op.85-1)、「月の光」(Op.85-2)、「夢遊病者」(Op.86-3)などがある。

ブラームスの死の前年にあたる一八九六年、最後の作品番号を与えられたオルガン曲「一一のコラール前奏曲」と並んで作曲された歌曲が「四つの厳粛な歌」(Op.121)である。死の影は作品四八~九のあたりからすでに射しているが、作品八六、九四あたりで濃さを増し、この曲に至るのである。このブラームス最後の歌曲については「ドイツ・レクイエム」のところでまた言及することにしたい。

なお、ブラームスはピアノ伴奏による独唱曲をLied, Gezange, Romanceというように区別して呼んでいる。曲の内容や性格による分類だと思われるが、さまざまな名前が付けられている晩年のピアノ曲をすべて小品と呼ぶのと同じで、ここではすべて歌曲としてある。また、作品九一の二曲はピアノの他にヴィオラが伴奏に加わって効果をあげている。親友だったヨアヒム夫妻の不和の解消を意図したものらしいが、その第二曲「聖なる子守歌」も名曲に数えられている。

ブラームスの歌曲の特色をなす一つの要素は民謡である。ドイツ民謡とブラームスのかかわりは深い。歌曲の中にも民謡を歌詞としたものが多数あり、ドイツ民謡だけで十数曲、他国の民謡の訳詩によるものを合わせれば四〇曲ほどにものぼる。民謡の編曲はブラームスが生涯にわたって情熱を傾けた仕事であった。これには一八世紀末ごろからの、ヨーロッパにおける民謡への関心の高まりがあり、師であるマルクスゼンの勧めもあったというが、ブラームス自身の中にも、民謡の持つ素朴で力強い音楽の魅力に引かれるものがあったのだと思われる。

＊

「四つの厳粛な歌」を別とすれば、それ以前のブラームスの最後の歌曲集は作品一〇七である。その最終曲は、前にも名曲として記した「乙女の歌」（Op.107-5）というハイゼによる民謡風の曲である。逆に、ブラームスが終生強い愛着を持ち、最晩年にまとめた独唱による四二のドイツ民謡集の最後の曲「静かな夜に」は、実は彼自身の手になるものである。この民謡集は合唱による七曲を加えて晩年「四九のドイツ民謡集」（WoO.33）としてまとめられた。

ブラームスのドイツ民謡集はそれだけにとどまらない。ハンブルク時代にまとめられた「二八のドイツ民謡集」（WoO.32）については前にも触れたが、それ以前にデュッセルドルフにおいて、シューマンの子供たちのために「一四の子供のための民謡」（WoO.31）を編曲しており、「眠りの精」はその第四曲である。以上三つはピアノ伴奏による独唱用であるが、WoO.31 は斉唱でもよいとされている。このほかに無伴奏合唱用に二六曲（WoO.34）、（WoO.35）、女声合唱のためのものが四四曲（WoO.36）、（WoO.37）、（WoO.38）あり、まだ他にもあるようだ。

延べ一六〇曲を越えるこれらの「民謡」の中には、同一の歌詞とメロディーに基づくものが少なからずある。Gunhilde（「グンヒルデ」）、Scheiden（「別れ」）などは三つの集にまたがっており、Scheiden は全く違う歌詞のものが二曲ある。「四九の民謡集」では Feinsliebchen（「可愛い人」）とされているものが、無伴奏合唱曲と女声合唱曲では Die Versuhung（「誘惑」）として再録されている。一度聞いたら忘れることができない魅力に富んだこの曲は、実は真正のドイツ民謡であるかは疑わしいという。

ブラームスの「ドイツ民謡」は学術的には厳正さを欠いている。その基となっているのは、主にクレッチュマー＝ツッカルマリオ編の「ドイツ民謡集」で、これにはツッカルマリオ自身の作曲によるものが多く含まれているという。シュワルツコップとフィッシャー＝ディースカウの歌唱によるエンジェル盤レコードでは、ウィリアム・マンが四二曲のすべてについてその由来を詳しく解説している。

そのような「ドイツ民謡」ではあるが、ブラームスは、当時の民衆が好んでいた俗歌ではなく、音楽的に優れていると思われる民謡を選んで編曲した。それらは、芸術歌曲とは言えないまでも、聞いても歌っても楽しい見事な作品に仕上がっている。それらの詩のいくつかは、「窓の前で」（Op.14-1ドイツ民謡第三五曲）、「あそこの牧場で」（Op.97-4ドイツ民謡第三一曲）、「別れ」（Op.97-6ドイツ民謡第六曲）のように、ブラームス自身がリートの歌詞として採用して曲をつけている。それらを聞き比べると民謡と芸術歌曲との違いが分かるとともに、ブラームスの民謡編曲がいかに音楽性豊かなものであったかが理解される。

歌曲ばかりでなく、民謡的要素はブラームスの音楽の本質と深く関わっている。ハンガリア舞曲もそうであるように、ブラームスは自身心引かれた音楽に最も優れた形を与え、誰もが楽しめるものにする天才であった。そして、それらは編曲であるとして、自らの作品番号を振ることはしなかった。

＊

歌曲以外にブラームスには二〇曲の二重唱曲とおよそ六〇曲の四重唱曲がある。その他「甲斐なきセレナーデ」を含む対話風の歌曲作品八四の五曲は二重唱でも歌われる。二重唱曲は二〇代後半と四〇代前半に作曲が集中している。若い頃の「海」（Op.20-3）も美しいが、やはり後期の方が芸術性が高まっていて、ゲーテの詩による「自然の現象」

（Op.61-3）、ヘルティの詩による「海辺で」（Op.66-3）など感銘が強い。しかしこれらは女声二声によるもので、男声と女声二声の「ともにさすらおう」（Op.75-3）になると、より魅力が増しているように思う。「エドヴァルド」（Op.75-1）は衝撃的な作品である。ピアノ曲「バラード」の第一曲に通じるものだが、スコットランドの詩による初期の歌曲「マレーの殺害」（Op.14-3）も同系列の作品である。

　この後期の二重唱の中にグロートの詩によるものが二曲ある。「ひびき」（Op.66-1・2）というタイトルでセットになっていて、作曲時期はちょうど第一の山が終わった直後にあたる。ソプラノとアルトのための曲であるが、曲調は暗く、「ひびき」とは弔いの鐘の響きで、それを模した音がピアノ伴奏に聞かれる。その第二曲。

Wenn ein müder Leib begraben,
Klingen Glocken ihn zu Ruh',
Und die Erde schließt die Wunde
Mit den schönsten Blumen zu!

人生に疲れた者が葬られるとき、
慰めの鐘が鳴り響き、
大地はその傷口を
この上なく美しい花々で覆う！

Wenn die Liebe wird begraben,
Singen Lieder sie zur Ruh',

愛が葬られるときは、
慰めの歌が歌われ、

Und die Wunde bringt die Blumen　その傷口には花が咲くが、
Doch das Grab erst schließt sie zu!　ただ墓だけがそれを閉ざす！

四重唱曲は三〇歳の頃に作曲された、ゲーテの詩による愛らしい「踊りと恋と」（Op.31-1）に始まり、四〇歳の頃の、「故郷に」（Op.64-1）やシラーの詩による「夕べ」（Op.64-2）を経て、五〇歳頃の「ああ美しい夜」（Op.92-2）と「晩秋」（Op.92-2）を含む作品九二に至る。あと作品一〇三の「ジプシーの歌」（一一曲）とその続編（四曲）を含む作品一一二がある。しかし、ブラームスの四重唱曲はこれだけではない。大ヒットした「愛の歌」（一八曲・Op.52）と「新・愛の歌」（一五曲・Op.65）を忘れるわけにはいかない。第二の故郷となったウィーンのワルツを模したこれらの曲集は、歌を伴って、あるいは四手のピアノだけでも、当時の一般家庭で楽しまれたようだが、室内楽的な洗練さを有し、ゲーテの詩による擬似シャコンヌを最終曲に置いたこれらの曲集を「純粋に娯楽のための作品として受容することは正しくない」とフィンシャーは指摘している。四重唱曲には、そのほかにもう一曲、愛すべき「小結婚カンタータ」（WoO.16）がある。また、ボヘミアの詩による作品三一の第三曲「恋人に会いに行く道」と同じ歌詞を用いて、ブラームスは作品四八の第一曲の歌曲も作曲している。

こうして、独唱曲、二重唱曲、四重唱曲と聴いてきて、次に、初めて無伴奏合唱曲作品四二を聴いた時のショックが忘れられない。それはバッハよりももっと昔の歌の響きであり、それでいて少しも古くなく、豊かな情感をたたえていた。まず、第一曲を聴いてすぐ「パレストリーナだ！」と思った。昔、パレストリーナの音楽を評して other-worldly と言っている文章を読んだことがあるが、ブラームスのこの曲もこの世のものとも思われない美しさに溢れている。二曲目でぐっとロマン的になり、三曲目で再びアルカイックな響きの中で嘆きの歌が歌われる。

＊

次いで作品六二の「七つの歌」で私はすっかりブラームスの合唱曲の虜になってしまった。「子供の不思議な角笛」からの第一曲「まんねんろう」、ハイゼによる第三曲「森の夜」、民謡を基にした第七曲「私の幸せと安らぎは去ってしまった」などの清らかで単純なメロディーがなんと心にしみてくることか。Brilliant 盤の室内合唱団による澄み切った声のひびきはまさしく鳥肌が立つような美しさである。若い頃の作品である、民謡に基づく七曲からなる「マリアの歌」（Op.22）もその清らかな響きに魅せられる。「ドイツ・レクイエム」や「運命の歌」といったオーケストラを伴う分厚い合唱曲は、それはそれで感動的な名曲だが、ブラームスの無伴奏合唱曲は、リートとともに他に類の無い音楽世界を作り上げている。

作品六二については、ブラームスの声楽曲の権威といわれるジークフリート・クロスがこう言っている。「作品六一と六六の二重唱と作品六四と六五の四重唱の間に、ブラームスは再び非常に不統一な合唱曲集作品六二を公刊した。そこでは合唱曲はかつてないほど歌曲に近づいている」。ブラームスの室内楽は、声部が厚くなるほど充実した美しさを示す。それは声楽曲でも同じだと思われる。しかし、「ドイツ民謡集」や「ジプシーの歌」が示すように独唱と合唱は相互に乗り入れが可能なのであり、ブラームスの声楽曲は、基本的にすべて豊かな歌の世界としてつながっている。もしかしたら器楽曲でさえそう言えるのかもしれない。

ブラームスの無伴奏、あるいはオルガン程度の簡単な伴奏を伴う合唱曲には「アヴェ・マリア」(Op.12)、「詩編一三」(Op.27)「三つの宗教的合唱曲」(Op.37) などがあるが、いずれも女声合唱のための作品である。「一二の歌曲とロマンス」(Op.44) の第六曲「尼僧」、第一〇曲「そしておまえは教会の墓地を行く」などはとても美しいが、やや単調で、混声が持つ深い響きには及ばない。この曲集と混声の作品六二には、いずれもハイゼの「若い泉」からの詩による曲が四曲ずつ含まれているが、混声による「森の夜」(Op.62-3) の深々とした印象は女声合唱からは得られない。この詩集からはもう一曲無伴奏合唱曲「君の優しき恋人」(WoO.19) が作られている。

もちろん女声でなければ得られない魅力というものもある。晩年にまとめられた「一三のカノン」（Op.113）などはまさにそうで、その清澄な女声の響きは類がない。その最後が、シューベルトの「辻音楽師」とイザークの「夏は来ぬ」によっているというのも象徴的だ。

ブラームスは二〇代の後半、ハンブルク女声合唱団の指導を引き受け、ウィーンのジングアカデミーに移ってからも女声合唱団の指導にあたった。たくさんの女声合唱曲作品と編曲が残されたのはそのためである。晩年の肖像画を見慣れているわれわれにとって、若き日のブラームスが乙女たちに囲まれて、尊敬のまなざしを向けられている姿を想像するのは楽しいことである。ブラームスの男声合唱曲集はいずれも民謡による「五つの歌」（Op.41）一つしかないが、その第一曲「俺は角笛を吹く」は美しい響きがする。

その他の合唱曲としては、作品番号を持つものには「食卓の歌（女性への感謝）」（Op.93b）、作品番号のないものとしては「聖なる大地の暗い胎」（WoO.20）、そしてミサ曲の断片「キリエ」（WoO.17）、ヨアヒムとの対位法研究の結果と言われる「ミサ・カノニカ」（サンクトウス以下）（WoO.18）がある。

作品六二の後、ブラームスはさらに混声合唱曲集「六つの歌とロマンス」（Op.93a）、「五つの歌」（Op.104）を出版する。カルベックによる第三曲「最後の幸福」（Op.104-3）もしみじみとした曲だが、曲集最後の「秋に」（Op.104-5）の作詩者は、またしてもグロートである。日没と季節の終わりに人生の終わりを重ね合わせ、その悲哀の中に生きとし生けるものの運命を見る。そしておそらくは生の歓びとともにその運命を受け入れようとするグロートの詩に、ブラームスもこれ以上はないと思われるほど深く静かで、詩が表現する人生の真実をそくそくと知らしめるような音楽をつけている。作曲されたのは歌曲「メロディーのように」と同時期である。

Ernst ist der Herbst,
Und wenn die Blätter fallen,
Sinkt auch das Herz zu trübem Weh herab.
Still ist die Flur,
Und nach dem Süden wallen
Die Sänger stumm, wie nach dem Grab.

Bleich ist der Tag,
Und blasse Nebel schleiern
Die Sonne wie die Herzen ein.
Früh kommt die Nacht:

秋は厳粛なとき、
木の葉が散ると、
心も暗い悲嘆に沈む。
静寂に包まれた野を、
無言の歌人が南に向かう
まるで墓を目指すように。

青白い日なか、
人と心をヴェールで覆うように
霧が太陽を包む。
夜の訪れは早い

Denn alle Kräft feiern,
Und tief verschlossen ruht das Sein.

Sanft wird der Mensch.
Er sieht die Sonne sinken,
Er ahnt des Lebens wie des Jahres Schluß.

Feucht wird das Aug',
Doch in der Träne Blinken
Erströmt des Herzens seligster Ergruß.

あらゆるものが動きを止め、
命あるものは深い休息に包まれる。

人は穏やかな気持ちになる。
太陽が沈むのを見、
一年に終わりがあるように
人生の終わりを予感する。

目には涙が浮かび、
その光る涙の中から
至福の思いが溢れでる。

ブラームスもゲーテやシラー、あるいはハイネやメーリケといった有名詩人たちの作品を歌詞として作曲している。しかし、他のロマン派の作曲家たちに比べれば、その数は多くはなく、むしろマイナーな詩人の作品に好んで曲をつけている。それはブラームスが民謡を好んだこととも無関係ではないといわれるが、そうして選ばれた詩人がダウマーであり、グロートであった。選ばれた詩の数から見ればアイフェンドルフがもっとも多く、次いでダウマー、ゲーテ、そしてヴェンツィッヒ、グロート（全一四曲）の順になる。グロートの詩は第一級とは言えないかもしれないが、その詩がブラームスを触発して、より高次の芸術世界が作り出されたと言えないだろうか。

「秋に」以後のブラームスの合唱作品は、最終的にはハンブルクの名誉市民に選ばれた際に初演された「祝辞と格言」（Op.109）と「三つのモテト」（Op.110）があるだけである。Op.109も三曲からなるモテトとみなされ得るというが、これら六曲は無伴奏の合唱音楽としての純粋な美しさに満ちていて、再びバッハやそれ以前の音楽との直接的なつながりを感じさせる。モテトはブラームスが若いころから既に作品を残していて、二七歳頃の「二つのモテト」（Op.29）、三一歳の頃の「二つのモテト」（Op.74）の第二曲がある。第一曲はもっと後の四四歳頃の作品である。いずれも優れた作品であるといわれるが、作品三〇のオルガン伴奏による「宗教的歌曲」などとともに最もポピュラーではない声楽作品に属すだろう。

逆に最もポピュラーなブラームスの宗教的声楽作品が「ドイツ・レクイエム」（Op.45）である。オーケストラ付きの合唱曲としては「アルト・ラプソディ」（Op.53）や「運命の歌」（Op.54）、「運命の女神の歌」（Op.89）、悲歌（哀悼歌・Nänie）」（Op.82）も時々耳にする。しかし、カンタータ「リナルド」（Op.50）や「勝利の歌」（Op.55）、「埋葬の歌」（Op.13）などはめったに演奏されない。しかし、それらを一度でも耳にすれば、その深く、強い表現力を印象づけられることであろう。

有名な曲ばかりがくり返し演奏されるのは、何もブラームスに限ったことではなく、また、自然なことである。これは他の芸術分野でも同じだと思われるが、たとえば文学では、あれこれの作品を読みあさると同時に、これぞと思った作家の個人全集を読みつくすという楽しみ方がある。ブラームスでそれをやってみると、初めてこの作家の全体像が見えてくるというようなところがある。とりわけ、なかなか全貌がつかみにくい声楽曲に足を踏み入れてみると、その豊穣な世界に改めて驚かされる。なるほど歌こそが音楽であり、ブラームスのそれはこの作家の全作品を貫いているものであると思わせられる。ブラームスの声楽曲は、一度その森の中に入ったら、なかなか出てくることが難しい魅力を持った世界である。

ブラームス室内楽の楽しみ

オペラを除く全てのジャンルに名曲を残したブラームスだが、とびきりの分野はやはり室内楽ではないだろうか。その昔、ブラームスが書いたのは室内楽だけだったという極論を読んだことがあるが、このジャンルがブラームスの音楽の中核をなしていることは確かだろう。

私にとってブラームスの室内楽を聴くことは無上の楽しみである。本当は「聴く」ではなく「弾く」と書きたいところだが、残念ながらそれは実現できなかった。それでもブラームスを聴くことは生きている喜びの相当部分を占める。最近は、出かける演奏会の七、八割はブラームスである。

レコードやCDで聴くのもいいが、やはりこじんまりとしたホールで聴く生演奏に勝るものはない。昔は上野の東京文化会館小ホールがその種のメッカ的存在だったが、今では室内楽向きのホールがずいぶん増えた。そこで行われるオールブラームス・プログラムの演奏会は、都合がつけばたいてい出かけて行く。

ソナタを含むブラームスの室内楽作品は、同じ編成のものが二曲あるいは三曲というのが多いので、よくそれで一晩の演奏会が組まれる。交響曲は四曲だからチクルスといっても二回で終わってしまう。朝比奈隆は同じ四曲の協奏曲と組み合わせて四回のチクルスにしていたが、その後そのような試みをする人はいないようだ。

ブラームスは作品番号が付されたものだけでも二四曲の室内楽作品を残していて、いずれもが「珠玉の」という形容をしたくなる名品である。それらを作曲年とともに並べてみると次のようになる。

１８５４年　21歳　ピアノ三重奏曲第一番（Op.8 ロ長調）
１８６０年　27歳　弦楽六重奏曲第一番（Op.18 変ロ長調）
１８６１年　28歳　ピアノ四重奏曲第一番（Op.25 ト短調）、ピアノ四重奏曲第二番（Op.26 イ長調）
１８６４年　31歳　ピアノ五重奏曲（Op.34 ヘ短調）
１８６５年　32歳　弦楽六重奏曲第二番（Op.36 ト長調）、チェロ・ソナタ第一番（Op.38 ホ短調）、ホルン三重奏曲（Op.40 変ホ長調）
１８７３年　40歳　弦楽四重奏曲第一番（Op.51-1 ハ短調）、弦楽四重奏曲第二番（Op.51-2 イ短調）
１８７５年　42歳　ピアノ四重奏曲第三番（Op.60 ハ短調）、弦楽四重奏曲第三番

1879年　46歳　ヴァイオリン・ソナタ第一番（Op.78 ト長調）、弦楽五重奏曲第一番（Op.67 変ロ長調）
1882年　49歳　ピアノ三重奏曲第二番（Op.87 ハ長調）、弦楽五重奏曲第一番（Op.88 ヘ長調）
1886年　53歳　チェロ・ソナタ第二番（Op.99 ヘ長調）、ヴァイオリン・ソナタ第二番（Op.100 イ長調）、ピアノ三重奏曲第三番（Op.101 ハ短調）
1888年　55歳　ヴァイオリン・ソナタ第三番（Op.108 ニ短調）
1890年　57歳　弦楽五重奏曲第二番（Op.111 ト長調）
1891年　58歳　クラリネット三重奏曲（Op.114 イ短調）、クラリネット五重奏曲（Op.115 ロ短調）
1894年　61歳　クラリネット・ソナタ第一番（Op.120-1 ヘ短調）、クラリネット・ソナタ第二番（Op.120-2 変ホ長調）

一八五四年はブラームスがシューマンと出会った翌年、一八九四年は死を迎える三年前である。室内楽の作曲は二〇代から六〇代までの全生涯にわたっているが、二つのやや短いブランクがある。一つは二二歳から二六歳までの間で、この時期ブラームスは声楽曲やピアノ曲の他に、初めてオーケストラを用いてピアノ協奏曲第一番と二つのセレナーデを作曲している。また、三三歳から三九歳までの間には、大作「ドイツ・レクイエム」やカンタータ「リナルド」、「運命の歌」などが書かれており、ブラームスの作品として親しまれているハンガリア舞曲集やワルツ集「愛の歌」の出版もこの期間である。そういうことはあるものの、ブラームスは最初期から晩年に至るまで室内楽作品を書き続けたと言ってほぼ差し支えないであろう。しかも、二四曲の全てが、名曲、佳曲ならざるは無しという粒ぞろいなのである。

「室内楽は、どの作曲家の場合も、もっとも正直に自己を告白するものといえよう」と言う寺西春雄は、ブラームスの室内楽作品をその作風によって四期に分けて考察している。それによれば第一期の一八五〇年中頃までは「いくぶん生硬さをみせながらも、若々しい率直さとロマンティックな情感とを、わるびれずにさらけだしている」。一八五〇五年頃から一八六五年頃までの第二期は「対位法的な手法の充実がめだち、作風の上でも熟達をみせはじめる一方、落ち着いた渋い味わいを求め、古典的な構成への郷愁を示してきている」。次いで一八八〇年代終わり頃までの第三期には「ブラームスの筆致は、統一的な意志性の上に、簡潔な手法をみせるようになってきて、彼独自の個性が、ようやくわだかまりなく素直に示されるようになった」。そして晩年の第四期は「こだわりのないブラームスの作風が、このころから天衣無縫、たくまざる素直さで、聞く人に語りかけてくる」とする。

しかし、ブラームスの作曲の時代区分は声楽曲のところで書いたものの方が分かりやすく、室内楽もこれで説明できないことはない。一つの節目は「ドイツ・レクイエム」の作曲（一八六六年）で、それまでにブラームスはソナタ、三重奏、四重奏、五重奏、六重奏の全てにおいて、名曲と呼ばれるものをすでに書いている。もう一つの節目は第一交響曲の発表（一八七六年）だが、面白いことにその直前の三年間に三曲の弦楽四重奏曲が集中的に作曲されている。ヴァイオリン・ソナタは全てそのあとの作品である。

最後のヴァイオリン・ソナタが書かれたのは一八八八年、五五歳の時、その次の作品があの力強い開放感みなぎる第一楽章を持つ弦楽五重奏曲第二番である。あとはクラリネットの名曲四曲が並ぶ。最初期に、今日でも演奏される頻度が高いピアノ三重奏曲第一番、弦楽六重奏曲第一番、ピアノ四重奏曲第一番が作曲され、晩年にこれら六曲が並ぶ。そしてその間、ほぼ途切れなく室内楽の名曲が生み出されているのである。

二〇〇九年から、長野県の旧四賀村（現松本市）のクラインガルテンを借りて週末の田舎暮らしを始めたが、一般道を行くと片道八時間ほどかかる。そこで車にブラームス全集を積み込んで聴きはじめたのだが、手が伸びるのは室内楽が多かった。

いつも先ず聴きたいと思うのはピアノ三重奏曲第一番である。これはブラームスがレメーニと演奏旅行に出かけ、ヨアヒムと知り合い、ラインの徒歩旅行の途次、初めてシューマンを訪れた二〇歳の年（一八五三年）から翌年にかけて作曲された最初の室内楽曲である。と言ってもそれは、番号が与えられている作品の上での話であって、それ以前にもブラームスは複数の弦楽四重奏曲やピアノ三重奏曲を書いていたことが知られており、それらは作曲家自身によって破棄されてしまった。

もう一つ付け加えておかなければならないことは、この作品番号八が付されている曲には、オリジナル版とブラームスが晩年に改訂した版の二種類が存在し、一般的に演奏されているのは改訂版の方だということである。私が普段聴いているのもこの改訂された方の演奏なのだが、円熟した作曲家の推敲を経たあとでも、青春の若々しい息吹とみずみずしい抒情性は失われていない。オリジナル版を聴くと、聞き慣れないテーマやその展開が出てきてびっくりするが、若いブラームスが彷彿とする感もある。第一楽章の最初のテーマが押しつけがましいほどにくり返されたり、第二主題がバッハのようなフーガで扱われたりする。改作によって削除されてしまった主題もあるようだが、冗長さが整理され、構成が緊密になってより引き締まった印象を与えられる。

六年後、この作品の次に作られた室内楽が、あの甘美な第二楽章を持つ弦楽六重奏曲第一番、翌年、それに続くのがヨアヒムや、のちにはシェーンベルクも評価したピアノ四重奏曲第一番である。ピアノ三重奏曲第二番第二楽章の悲痛なメロディ、第三番第一楽章の力強く決然と始まり、やがて歌い出される懐かしい旋律や、第三楽章のピアノとヴァイオリンが対話する優しい歌などどれをとってもブラームスならではである。声部がもうひとつ増えるピアノ四重奏曲になると表現力は一段と強まり、とくに短調で書かれた第一番と第三番はいずれ劣らぬ名曲である。第一番第三楽章の晴朗な歌から、一転して第四楽章の急速なロンドの中に現れる悲愴感あふれるメロディー、暗い情熱を秘めた第三番の中に聞かれる第三楽章の優美な歌、「雨の歌」を思わせる第四楽章、そして第二番第二楽章の中で突如現れる魂の叫びのような嘆きの声には肺腑を突かれる思いがする。

一般的には弦楽六重奏曲第一番、ピアノ五重奏曲、クラリネット五重奏曲、それに三曲のヴァイオリン・ソナタなどが演奏される機会が多い。三曲の弦楽四重奏曲はベートーヴェンのものとはかなり性格を異にするが、ブラームスらしい魅力と美しさをたたえている。チェロ・ソナタはフォーレのものと並ぶ名曲だし、弦楽五重奏曲のとくに第二番はモーツァルトとはまた違った輝きを放つ。ホルン三重奏曲はこの編成での曲が少ないだけに貴重だし、晩年のクラリネットを用いたソナタや三重奏曲はどれをとっても滋味あふれる名品と言える。

これらは、クラリネットの代わりにヴィオラが用いられることがあるが、全く別の魅力がある。私は今井信子で弦楽五重奏を二回、ヴィオラ・スペースではソナタとヴィオラ三重奏を聴いているが、いずれも忘れがたい。Brilliant盤のブラームス全集には、カール・ライスターによるクラリネット・ソナタに加えて、この人の弾いたヴィオラ・ソナタが二曲とも入っているが、一聴して今井信子と分かる演奏である。比較的最近では、私は後半しか聴けなかったのだが、上海クァルテットと原田禎夫と組んで二〇〇六年に弦楽四重奏曲第一番・弦楽五重奏曲第一番・弦楽六重奏曲第一番、二〇〇八年には弦楽四重奏曲第二番・弦楽五重奏曲第二番・弦楽六重奏曲第二番を演奏したのが出色だった。

たまたま私と同年生まれの、このヴィオラにおける世界第一人者には限りない共感と敬意を懐いている。あの小さな体から発散される太陽のようなエネルギーと一歩でも高みに上ろうとする強烈な意志。しかもその根底には恋したヴィオラの音と音楽への深い憧れがある。その「憧れ」をタイトルにした著書で「リスクのない栄光はない」という言葉が好きだと語る。「今しかできないことがたくさんある。階段を一つあがって高いところに進もう思ったら、覚悟を決めて進んで行くしかない。躊躇していてはもったいない。できた、できないよりもその気持ちの方が大事だと思う」。そのとおりだと思う。

私がブラームスの室内楽を聴き始めたのは、まだ大学の二年から三年に在学中だった一九六五年に、厳本真理弦楽四重奏団がピアノの坪田昭三、その他必要に応じてメンバーを加え、ソナタを除くブラームス室内楽全曲演奏会を上野で行ったときからである。五夜連続のシリーズで、入場料は各回何と四〇〇円、次のようなプログラムであった。

第一夜（3月8日）　弦楽四重奏曲第二番・ピアノ三重奏曲第二・弦楽六重奏曲第一

第二夜（4月8日）　ピアノ三重奏曲第一番・弦楽四重奏曲第一番・クラリネット五重奏曲
第三夜（5月8日）　ピアノ三重奏曲第三番、弦楽五重奏曲第一番・ピアノ四重奏曲第二番
第四夜（6月8日）　ホルン三重奏曲・弦楽五重奏曲第二番・ピアノ四重奏曲第一番
第五夜（7月8日）　弦楽六重奏曲第二番・クラリネット三重奏曲・弦楽四重奏曲第三番・ピアノ五重奏曲

細部は全くと言っていいほど覚えていないが、これがどんなにすごい企画であったかは後々思い知った。この団体は二年後、八回の定期演奏会を行っているが、その中にはバルトーク、ルーセル、メシアン、ベルク、ウェーベルン、ショスタコーヴィッチ、三善晃、高田三郎などが含まれ、日本初演の曲もあった。

ごく最近では、二〇一〇年六月、ベルリン・フィルの第一コンサートマスター就任が内定した樫本大進が、ヴィオラの川本嘉子、チェロの趙静、ピアノの小菅優と組んで三曲のピアノ四重奏曲を演奏した一夜が忘れられない。とくに第一番では、自在で自発的な樫本のヴァイオリンと驚くほど柔らかく、美しい音色の小菅のピアノが、他の二人の演奏と緊

密に結びあって若々しい情熱の限りを尽くし、私が聴いたこの曲のベストと思われる演奏だった。

私が所属するブラームス協会でも、ソナタを含め、数々の室内楽が演奏されてきた。一九七三年、厳本真理弦楽四重奏団と北爪利世による弦楽四重奏曲第二、三番とクラリネット五重奏曲で始まった例会コンサートは、一九九七年のブラームス没後百年記念祭には一一一回を数え、ピアノ三重奏曲、ピアノ四重奏曲の各一番と二曲の弦楽六重奏曲が演奏された。最近は、著名な演奏家を迎えてブラームスを語ってもらう銀座ヤマハホールでの春の例会と、「ロマンティック・Ｊブラームス」というタイトルの下に青山ＯＧＡホールでの冬の例会が定着し、ブラームスと、関連するシューマン、メンデルスゾーン、シューベルト、その他の作曲家の作品によるコンサートが行われている。駒場の旧前田邸などを使っての文字通りの室内楽演奏会も雰囲気があっていい。

二〇一二年は「Ｒ・シュトラウスとブラームス」と題するフレッシュ・コンサートであったが、演奏してくれる若い演奏家の話を聞いていると、昔と変わらない音楽学校の雰囲気が伝わると同時に、今後に期待を持ってよい思いを懐かせられる。

都内に数ある室内楽ホールで、私が最も気に入っているのは虎の門にあるＪＴアートホール・アフィニスである。こじんまりしたホールだが、簡素でありながら明るくノーブルで、料金はいつも三千円。チケットはすぐに売り切れることが多いが、必ず少数の当日

ＪＴアートホール アフィニス（同ホール提供）

券が用意される。だから、どうしても聴きたいときは並べばよい。何よりいいのはプログラムをプロデュースしているのが、出演する日本の優れた演奏家たち自身であることで、個性的かつ魅力的な曲目が並ぶ。ここで私は徳永二男、堤剛、練木繁夫、堀込ゆず子、今井信子などどいう人たちが演奏するブラームスを何度聴いたことだろう。今年（二〇一二年）の秋も、弦楽四重奏曲の第一番、第二番とクラリネット五重奏曲という演奏会が予定されている。

「秋の夜はブラームス」などと言われる。しかし、べつに秋の夜にはかぎらない。この人の室内楽作品で構成された、これはと思う演奏会があるといそいそと出かけていく。期待が裏切られることはまずない。そこに行けば、自分の感性に最もあった音楽に出会え、幸福なひと時が約束される。こうして、おそらく演奏会場に足を運べなくなるまで、私はブラームスの室内楽を聴き続けていくだろうと思っている。

バーナード・ショウの音楽評論におけるブラームス

ミュージカル「マイ・フェア・レディ」の原作「ピグマリオン」（結末はミュージカルとは全く逆）の作者であり、劇作家・批評家として著名なジョージ・バーナード・ショウ（George Bernard Shaw 1856~1950）は、生涯を通じて音楽評論家としても活躍した。ショウがダブリンからロンドンに出てきたのは一八七六年、二〇歳の時であるが、その年の一一月二九日付でThe Hornetに最初の音楽評論を書いている。これは翌年の九月五日まで続き、その後一八八三年まで主にThe Musical Review, The Dramatic Reviewを始め、Saturday Musical Review, The Court Journal, The magazine of Musicなどに寄稿を続け、一八八六年から一八八八年まではThe Pall Mall Gazette、一八八八年四月一四日からはThe Starで批評活動を始めるが、最初は匿名記事であった。一八八九年二月一五日から署名評論となり一八九〇年五月一六日まで続く。同年五月二八日よりThe Worldに移り一八九四年まで執筆を続ける。その後も健筆を振い続け、九四歳まで長生きをした筆者の最後の音楽評論は、その死の九日後にあたる一九五〇年一一月一一日付でEverybody's Magazineに掲載された。

四分の三世紀にわたって音楽について書き続けたショウの文章は、The Perfect

Wagnerite (1898), Music in London1890-1894 (3vols.1932), London Music1888-89 (1937), How to Become a Musical Critic (1981) にまとめられているが、その他にも多くのものが書かれていて、それらも含め一九八一年に Dan H. Laurence により、ショウの音楽評論の集大成として The Bodley Head Bernard Shaw <Shaw's Music> 全三巻が出版された。

その外にも Eric Bentley による四冊のアンソロジーが編まれているようであるし、一九七八年にはカリフォルニア大学（バークレー）出版から Louis Crompton による The Great Composers (Reviews and Bombardments by Bernard Shaw) という、大変要領よくまとめられた一冊本が出た。

ショウが音楽評論を書く下地は十分にあった。母親はオペラやオラトリオの公演で歌うほどのメゾ・ソプラノ歌手であったし、父親はトロンボーン奏者であった。親類にも音楽を楽しむものが多かったようであるし、すぐ近くに母親の歌の教師であると同時に、家族ぐるみで親しく交わっていた歌手兼プロデューサーの George John Vandaleur Lee がいた。この人物はやがてロンドンで活躍するようになるが、子供時代のショウはこの人を通じてイタリアオペラに親しんでいたらしい。ショウ自身はそれほどよい声の持ち主ではなかったようだが、ロンドンに出てからも音楽の勉強を続け、余暇の楽しみは自分で選んだ詩に作曲することであったというし、家族や友達を前に自分でピアノを弾きながら歌うこともあったという。

一方で、自由ではあったが、決して豊かとは言えない家庭に育ち、早くから独学を余儀なくされたショウは、少年時代からすでに「感傷とロマン的な夢を捨てた粘り強い現実主義者」であったようで、「既成宗教と社会の階級観念とに激しい反発心をいだいていた」という。社会主義に惹かれ、やがてSidney WebbのFabian Society（一八八三年創設）に加入し、いわゆる漸進的社会主義と進化論がその思想の中核を占めるようになる。辛辣な皮肉と社会の因習に対する破壊力に満ちた数々の戯曲と演劇批評を発表し、一九二五年にはノーベル文学賞を受賞したショウであるが、前述のごとく生涯音楽に対する関心を持ち続けたばかりでなく、その主要な戯曲はモーツァルトをひとつの理想とした音楽のないオペラだとも言われる。

そのようなショウとブラームスの取り合わせには、始めからミスマッチというようなところがなくもないが、その批評を検討することは、ショウとブラームス双方への理解を深めることに役立つであろう。

ブラームスはショウよりも二三年早く生まれ、西暦二〇〇〇年を迎える三年前に死んでいる。ショウはその後さらに半世紀を生きることになる。ショウが音楽評論を書き始めた一八七六年は、ブラームスが第一交響曲を発表した年にあたり、それからほぼ二〇年間二人は同時代を生きたわけである。

ショウの音楽評論は、ワーグナーに関するものなどは別として、ひとつのものの中で雑多なことを述べている場合が多いのだが、まずブラームスの音楽について書かれているものの中から、実際にブラームスのどのような作品を聴いていたのか年代順に拾い出してみる。明記していなくても曲名を推測できることもあるが、同じ形式の曲が複数ある場合は特定できないこともある。年月日は演奏会が開かれた日付ではなく、ショウの評論がそれぞれの掲載紙に載った日付である。

The Hornet

1876年12月20日　ピアノ四重奏曲（Op.25）／［同ハ短調］

1877年1月24日　「愛の歌・ワルツ」

The Dramatic Review

1885年11月7日　交響曲ニ短調（ママ、おそらく第一番）

The Star

1888年12月18日　ピアノ協奏曲第一番（二台のピアノ伴奏による）

1889年11月8日　ピアノ五重奏曲（ヘ短調）

12月2日　交響曲第二番

1890年1月31日　「甲斐なきセレナーデ」

2月28日　ヴァイオリン・ソナタ（ヨアヒムの独奏）
3月11日　ピアノ協奏曲第二番
5月16日　「ドイツ・レクイエム」

The World

6月18日　交響曲第四番
6月25日　ピアノ協奏曲第一番
12月20日　ピアノ協奏曲第一番
12月24日　「ジプシーの歌」
1891年2月18日　ホルン三重奏曲（p.40）
5月20日　モテト
6月24日　「ドイツ・レクイエム」
10月14日　交響曲第三番
12月23日　四重唱曲／チェロ・ソナタ（p.38）
1892年5月11日　クラリネット五重奏曲
12月7日　ヴァイオリンとチェロのための二重協奏曲
1893年2月1日　ピアノ四重奏曲（Op.25）
3月29日　ヴァイオリン協奏曲

4月19日　ヴァイオリン・ソナタ第一番ト長調
5月31日　ヴァイオリン協奏曲
6月21日　ヴァイオリン・ソナタ第一番ト長調／ヘンデル変奏曲
11月1日　ピアノ四重奏曲（Op.25）
11月15日　交響曲第一番
1894年1月31日　ピアノ小品
2月7日　弦楽六重奏曲
2月28日　「アルト・ラプソディ」

The Farnham,Haslemere and Hindhead Herald

1898年11月19日　ヴァイオリン・ソナタ第一番ト長調
12月17日　チェロ・ソナタ（Op.38）

以上が演奏会評として、ショウが言及しているブラームスの全作品である。その取り上げ方は一回分の記事の中でほんの一、二行触れただけのものから、全体がブラームスに関するものまでさまざまであるが、初めてブラームスについて書いたと思われる文章はOp.25のピアノ四重奏曲に関してのものである。

(1) The Hornet, 20' December 1876

「ブラームスの四重奏曲の構成は普通のものと変わっている。通常のアレグロで始まり、トリオの付いたインテルメッツォが続く。その最初の部分はメランコリックな性格を持ち、弱音器を着けたヴァイオリンで演奏される。その後にアンダンテが来て、これがおそらく最も重要な楽章である。フィナーレは現代の器楽曲で大変好まれているロンド・サルタレロ形式で、その演奏は全く爆発的な喝采を博した。作品全体は、最近のポピュラー・コンサートで紹介されたハ短調の四重奏曲ほど衝撃的ではないが、この国ではあまり知られていない巨匠の天才を示すのに十分である。」

ショウが演奏会評として初めてとりあげたブラームスの作品が純粋器楽曲であったことは幸いであったかもしれない。後にシェーンベルクがオーケストラ用に編曲したことでも知られるこの曲を、ショウは一七年後の一八九三年にも二回聴いているが、いずれも好評である。二月の時は「ヨハネスがいつもこのように作曲してくれたら！」と書き、一一月には「和声構造と色彩の豊かさでハイドンよりずっと進んでいる」と言う。しかし、その同じ文章の中に「ドイツ・レクイエム」に関して若干の言及があって、実はこれが大問題なのである。

ブラームスの出世作となったこの作品ほどショウが嫌ったものはない。ショウは、ことあるごとにこの曲について否定的な言辞を繰り返して飽きることがない。一八九〇年に初めて聴いたときから、ショウは「音楽的な感銘は受けず、我慢できないほど退屈して座っていた」と書く。その翌年、二度目にこの曲を聞いたショウは次のように書く。

(2) The World, 24 June 1891

「ブラームスの賞賛者たちは、先週のリヒターの演奏会でたっぷりとした楽しみを味わった。彼の『ドイツ・レクイエム』全曲が、その本質を余すところなく明らかにするかたちで演奏された。その本質がどんなものかは、耳が聞こえない人でも、不運な聴衆の途方もなくうんざりした様子から推測することができただろう。しかし、聴衆は、ブラームスが偉大な作曲家であり、この傑作の演奏は限りなく厳粛で重要な儀式なのだと強情に信じ込んで耳を傾けていたのである。この錯覚は、よい音楽とは退屈なものだということを経験的に知って、彼らにとって退屈な音楽はみなよい音楽に違いないと軽率に決め込んでしまった人たちだけのものではない。それは音楽の専門家の間でも猛威を振るっていて、彼らは延音記号の何たるかを知っており、ブラームスが主調の属音を一〇分間もオルガンの足鍵盤でブンブン言わせ、太鼓をドンドン叩かせ、その間他の楽器や声部が、全てをひどく古めかしく空虚なものに見せてしまう今流行の凝ったやり方で、節分音から節分音へ山を登ったり、掛留音から掛留音へ谷を下ったりしながら、主調や近親調のあらゆる実行可能な進行をしていることを説明できることに喜びを感じるのである。

ブラームスは、ベートーヴェンが、モーツァルトだったらとっくに解決してしまうよりもっと長く保続音を持続することによって驚くべき効果を生みだした事実に感銘を受けて、その持続をもっと長くすれば、理論上明らかにより大きな効果を生み出すことができるに違いないと確信してしまったようだ。確かにそれは、モーツァルトが生まれる前にバッハが証明してみせたことなのだが、ブラームスの手によっては、人間の忍耐の限界にまで引き伸ばされたにもかかわらず成功しなかったのである。」

ショウは、ブラームスの音楽がドイツ流の感傷主義に満たされた感覚的なもので、自分としてはあまり価値を認められないものであるにもかかわらず、一般の聴衆のみならず専門家までが、作曲者の音楽的力量と作品の堂々たる姿のために、それを偉大で、精神的なもと受け取ってしまっていることに我慢ができず、それを見せかけだと言って攻撃するのである。

ピアノ四重奏曲と「ドイツ・レクイエム」との間で、ショウは相当数のブラームスの作品を聞いているが、それらに対する評価は揺れ動いている。ピアノ四重奏曲のすぐ後に聞いた「愛の歌・ワルツ」はイギリスにおける初演であったようだが、四手のピアノと四声による演奏が満足のいく演奏であったことは述べられているものの、筆者自身は、実は退屈していたことが後の四重唱曲のリサイタル評から分かる。

一八八五年の、おそらく交響曲第一番のものと思われる評は「どの小節にも作曲者が最善を尽くした精巧な作品であり」、「曲にあふれているロマンティックな旋律と魅力的な工夫はすばらしいが、その美しさは万華鏡的であり、本当の意味での一貫性はない」。「各楽章の中間部、とくに第一楽章のそれは退屈で内容に乏しい」としている。しかし、八年後にヘンシェルの指揮で聞いたときには感銘を受けたようで「おそらく引用符付きではなく、独創的な作品である。これは若きブラームスのすばらしい偉業である。絶対音楽の巨大な集積物であるが、何という壮大さ、色彩、豊かさであることか」と書く。

ピアノ協奏曲第一番については、一八八八年に初めて聞いたときには二台のピアノ版で、フローレンス・メイが弾いたようだが、「ブラームスの音楽は本質的には追想の、ひどく手の込んだ支離滅裂な混合物にすぎない」という。その二年後に二度聞いたときも「絶望的ながらくたの寄せ集め」という評価である。「ドイツ・レクイエム」の直後に聞いた交響曲第四番については次のように書いている。

(3) The World, 18 June 1890

「演奏に欠陥があったわけではないが、ブラームスのホ短調の交響曲を聞いても私の気分は晴れなかった。虚飾体（euphuism）、それがブラームスの大作の全てであるのだが、それは文学でと同様に音楽においても、私の趣味ではない。ブラームスは本質的に平凡なテーマを取り上げ、それにとても精巧で誇張した和声をまとわせて不思議な外観に仕上げ、厳格な顔つきを崩さない。（そのためにイギリスの聴衆はすぐに、彼は偉大な作曲家に違いないと思いこんでしまうのだ）。そして大勢の知ったかぶりをする人々は、彼がワーグナーと同じくらい深遠で、ベートーヴェンの本当の後継者だと保証してしまいがちなのである。一般のイギリス人が、作曲者が交響曲と呼んでいる長くて重々しい幻想曲の一つを敬虔な表情を浮かべて聞き入っている光景を見ると、私は『お気に召すまま』の中の田舎者が道化の大言壮語に怖じ気づいている様を思い出す。これらの交響曲から虚飾体をはぎ取ってみれば、昼間いつでもいいが、二〇分間ピカデリーのショーウィンドウに次々に映る影と同じように、ダンス音楽かバラードの旋律の不完全な断片が、組織的一貫性もなく次から次へと現れるのを見出すことだろう。だからブラームスは、彼が単に楽しく、素朴に感傷的であろうとするときには楽しめるが、深刻ぶろうとするときには我慢できないくらいに退屈なのだ。彼の『レクイエム』に耐えられるのは死人だけだろう。」

一八九〇年二月に聞いたヴァイオリン・ソナタは、多分第一番であったと思われるが、ヨアヒムがそれをとても素敵に弾いてくれたのはラッキーだったと言っている。後に一八九三年に同じ曲を聞いた時にはこう書いている。

(4) The World, 21 June 1893

「ブラームスは精神的、あるいは詩的な作曲家としてではなく、ただ純粋に感覚的な音楽家として成功したのであるが、彼の音楽的感覚は一般の聴衆よりはずっと発達しているので、彼にとっては単に官能的で衝動的な和声やリズムの多くが、一般大衆には難しい、壮大なものに聞こえ、そのために深く、精神的なものに思われたのである。

私には、ブラームスの実像はすばらしい耳を持った感傷的で、官能に溺れた人間以上のものではないということは明らかであるように思われる。

彼は、世間体のために専門家から見て偉大な作曲家にふさわしいと思われる形式を採用した。それというのも、彼にとっては『レクイエム』におけるように延音記号を積み重ねたり、ヘンデルがシャコンヌ用に最も単純な形にした二、三の和音を基に作曲した子供っぽく甘い幻想曲を、その大家の主題による変奏曲と呼んだり、多少なりとも新しい楽しみを求めてのぶらぶら歩きをソナタ形式に編曲したりすることは苦もないことだったからだ。

しかし、彼の交響曲や五重奏曲をベートーヴェンやモーツァルトのものと比べて見さえすれば、彼が全く勝手気ままな作曲家であり、その気ままさにおいて巧妙なだけであり、その勤勉さを野心的に他の方向に向けようとしても魅力が伴わず、最も皮相で時代遅れの形式主義者になってしまうことに気づくのである。」

他の機会にショウはこの曲を二回聞いていて、それぞれ「私が楽しむことのできるブラームスの作品の一つ」であり、「音楽的に豊かで、救いようがないほどありふれていたり、(テニスンのように)知的であることを装ったりすることで感興が妨げられることはない。」「混乱した頭脳からつくりだされた、しかし大変魅力的なソナタ」であり、「このようなブラームスは退屈ではなく、わき出てくる音楽は喜ばしい」と好評である。

ホルン三重奏曲(Op.40)については、ヨアヒムがヴァイオリンを弾いていたらしいが「ブラームスの見事なトリオを類がないほど楽しんだ」と書いており、作品は特定できないが四重唱曲についてはこういう記述がある。

(5) The World, 23 December 1891

「ブラームスの賞賛者は、ポピュラー・コンサートでヘンシェル夫妻とファセット嬢、シェイクスピア氏によって初めて歌われた四重唱曲によって喜びを与えられたであろう。時にヨハネスは本当に際立つことがある。言うまでもなく、これらの四重唱曲には、聞く者が死にたくなるような途方もなく退屈なレクイエムから、それより退屈さが軽減されるわけでもない小品『愛の歌・ワルツ』にいたるまで、彼のあらゆる作品でブラームスが見せてくれているいとも易々と和声を扱う、驚くべき手際が示されている。しかし、そこにはまた完全に目覚めさせられた感情、元気はつらつとして、全くロマンティックで、優雅で優しく、自発的で、いつもの彼の眠ったような状態、重く、知性からは遠いドイツ的感傷とは可能なかぎり異なったものがある。さらに、これらの作品は、他の作曲家がとても難しいと思うことを易々とやってのけているというのとはまた別の見事な熟練を示している。ブラームスはいつも彼のめざましい音楽的能力を荒々しいまでに発揮してきた。彼が、われわれが知っている最も有名な、生まれながらの雄弁家たちにほとんど匹敵し、もし何か特別に言うことを持っていれば最大の巨匠よりも上位に位置づけられるであろう雄弁の持ち主であるということは誰にも否定できない。今回、彼は想像力の豊かさを発揮し、とくに四声の色彩の扱いにおいて、それらは結び合わされ、対照され、互いに交錯し、混ぜ合わされ、楽しいやり方で織り合わされていた。その効果の多くは、疑いもなく、一人一人が独唱者として優れた価値を持つ四人の歌手のおかげによるものであった。ブラームスは明らかに、彼の価値のある作品がみなそうであるように、幸運にも霊感が彼を訪れた時にこれらの四重唱曲を作曲したのである。」

実際のショウの文章がどのようなものか例として原文を引いておく。

(6)　The World, 20 May 1891

I will not deny that there was a sort of broken thread of vocal tone running through the sound fabric; but for the most part it was a horrible tissue of puffing and blowing and wheezing and groaning and buzzing and hissing and gargling and shrieking and spluttering and grunting and generally making every sort of noise that is incidental to bad singing, severe exertion, and mortal fear of losing one's place. It was really worse than the influenza.

まるで彼の戯曲を読んでいるような気分にさせられるが、ブラームスの verbosity を言うショウ自身、実は大変な饒舌家であると言ってよい。

他の本には無いのだが、実は、The Bodley Head Edition の各音楽評論にはタイトルがついている。もともとの記事につけられていたものと、それが無いときには編者がショウの文章の中から適当に言葉を選んでつけたものとがあるようだが、たとえば既に引用した(2)は BRAHMS'S DREARY REQUIEM（ブラームスの憂鬱なレクイエム）、(4)は A SENTIMENTAL VOLUPTUARY（感傷的享楽人）である。

「モーツァルトの五重奏曲やベートーヴェンの四重奏曲を引き継ぐものではなく、一八世紀の大家たちがセレナーデと呼んだものから直接またとても豊かにして引き出されたものであって、感覚を喜ばせはするが、それについて思索をめぐらせるというようなものではない」というブラームスの弦楽六重奏曲の評につけられたタイトルは BRAHMS: MUSIC WITHOUT MIND（ブラームス　知性の無い音楽）、「この世でブラームスの途方もない音楽的才能に匹敵するものとしては、グラッドストーンの雄弁の才しかない。それはただ巨大であることによってその陳腐さをものともしないような饒舌である」とする。クラリネット五重奏曲については BRAHMS'S VERBOSITY（ブラームスの饒舌）である。ショウがブラームスの音楽をどのようにとらえていたかが端的に示されている。

そのようなショウが珍しく評価している作品がある。それは意外というより、なるほどと思わせられもするのであるが、ブラームス晩年のピアノ小品である。

(7) The World, 31 January 1894

「コンサートの中で私が唯一楽しめたのは、アイベンシュッツ嬢が弾いたブラームスの二組の新しいピアノ小品であった。それらの中には最上のブラームスがあった。純粋に音楽的衝動にあふれ、それをそのまま形にし、学究的なところがない。音楽はほとばしり、楽しげにさざめき、それを無理やり水路に押し込めようなどとはしていない。全ての音の世界の中でそのままでは最も退屈な音楽的霊感に、鋭く独創的な知性が影響を与えなければならない領域において、作曲家がこれほど魅力的でしゃれた短い曲を作ることができるとは、誰も一瞬たりとも思わないだろう。」

これは、ブラームスの「饒舌」に辟易していたショウの裏返しの賞賛かもしれないが、真実を言い当てている面もあると思われる。ブラームス晩年のピアノ小品を初めて聞く人は、それまでの彼の作品を思い合わせて、ある衝撃を受けずにはいられないはずである。グレン・グールドがこれらの曲に音楽的に高いものを感じ取り、「間奏曲集」という名演を遺していることは、改めて言うまでもない。

あるときショウはスタンフォードが作曲した「ベケット」の音楽について、その音楽的技量は、たとえばブラームス、もっとさかのぼればケルビーニと同じくらい満足のゆくものだが、せっかく劇的音楽を書く能力に恵まれていながら、絶対音楽の伝統意識に妨げられている、と書いたことがある。同じ文章の中でブラームスについてはこう書く。

(8) The World, 11 April 1894

「彼の場合には、真実は見落とすことができないくらいはっきりしていた。彼が音楽で、ほんの少しでも音楽以外のものを表現したり、描写したりしようとした途端に彼の音楽は平凡で退屈なものとなり、彼自身のものであれ、他の人のものについての彼の考えであれ、傑出したものではなくなってしまった。その反対に、文学的主題や特別な感情とは無関係に音型を工夫し、純粋に音楽そのもののために作曲するときには、この世で驚嘆すべき一人となった。そういうとき、私は四五分間続けて、退屈せずに彼の音楽に耳を傾けていることができた。絶対音楽は彼の中にあふれ、新鮮で、希望に満ち、楽しげで、力強く、男性的な真面目さと非常に高い趣味を持った性格のものとなった。それは最近さかんになってきたビザンチン風の腐敗したオペラ音楽を聞いた後では、本当にホットさせてくれるものだった。彼が全くの木偶の坊になってしまうのは、どんな種類のものであれ彼が文学的な主題を扱うときだけであった。彼の歌曲でさえもグノーやシューベルトのものに比べれば、その鮮明さにおいてひどく欠けたところがある。」

しかし、そのように書きながら、次のような批評も残されている。ブラームスがまさに文学的主題を扱っている「アルト・ラプソディ」についてのものである。

(9) The world, 28 February 1894

「このコンサートにおいて注目すべき出来事は、ゲーテの『冬のハルツの旅』からの詩を大変効果的に扱った、コントラルト・ソロと男声合唱の演奏だった。その中でブラームスはゲーテをほとんど非人間化してしまっているが、絶望的な失敗作であるシューマンの二短調交響曲（導入部と他の一つか二つの美しい断片のおかげでかろうじて耐えられたが）の巡礼をすませた後では、彼の音楽は神のように響いた。『ハルツ紀行』でブレマ嬢は、安っぽい感情を交えずに、千金の価値のある知性的歌唱で劇的解決を表現していた。彼女は最近めざましい歌唱法をものにしている。」

以上が断片的なものも含めて、ショウがブラームスについて書いているもののあらましである。一九二〇年、エルガーについて書いた文章の中で改めて繰り返している言葉を引けば、ショウのブラームス観は「万能の才能を持ちながら、精神的であることを装った音楽的官能主義者であり、根本的な愚かさのために彼が溺れていた甘美な音楽的豊穣さからは何も偉大な作品を生み出すことができず、支離滅裂な享楽人としてのみ成功した人間」(Music and letters January 1920;Harper's Bazar, April 1920) ということになる。ショウ一流の毒舌の背後にはこのような判断がある。気質、嗜好、価値観、感受性、つまりは人間の違いと言ってしまえばそれまでだが、知性と感覚、古典派とロマン派を対照的なものとするならば、ショウは知性と古典派の方により多く傾き、感覚的な楽しみやロマン的な情趣といったものには価値を見出せなかった人のように思われる。

前記 The Bodley Head Edition には、編集者である Dan H. Laurence が以前 How to Become a Musical Critic (1961) のために書いた序論が再録されている。その中で、ショウの音楽に対する判断力について触れている。それはショウ自身がかつておどけて「性急にG・B・Sに反論するなかれ。音楽について書くときは少なくともあなたより六倍はよく分かってからでないと書かないのだから。」と言ったことを紹介した上で、その眼識の確かさについて述べている。しかし、アーネスト・ニューマンの「時を経て、同時代の一〇人の作曲者のうち九人までについて彼の正しさが証明された。」という言葉が引かれているとおり、ショウも無謬ではない。Dan も「もしショウに弱点があったとすれば、それはロマン派においてであった。」と書いている。実際、ベートーヴェン以降の音楽家の中で、シューマン、メンデルスゾーン、ブラームスというロマン派の作曲家たちに対するショウの評価には、いささか首を傾げたくなるものがある。

ショウが評価していた音楽家は、ヘンデル、バッハ、ハイドン、モーツァルト、ベートーヴェン、そしてワーグナーである。とくにワーグナーについては THE PERFECT WAGNERITE という一書があるほどで、そうであれば、ブラームスに対する評価が低いのは当然といえる面もある。ベートーヴェンの後継者というより、「本当のところは、ブラームスはバッハの息子なのであり、ワーグナーの又従兄弟であるにすぎない。」というのは当たっていそうである。

シェーンベルクを持ち出すまでもなく、専門の音楽家のブラームス評価は概して高く、優れた知性と洞察力の持ち主であり、保守的で後向きどころか、むしろ逆に「明確に次の時代を指し示している」（池辺晋一郎）作曲家であったという。そのシェーンベルクを、ショウはスクリャービンとともに、音楽語法を拡大した作曲家として評価している。

なお、ショウが、クララ・シューマンの演奏をどう聞いていたかについては、一八九〇年に初めてシューマンの即興曲ハ長調の演奏に接して、最初のフレーズを聞き終わる前に、その「高貴で美しく、詩的な演奏」に魅了されたと言っている。その印象はその後も変わらず、「たぐいまれな才能、絶妙で洗練された感情の繊細さ」に強い感銘を受けていることが窺われる。

また、ブラームスと並んでシベリウスもイギリス人一般には好まれる作曲家であると思われるが、こちらはショウの評価も高く、ロンドンでのトーマス・ビーチャムによるシベリウス・フェスティヴァルにおいて、こう述べている。

(10) **The Manchester Guardian, 1 November 1938**

「シベリウスは、疑いもなく交響曲作家として第一級の先導者である。彼は、彼以前の作曲家たちが使い古したやり方から、ブラームスがベートーヴェンから、あるいはリヒャルト・シュトラウスさえワーグナーから抜け出した以上に、はるかに完全に抜け出している。もしも誰かがフィンランディアを燃やしてしまったとしても、彼は現代の若い世代には全く新しい芸術形式と和声法の独創的創始者として受け取られるだろう。彼らにとってメンデルスゾーンやシューマンは応接間の作曲者であり、ブルックナーとマーラーは高くつく二流で、エルガーはあまりにもイギリス的すぎて比較の対象外なのだ。私が判断する限り、シベリウスが今や交響曲の巨匠の筆頭である。」

ショウの音楽評論は、今から見ればやや大ざっぱであり、時に極端で、バイアスがかかっているとも思われるが、イギリスでブラームスと同時代を生き、音楽に趣味を持つ、知性に富んだ劇作家の洞察として興味深いものがある。

「ハ短調ミサ」と教会音楽家モーツァルト

天才モーツァルトは一七五六年一月二七日ザルツブルクに生まれ、一七九一年一二月五日ウィーンで三五歳の生涯を閉じた。二五歳までの住居はザルツブルクであったが六歳の頃から主として父親や家族とともにウィーンをはじめ、ドイツ、フランス、イギリス、オランダ、イタリア各地を旅行して歩いた。音楽家としての成長と就職活動のためである。最後の一〇年間はウィーンに住んだが、故郷ザルツブルクの他にプラハ、ベルリン、フランクフルトなどに旅行している。最晩年、あるいは窮状を救うことになったかもしれないロンドン行きはとうとう実現しなかった。

父親のレオポルドはザルツブルクの宮廷音楽家で、息子に音楽の手ほどきをした。長じてモーツァルトも、最初ザルツブルクの宮廷楽団員となり、一七七二年、一六歳のときに代わった新大司教ヒエロニュムスによってコンツェルトマイスターに任命された。楽団は大聖堂と宮廷の両方で演奏し、モーツァルトはその両方のための音楽を作曲し、教会のオルガニストも務めた。したがってザルツブルク時代にモーツァルトはたくさんの教会音楽を書いた。

モーツァルトの作曲は五歳の頃から始まっているが、一七六五年七月、パリからロンドンに渡った九歳のモーツァルトは詩編の英訳歌詞による合唱曲を書いた。モテト「神はわれらの避け所」ト短調（K二〇）で、現在大英博物館に保存されているこの曲がモーツァルトの最初の声楽曲で宗教曲ということになっている。

このあとモーツァルトは一六曲のミサ曲をはじめおびただしい数の教会音楽作品を産み出していく。モテト「エクスルターテ・イウビラーテ（おどれ、歓呼せよ）」（K一六五）や「戴冠式ミサ」（K三一七）はよく知られているが、その他にも感動的な名曲が多数ある。四曲の「リタニア（連祷）」と二曲の「ヴェスペレ（挽課）」、「レジナ・チェリ」（K一〇八）、「サンクタ・マリア・マーテル・デイ」（K二七三）、「キリエ」（K三四一）、オラトリオ「救われしベトウーリア」（K一一八）、ミサ曲では「ドミニクス・ミサ」（K六六）、や「ミサ・ソレムニス」（K一三九）、そしてザルツブルク時代最後の「ミサ・ソレムニス」（K三三七）など。

K一三九は「孤児院ミサ」とも呼ばれていて、一七六八年、子供達の音楽レヴェルの高さで有名になった孤児院が附属する教会の献堂式のために作曲された。ウィーンにあるこの教会は私も訪ねたことがあるが、当時モーツァルトの初めてのオペラ「みてくれのばか娘」（K五一）がさまざまな妨害にあって上演できなかった中でのこの作曲の依頼と演奏はモーツァルト父子には嬉しいものだったらしい。ハ短調で書かれたこのミサ曲の大胆な音調の彼方に後年の「ハ短調ミサ」の世界が見えると言う人もいる。

ウィーンに出てからのモーツァルトの宗教音楽は「ハ短調ミサ」、モテト「アヴェ・ヴェルム・コルプス」そして「レクイエム」の三曲だけで、しかもそのうち二曲までが未完に終わっているところから、モーツァルトは、ウィーンでは教会音楽とはほとんど関係のないフリーの音楽活動を行ったのだと言われることもあるようだ。宗教的作品が少なくなった理由については、ザルツブルクの大司教とたもとを分かって教会作品を書く義務がなくなったこと、当時のヨーゼフ二世の音楽政策が教会音楽を縮小する方向であったこと、モーツァルト自身がカトリック教会よりフリーメイソンの活動に関わってそのための音楽を書いていたというようなことが言われる。

しかし、最近の研究結果では、モーツァルトはウィーンでも教会音楽家であることに変わりはなかったということになるようである。バッハの場合と同じように、作曲家が使っていた用紙の研究が進み、モーツァルトはウィーンに出てからも宗教曲の断片を書き残していることが明らかになり、また、最晩年にはシュテファン大聖堂の楽長レオポルド・ホフマンの体調が悪くなったときに、無給の副楽長の地位を志願し、最終的には受け入れられている。

モーツァルトは当時音楽界で権勢を誇っていたサリエリより、自分の方が教会音楽に精通していると考えていたようだ。ザルツブルクはオーストリア王国内にありながら直轄地としての大司教国であり、そこでモーツァルトは長年の経験を積んでいた。死の二年前には、ライプツィッヒで教会合唱長ドーレスからJ・S・バッハの二重合唱のためのモテト「神に向かって新しい歌をうたえ」（BWV二二五）を聴かされて決定的な啓示を受けたという。

そのモーツァルトの教会音楽で「レクイエム」と並ぶ名曲が「ハ短調ミサ」である。コンスタンツェとの結婚が成就することへの感謝の念から自発的に作曲が始まったこの曲がなぜ未完に終わったのかははっきりしない。前年モーツァルトがこの誓願をたてたときにはコンスタンツェは病気だったために結婚まで時間がかかったり、その後に予定されていた里帰りがコンスタンツェの妊娠などで延期されたりして、時と状況が推移する中でどうやらそのままになってしまったということのようだ。

それについては「モーツァルトの宗教音楽」（白水社クセジュ文庫）を書いたカルル・ド・ニは一つの推測を述べている。典礼での演奏を目的とせず、内なるミサ曲の理想を具現しようとしたこの曲の規模の大きさゆえにモーツァルトは途中で放棄してしまったのではないか、サンクトゥスやベネディクトゥスのあとに作曲されたと思われるクレドの中断された部分の音楽的高みに登りつめたあと、どこへも行きようがなくなってしまったのではないかというのである。

一七八三年一〇月二五（または二六）日にこの曲はザルツブルクの聖ペテロ大修道院附属教会で初演された。未完成の部分はモーツァルトの他の作品から流用して演奏したのではないかと言われている。今日自筆で残っているのはキリエとグローリアそれにクレドの途中までと、あとは断片で、サンクトゥス、ベネディクトゥスは筆写譜から再現したものだという。

ソプラノの華やかなアリアは、コンスタンツェがそれを歌うことになっていたからだというが、もうひとつ、この曲にはバッハやヘンデルの影響が認められると言われる。Qui tollis やクレド冒頭のバロック風の合唱、ヘンデル様式のオーケストレーション、Domine Deus の二重唱や Quoniam の三重唱の対位法と装飾音形、独唱部分での通奏低音の使用といったことが指摘されている。これには当時のウィーンの貴族ゴットフリート・ヴァン・スヴィーテンが一役買っているというのだが、それについては「メサイア」のところでまた触れることにしたい。

演奏にあたってこの曲を完成形に近づけようという試みはアーロイス・シュミット以来ロビンス・ランドン、フランツ・バイヤー、リチャード・モーンダーなどの人々が行っているが、今回われわれが使うバイヤー版の序文には、この曲がバッハのロ短調ミサとベートーヴェンの「ミサ・ソレムニス」の間に位置づけられる唯一の作品だというアルフレッド・アインシュタインの言葉が引用されている。ザルツブルク時代の、たとえば前にも触れたモーツァルト一三歳のときの「ドミニクス・ミサ」にも、すでに巨匠的なものが感じられるという人もいるが、「ハ短調ミサ」（K四二七）は人格的にも技法的にも成熟したモーツァルトが作曲した傑作だということだろう。

モーツァルトの宗教音楽は教会的ではないという批判がある。「戴冠式ミサ」のアニュス・デイのメロディが「フィガロの結婚」第三幕の伯爵夫人のアリアに転用されているのは周知の事実であるし、K三三七のミサの終曲も同じ「フィガロの結婚」第二幕伯爵夫人のカヴァティーナを先取りしているとも言われる。「ハ短調ミサ」のキリエとグローリアも、同じジャンルに属するものとはいえ、のちにカンタータ「悔悟するダビデ」（K四六九）にほとんどそのまま転用されて、より劇的な表現を与えられている。しかし、バッハの「マタイ受難曲」が聖トーマス教会内に鳴り響いたとき、信者はまるでオペラを聴くようだったということだが、いずれの場合も作曲者の信仰、敬虔な気持ちにはいささかの変化もなかったであろう。聖と俗が入り交じる音楽はルネッサンス、さらに中世にまで遡ることができる。

教会音楽はモーツァルトの全音楽作品の一〇分の一程度を占めているという。しかし、モーツァルトが好きだという人で、ザルツブルク時代の教会音楽に親しんでいる人はそれほど多くないのではないだろうか。モーツァルト研究家海老沢敏は、ヒルデスマイヤーの「モーツァルト」で教会音楽に触れている部分が驚くほど少ないことを指摘して、こういう現代のモーツァルト観を批判している。また、小学館の「モーツァルト全集」には、現在ウィーン楽友協会のアルヒーフ・ディレクターを務めているオットー・ビーバが「モーツァルトの教会音楽」というタイトルで寄稿しているが、その中でこう言っている。「教会音楽はモーツァルトの創作の中心的な場所を占めている。モーツァルトにおいてその教会音楽を熟知しない者は、モーツァルトを熟知しない者といってよい。」

さてその教会音楽の傑作とされる「レクイエム」と「ハ短調ミサ」は、いずれも未完の作品である。「レクイエム」の方は、Racri Mosa まで書いたところでモーツァルトが亡くなってしまったので、後半はその指示によって弟子のジュスマイヤーが完成したという版で演奏されることが多い。一方、Credo の後半と Agnus Dei が欠けている「ハ短調ミサ」の方は一般的にはそのままの形で演奏される。

カトリック教会におけるミサは一五七〇年に定められた形式通りに行われてきていたが、一九六二年に見直されて、従来のラテン語に変えて各国の母語で行ってもよいことになった。モーツァルトの時代は当然ラテン語である。ミサの中で歌われ、唱えられる典礼文も決まっているが、その中で Kyrie（憐れみの讃歌）、Gloria（栄光の讃歌）、Credo（使徒信教）、Sanctus と Benedictus（感謝の讃歌）、Agnus Dei（平和の讃歌）がミサ通常文と呼ばれ、作曲家はこれに曲をつけるわけである。

モーツァルトの「ハ短調ミサ」もそれにしたがっているが、その構成は次のようになっている。まず Kyrie は合唱で始まるが中間部の Christe eleison はソプラノソロが歌う。

Gloria も輝かしい合唱で開始されたあと、Laudamus te はソプラノソロ、Gratias で再び合唱、Domine Deus はソプラノ二人の独唱、Qui tollis で合唱に戻り、Quoniam はソプラノ二人とテノールの三重唱、Jesu Christe と Cum Sancto は合唱で Gloria 全体を締めくくる。

次いで Credo は前半の大部分を合唱が歌ったあと、ソプラノソロによる天国的な Et incarnates est で Credo は終わってしまい、キリストの受難や復活、教会を通じての信仰告白など後半の音楽はない。すぐに Sancutus の二部に分かれた八声の合唱となり Hosanna が続く、Benedictus は二人のソプラノ、テノール、バス四人によるソロで歌われ Hosanna が合唱でくり返される。最後の Agnus Dei にもモーツァルトは曲をつけていないが、新都民合唱団の第七二回公演では Credo は未完の形のままで、Agnus Dei は当時の慣習でもあった冒頭の Kyrie の旋律で歌った。これは曲が回帰する印象もあって効果的である。

未完ながら「大ミサ」と呼ばれるこの曲の演奏に参加してみての第一印象は、やはり何という素晴らしい音楽かということである。もしモーツァルトが完成していたらどのようなものになっていたか、想像もできないほどだ。冒頭の繊細で深い哀しみをたたえたメロディ、美しいソプラノ・ソロ、とくに Et incarnates est の心にしみ入る清らかさはどうだろう。合唱では管弦楽の伴奏が鞭打ちのリズムを刻む Qui tollis、Cum Sancto の壮大なフーガなどが印象的だが、歌詞の意味に即して管弦楽と独唱と合唱を使い分け、組み合わせて聴く者の心を打ち、魂に食い入る音楽である。これまで私はモーツァルトの「レクイエム」、「ヴェスペレ」、「戴冠ミサ」、「アヴェ・ヴェルム・コルプス」を歌う機会を持ったが、この「ハ短調ミサ」はそのどれをも上回る経験であった。

前述したように、この曲はハ長調のHosanna (Osanna) で終わっている演奏がほとんどであるが、アロイス・シュミットが編曲した完成版をほぼそのまま録音したCDがある。オイゲン・ヨッフムの指揮によりバイエルン放送交響楽団と合唱団が演奏したものである(ORFEO C205 891A)。

この完成版が使われたのには理由がある。モーツァルトの「大ミサ」はクレド後半とアニュス・デイが欠落しているために、教会でのミサの音楽としてはそのままでは使えない。そこで一九五六年六月二〇日、ヴュルツブルグのシュテファン教会で行われたこの曲の演奏に、ヨッフムはシュミット版を用いたのである。

ヨッフムは、前年の一九五五年二月一二日にウィーンのシュテファン教会で、同じモーツァルトの「レクイエム」を演奏しており、これも録音が残っているが、教会の鐘の音や司祭の朗誦、オルガンの序奏、後奏が一緒に録音されている。

ドレスデンのモーツァルトフェラインの指揮者だったというアロイス・シュミット

（一八二七〜一九〇二）の編曲については、CDの解説（小石忠男）では次のように説明されている。欠けているCredo後半のCrucifixusは、かつてはモーツァルト作曲とされていたエルンスト・エーベルリンの「ラクリモーサ　K追加二一」から、Et resurrexitは「ミサ・ソレムニス　ハ短調K一三九（四七a）」と「キリエ　K三二三」から、Et in spiritum sanctumは「ミサ曲ハ長調　K二六二（二四六a）、「キリエ　K三二二」、「ミサ・ソレムニス　ハ長調K三三七」から、Et vitam ventuliは「ミサ曲ハ長調　K二六二（二四六a）」からそれぞれ素材を得て補筆されたという。Agnus Deiはわれわれが歌ったのと同じ「キリエ」の編曲である。

忘れがたいソプラノのEt incarnates estが静かに終わると、悲痛なキリストの受難を歌う、短いハ短調のアダージョの後、三日後の復活を描く、力強く喜びに満ちた部分が続く。すぐにソプラノの独唱と合唱による、落ち着いた、聖霊と教会に対する信仰の表明に移り、他の独唱も加わって、最後は来世の生命を待ち望むという壮大な合唱のフーガで締めくくられる。

この間およそ一〇分足らず。クレド全体の演奏時間は二一分ほどで、ヨッフムの演奏にはカットがあるということであるから、シュミットの補筆部分はクレドのほぼ半分に当たる。主としてモーツァルトの音楽が使われているので聞き慣れると大きな違和感はない。

とはいえ、やはりそれはモーツァルトの作品とは言い難い。いかに巧みに構成されようと、モーツァルトの手によったものではないというのは決定的である。とすればアニュス・デイも同じということになりそうだが、こちらは少し事情が違う。アニュス・デイでキリエの旋律をくり返すことは、モーツァルト自身もやっている当時の習慣だったということであるし、ミサ曲としてもHosannaで終わるのは尻切れトンボの感を免れない。歌詞とメロディの間に多少の無理があるにしても、アニュス・デイはあった方がよい。それによってミサ曲の体裁がいささかでも整うというよりは、この名曲の感銘の度合いがいっそう深まるように思う。

オイゲン・ヨッフムの演奏は、奇をてらわず、共感に満ちていて、宗教音楽にも定評のあったこの人らしいものである。フルトヴェングラーの後、ブルックナー協会の会長も務めていたことがあり、この作曲家の呼吸をよくつかんだ交響曲の録音も多いが、ブルックナーの宗教曲集も早くから出していた。

バイエルン放送交響楽団の初代指揮者で、この楽団の育ての親でもあった。私は一九八二年にバンベルク交響楽団でブルックナーの交響曲第八番を、一九八六年にはアムステルダム・コンセルトヘボウ管弦楽団で同じブルックナーの交響曲第七番をこの人の指揮で聴いている。一九〇二年の生まれだから、後者の演奏会の時は八四歳という高齢であったが、力強く若々しい演奏だった。「また来日の予定は?」というインタビューアーの質問に「それは神のみぞ知る。」と答えていたが、帰国してじきに亡くなってしまった。

ヨッフムといえば、まずブルックナーだが、ベートーヴェン、ブラームス、モーツァルトの交響曲にもよい演奏を残している。ギレリスのピアノでベルリンフィルと入れたブラームスの協奏曲第一番は、これを越えるものがあるかと思われるほどの名演だが、先に述べたモーツァルトの「大ミサ」と「レクイエム」も、この人でなければ残し得なかった録音であると思う。

「メサイア」と「マタイ受難曲」

ヘンデルには、たとえば「水上の音楽」やハープシコード組曲「調子のよい鍛冶屋」の主題と変奏、オラトリオ「メサイア」のハレルヤ・コーラスや「マカベウスのユダ」の中の合唱曲（よくスポーツの勝者をたたえて演奏される）、オペラ「セルセ」（「クセルクセス」）の中のアリア「オンブラマイフ」、同じく「リナルド」の中の「涙の流れるままに」（「泣かせてください」）など、たいていの人がどこかで耳にしているとても有名な曲がある。その一方で、一般的にはあまり知られていないが、聴けば心を打たれずにはいられないような膨大な数の曲がある。

合奏協奏曲やオルガン協奏曲のすばらしさは誰もが言う。ヴァイオリンを始めとする独奏楽器のための作品にも名曲が多いという。しかし、それらはヘンデルの全作品のせいぜい一割に過ぎないのだ。残りの九〇パーセントはオペラやオラトリオなどの声楽曲である。それが、今日ヘンデルの作品があまり聴かれない理由の一つなのかもしれない。

吉田秀和でさえ、その「ＬＰ三〇〇選」では、バッハについて一〇ページ以上を費やして書いてきた後で、ヘンデルについてはわずか二ページにも満たない紙幅で片付けてしまっている。声楽曲で採り上げているのはオペラは「ジュリアス・シーザー」（他に「エジプトのイスラエル人」について若干の言及がある）、オラトリオでは「メサイア」だけである。これでは、あまりに片手落ちではないだろうか。

ヘンデルは早くからオペラに関心を抱き、ハレをあとにしてハンブルクに行ったのもそのためであったし、その後オペラが盛んなイタリアに趣き、イギリスに活躍の場を見出し、終には帰化するに至った。ヘンデルが作曲した最初のオペラは、ハンブルク時代、二〇歳の時の「アルミーラ」であるが、その後イタリアで作曲されたと見なされるソロ・カンタータ「おお、永遠の神々」（「ルクレツィア」）についてヘンデル研究家三澤寿喜は、後のオペラやオラトリオに見出されるような「すでに信じがたい高みに達している」と述べている。イギリスに渡ったヘンデルは、まずイタリア・オペラの代表者とみなされた。しかし、声楽によって人間のドラマや感情を、多彩で豊かに描き出す天与の才は、その形式がオペラであれオラトリオであれ終生、平明、晴朗でありながら、聴く人々に喜びと高貴な思い、そして深い人間的共感を呼び起こすような音楽を生み出し続けた。

「メサイア」を作曲した当時、ヘンデルは興行的に行き詰まりを見せていたイタリア・オペラを継続すべきか、英語によるオラトリオ中心で行くべきか悩んでいた。結局はオラトリオ路線に踏み切ることになるのだが、ロンドンの聴衆は必ずしも好意的ではなかった。「メサイア」の初演はダブリンである。一七四一年、五六歳のヘンデルは、八月から九月にかけての三週間でこの傑作オラトリオを完成させ、一一月にアイルランドに向かう。他の作品を演奏する傍ら準備を進めて、初演は翌年の四月一三日、「数ヶ所の牢獄に収容されている囚人の救済のために、また、ステパノ街のマーサー病院とイン埠頭の慈善病院を救助するため」の慈善演奏会として行われた。

大成功であった。やがて、最初冷たかったロンドンの聴衆もこの曲を受け入れ、毎年、コヴェント・ガーデン劇場と捨子養育院での演奏会が恒例となっていく。初演以来、ヘンデル自身の指揮による演奏会だけでも五〇回にのぼった。

曲は、いかにもヘンデルらしい豊麗で心にしみるシンフォニアで始まり、軽やかなアレグロに移る。テノールのレシタティーヴォ、アリアに続いて、神の栄光をたたえる合唱が始まる。この第一曲から最後の第五四曲（オックスフォード版）のアーメン・コーラスまで、われわれの演奏会後のアンケートに聴衆の一人が書いていたように、「珠玉のような曲が次から次に出てきて、何度聞いてもすばらしい」。歌っていても心が弾む感動がある。

全体は三部に分かれ、第一部はキリストの降誕、第二部は受難と復活、第三部は永遠の生命を歌い、すべて聖書から採られたテキストで構成されている。合唱では「ハレルヤ」がとびぬけて有名だが、二一曲すべてが名曲の名に恥じない。とりわけ忘れられないのは喜びに満ちた第一二曲「ひとりのみどり子われらのために生まれたり」と、第二六曲「「我らはみな羊のごとく迷いて、おのおの己が道に向かい行けり」」。この曲は、まさに羊が駆けるように軽快に始まるのだが、終曲近く突然アダージョになって曲調が変わる。「主は我らすべての者の不義（iniquity）を彼の上に置きたまえり」と歌う部分は、第二部冒頭の「見よ神の子羊、世の罪を除きたもうもの」と呼応し、あたかもバッハを思わせるような深さを持つ音楽になっている。

私はブラームスとともにバッハの音楽を最も好んでいるが、ヘンデルにはバッハほどの深さはなく、ハイドンにはモーツァルトのような天才はないなどというような皮相で狭量な見解には組しない。

ところで、「メサイア」にはモーツァルトの編曲版（K五七二）がある。モーツァルトをバッハや、とりわけヘンデルの音楽に近づけたのはもともとオランダ出身というウィーンの貴族、ゴットフリート・ヴァン・スヴィーテン男爵である。マリア・テレジアの侍医の息子で元外交官だったこの人物は、のちに宮廷図書館長、教育・出版検閲庁長官を務め音楽愛好家であった。

この人がウィーンで私設音楽サークル（これがのちに楽友協会になる）をつくり、図書館附属のホールで音楽会を開いていた。モーツァルトもこれに参加していたわけである。日曜日毎のサークルはその後オラトリオサークルに変わり、ヘンデルのオラトリオが演奏された。モーツァルトに「メサイア」の編曲が依頼されたのにはこういう背景がある。ヘンデルの音楽を広めることに情熱を持っていたスヴィーテンはドイツ語によるオラトリオができないものかとも考えていた。それがのちにハイドンによる「天地創造」と「四季」の作曲につながる。歌詞の提供はスヴィーテンであった。

このサークルにはハイドンやベートーヴェンも招かれたということだが、モーツァルトがウィーンで行っていた予約演奏会で最後の一人になるまで名を連ねていたのがこの人であり、モーツァルトの葬儀を取り仕切った人物でもあった。ベートーヴェンの第一交響曲はこの人に献呈されている。

モーツァルトはこのサークルでバロック音楽に触れ、その楽譜を研究する機会を与えられ、バッハの前奏曲とフーガを何曲も編曲している。ヘンデルに関しては最初の編曲が「アキスとガラテア」(一七八八)、次いで「メサイア」(一七八九)、その翌年に「アレクサンダーの饗宴」、「聖チェチーリアのためのオード」と合計四曲である。「ハ短調ミサ」のザルツブルク初演が一七八三年ということであるから、そのあとということになる。「ハ短調ミサ」については、最晩年の作とする説もあるようだが、いずれにしてもこの頃モーツァルトはバッハのフーガを書き写してそれに新しい前奏曲を付けたり、コンスタンツェの要望でフーガを書いたり、「ヘンデル風」の組曲を作曲したりした。「ハ短調ミサ」に含まれるフーガはオーストリアの伝統的な教会音楽の手本からそれほど大きく逸脱しているわけではなく、フーガが彼の音楽に与えた影響を過大視してはならない、あるいは、モーツァルト自身フーガは本質的に自分の音楽的表現にふさわしくないと見なしていたという考え方もあるようだが、バロック音楽にふれたことがそれ以降のモーツァルトの作曲に大きな影響を与えたことは確かだろう。

そのモーツァルトの「メサイア」編曲であるが、スヴィーテンの意図は「当時の人々の好みに合うように」というところにあり、「これを受けてモーツァルトは管楽器をつけ加え、和声もところどころ補いながら全体の色彩を当時の趣味にあった書法で仕上げていった」という。モーツァルトは中段が空白の編曲用スコアに管楽器を付け足していくというやり方で作業をしていったので、楽曲構成や旋律はオリジナルのままだというのだが、実はいくつか違っているところがある。

まず、もちろん歌詞が違う。原曲は英語でComfort yeと始まるが、モーツァルト版ではそれがTröstetとなり、テキストは全てドイツ語で歌われる。

次に、省略といくつかの変更がある。われわれが使っているオックスフォード版では三五番の合唱と三六番のバスのアリアが削除されていて、これはモーツァルトが渡された編曲用スコアですでに省かれていたためのようである。また、五二番のソプラノのアリアがレシタティーヴォに変更されていて、だいぶ短縮されている。この一四小節は完全にモーツァルトの音楽ということである。四八番も四分の一ほどに短縮されている。

三澤寿喜氏によればモーツァルト版ではアルト独唱を置かずに、それをソプラノⅡに移し、また、テナーとソプラノの声部の入れかえを行っているという。私が持っているＤＶ

Dの演奏で見るとアルトがソロを歌っているが、声部は次のように変更されている。六番(アルトからバス)、一四・一五・一六番(ソプラノからアルト)、一八番(ソプラノからテノール)、一九・二〇番(アルトからソプラノ)、二七番(テノールからソプラノ)、二九・三〇番(テノールまたはソプラノからアルト)、三四番(テノールからアルト)。また、七番、一二番、二一番などでは先ずソロ四人が歌ってから合唱が入る形になっている。

その他では、オルガンのパートが抹消されたというが、これは一般に貴族の屋敷にはオルガンが無かったためらしい。また、アリアのカデンツでソロが即興的に名人芸を発揮する部分に手を入れてそれを流れの中に取り込むようにしたといわれる。二六番では伴奏の八分音符で羊たちが走り回る様子を描写しているのだという。速度記号の変更はアレグロからアンダンテあるいはラルゲットというように概して遅くなっているようである。

しかし、一聴した印象でもっとも顕著なのはオーケストレーションの変化だろう。原曲では弦楽合奏とソロの管楽器はオーボエとトランペットのみでファゴットは通奏低音の一つと見なされていた。モーツァルトは弦楽声部のヴァイオリンユニゾンをヴァイオリンとヴィオラの三声部にし、ホルン、トランペットに木管を加えて和声的に充填し、ソプラノ以外のトゥッティの合唱楽曲にトロンボーンを加えた。ホルンの活躍が目立ち、トランペットが後退しているのは当時バロック時代のナチュラルトランペットが衰退していたからだという。管楽器が楽譜の隙間を埋め、「ハレルヤ」などの合唱は荘重さを加え、全体的に華やかな印象を与えるものとなっている。

ヘンデルは、バッハよりほんのひと月早く、一六八五年二月二三日に、バッハの生地であるアイゼナッハからさほど遠くないハレで生まれた。地図上でベルリンとフランクフルトを結んでみると、二人が生まれた町はほぼ等間隔にその直線上にあり、ハレの方がベルリンに近い。

バッハが生涯ドイツを離れなかったのに対して、ヘンデルは若くしてイタリアを経由してイギリスに渡り、そこを音楽活動の拠点にして活躍した国際人であった。その音楽も対照的で、当時はヘンデルの方がもてはやされたが、その後バッハが復活して今日におよんでいる。

この二人の音楽の巨星は、同時代に活躍しながら、ついに会うことはなかった。一七一九年、イタリアオペラ興行のための「ロイヤル・アカデミー・オブ・ミュージック」が設立され、ヘンデルは歌手の契約のために大陸に渡り、その途中、故郷ハレに立ち寄った。そのときケーテンにいたバッハはヘンデルに会おうとハレに赴いたが、その到着以前にヘンデルはドレスデンに向けて出発してしまっていた。その一〇年後の夏、母親が病気であることを知ったヘンデルは、再びハレを訪れたが、この時はバッハも病気だったため、息子のフリーデマンを差し向け、ライプツィッヒに招こうとした。しかし、ヘンデルには時間的な余裕がなく、二人の出会いは結局実現しなかった。

バッハについてはすでに書いたことがあるので、新都民合唱団第七四回定期演奏会の「マタイ受難曲」のことにしぼりたい。公演は、二〇一一年一二月四日で、「メサイア」の二〇一〇年一〇月三一日から一年以上の準備期間があった。しかし、間に、御茶ノ水女子大OB管弦楽団との「第九」の共演が入ったので、実質ちょうど一年くらいの練習期間だった。最初は全員で歌えるコラールだけを通していった。それが終わってから二つのグループに別れ、私は第一合唱団のバスに属した。冒頭合唱や終曲は聴くだけでもいつも感動があるが、それを繰り返し練習する時間は幸せに満ちた時間だった。しかし、やはりバッハは難しい。とくに、第一部では二七b「稲妻よ、雷よ、雲間に隠れしか?」は何度歌っても完璧にはならなかった。第二部の五八bや五八dにも音を上げた。いずれも民衆の声を代弁する合唱曲である。

新約聖書の「マタイによる福音書」は全二八章からなる。イエス・キリストの系譜、誕生に始まり、生涯におけるさまざまな事跡を伝えたあと、最後にその受難と復活について述べて終わる。受難そのものを語るのは第二六章と二七章である。バッハはその二つの章の言葉すべてを歌詞とし、それにピカンダーの自由詩によるアリアと合唱曲を加え、さらに当時、教会の会衆によって歌われていたコラールを挿入して、大曲「マタイ受難曲」を作曲した。

そのような受難曲はそれまでにも作られていて、シュッツのものなどは簡素でありながら強い印象を与えられる。しかし、バッハの作品は、その規模において、また、あたかもオペラを思わせるようなドラマティックな構成において、そしてなによりも、音楽そのものの感銘の深さにおいて、すべての先例を越え、その後今日まで、それを凌駕するものを見ないようなものとなっている。

全体は二部に分かれ、第一部は、祭司長や民の長老による、キリストを捕らえて殺そうとする謀議から、ユダの密告によってキリストが捕縛されるまで、第二部はキリストの審問、罪の確定、十字架上のキリストの死と埋葬までを扱っている。曲の最初と最後に長大な合唱曲が置かれ、聖書の物語はテノールの福音史家がレシタティーヴォで歌い、イエスはバス、その他ユダ、ペテロ、ピラト、ピラトの妻、祭司長、二人の女が登場する。これらはアリアを歌う歌手が兼ねて歌うことが多いようだ。オーケストラと合唱は二群に分かれ、合唱は、冒頭ではシオンの娘と信ずる者たちの応答を担当するが、最大八声に分かれてキリストの弟子や民衆などの役割を担う。コラールは二群の合唱が合同して四声で歌う。挿入されているアリアとコラールはそれぞれ一五曲。コラールのうち二曲は独立してではなく、一曲は冒頭合唱の中でソプラノ・リピエーノによって、もう一曲は第一九曲のテノール独唱との掛け合いで歌われる。また、第一部の最終曲は、コラール・ファンタジー

新都民合唱団第 74 回定期公演「マタイ受難曲」(2011.12.4)

と呼ばれる、コラールを用いた大合唱曲となっている。

日本語の讃美歌の多くが、会衆に親しまれている唱歌や民謡の旋律を借りているように、コラールにもドイツで広く知られた世俗曲のメロディが使われている。「マタイ受難曲」の中で印象的に五回繰り返されるゲールハルトの受難コラール「おお、血と傷にまみれたお頭よ」(第一五、一七、五四、六二曲、第四四曲だけは別人の歌詞)の旋律はハスラーの「わが心は千々に乱れ」により、同じく二回繰り返されるゲールハルトのもうひとつの受難コラール「おお世よ、ここなるお前の命を見よ」(第一〇、三七曲)はイザークの「インスブルックよさようなら」による。また、第三、一九、四六曲のコラール「心よりお慕いするイエスよ」もヘールマン作詞、クリューガー作曲による同一のものである。これらのコラールが回帰するごとに、われわれはイエス・キリストをめぐる人間ドラマから、より冷静な信仰の場に引き戻される思いがする。

「マタイ受難曲」のアリアの中には名曲が多い。筆頭は第三九曲のアルトのアリア「憐れんでください」である。ヴァイオリンのソロとともにペテロの悔恨の涙を切々と歌うこのメロディに心動かされない人がいるであろうか。次いではこの曲のクライマックスで歌われるソプラノのアリア、第四九曲「愛の御心から救い主は死のうとされます」であろう。何の罪もない身でありながら大きな愛の心から死にゆこうとするイエスを歌ったフルートに導かれるこの曲も、一度聴いたら忘れることのできない音楽のひとつである。そしてもう一曲、この大曲の最後に歌われるバスのアリア第六五曲「わが心、清くあれ」。夕方、それはアダムがりんごを食べた時刻、ノアのハトがオリーブの葉をくわえてきた時刻でもあるが、人類の罪を背負って亡くなられ、十字架からおろされたイエスの遺体をヨセフが葬ろうとしている。しかし、その墓はじつはわれわれ自身の心であり、これはバッハの信仰告白だと礒山雅は言う。いずれにしてもこの静かな安らぎに満ちた音楽も心にしみる。

「マタイ受難曲」の第一部、第二部の区切りは、福音書の第二六章、二七章の区切りとは一致せず、二部の方に重心がある。この曲の心臓部とも言うべきところが、第二部の第四六曲のコラールと第四九曲のアリアを中心とした前後であることを、スメントという音楽学者が指摘しているという。この二曲をはさむ形で「十字架につけろ！」という二重合唱が置かれ、そこから合唱、アリア、コラールなどが対照構造で配置されているというのである。たしかに、群衆が「この男は死に値する」と叫ぶところから、「十字架につけろ！」を経て「他人は救ったが、自分を助けられないとは」と嘲るところまでは、この作品の核心部分であり、最も劇的で、それだけに歌いながらいつも心が傷む部分でもある。

人間とは、かくも愚かで、浅はかで、どうしようもない存在であることをいやというほど実感させられる。後になって「まことに、この人は神の子であった」（第六三曲b）などと言っても始まらないわけで、「おお人よ、汝の罪の大いなるを嘆け」（第一部終曲）であり、「われら涙もてうずくまり」（第二部終曲）なのである。こうしてベタニアの女に対する弟子たちの仕打ちに始まり、ユダの裏切り、ペテロの否認などの挿話を経て迎えたクライマックスそして終曲において、われわれには、バッハの比類の無い音楽によってカタルシスがもたらされる。

自分を例外にするつもりはないが、人間ほど度し難い存在はない。皆、自分は正しいと思い込み、他人を非難する。自分のことは棚に上げて、他人を責める。ゆえに人間世界から争いが無くなることはない。言いにくいことだが信者とて同じことである。古代から現代まで、紛争の原因の一つは宗教である。この曲を聴きに来てくれた知人の一人が「残酷な物語」だと言った。人間とは残酷なものなのである。だからこそ寛容な優しさが尊い。「マタイ受難曲」は物語そのものにすでに人間の心に訴えるものがある。加えて圧倒的なバッハの音楽が魂を揺さぶる。これ以上の音楽があるとも思われない。モーツァルトの音楽には、たしかに無上の美しさがある。天上の美を湛えながら、これぞ人間という地上の喜びや悲しみに満ち溢れている。しかし、音楽評論家吉田秀和が、長年連れ添った夫人に先立たれたとき、しばらくは音楽が聴けず、したがって執筆もできなかった時期を経験した。モーツァルトの音楽でさえ、「俺が、俺が」と言っているように聞こえたという。そして唯一聴くことができたのがバッハであったという。

これを読んだとき、私はさもありなんという気がした。バッハの音楽には人間個人を越えたものとつながっていると思わせるものがある。「マタイ受難曲」には、まるで数学者の作品のような数字の不思議もあるようだし、「平均率クラフィア曲集」や「フーガの技法」といった作品は、形式だけ見れば無味乾燥な音楽と思われるかもしれない。しかし、実際に耳を傾けてみれば、深い音楽的感動を与えられる。不思議である。

バロック音楽の二人の巨人が残した「メサイア」と「マタイ受難曲」という傑作は、いずれもイエス・キリストを主人公とする宗教音楽であった。しかし、それはなんと対照的な音楽であることだろうか。「メサイア」はキリストの降誕、復活をテキストに含んでいるのだから明るく喜ばしいのは当然である。一方の「マタイ受難曲」はキリストの受難を描き、暗く厳しく重い。しかし、その音楽の違いは、資質の違いからも来ているのだろう。それでいて、同じ時代に、同じ中部ドイツに生まれたこの二人の優れた音楽家には、不思議な共通点がある。平明で明るく、おおらかなヘンデルの音楽にも、人間の魂に触れてくるような深さがあり、この世を超越しているようなバッハの音楽にも、劇的で、人間の肺腑をえぐるような激しさとともに静謐な慰めがある。

われわれの指導に当たって下さった先生方が等しく言われていたように、この二曲は、まさしく「人類の宝」であると言ってさしつかえないであろう。

「ドイツ・レクイエム」

ブラームスと聞いて、一般に思い浮かべるイメージはどのようなものであろうか。頭髪には白髪が混じり、あごには胸まで届く白い髭をたくわえ、生涯独身を通したひとりのじじむさい男が、いかにも気難しそうな目をこちらに向けている。そう、よく学校の音楽室などに貼ってある肖像画の一つ。

あれくらい見る人を誤解に導くものはないかもしれない。たしかにこの作曲家の晩年の姿を伝えるものではあろうが、若き日のブラームスの写真や肖像画を一度でも見たことのある人なら、それとはまた別のイメージを持つはずである。

シューマンが、フランスの作家また画家であり音楽家でもあったボナヴァンテュール・ロランに描かせた二〇歳のブラームスの肖像スケッチがある。やや左上から見た、横向きの初々しくナイーヴな表情は、一見女性とも見まごうほどだ。一〇代のブラームスの写真には、まるで人形のような甘いマスクのものもある。なるほどあのようなロマンティックな音楽を書いた作曲家であると納得させられる。

「ドイツ・レクイエム」の初演は、一八六七年（徳川慶喜の大政奉還の年）に、ウィーンで先ず最初の三楽章だけが演奏された。翌年、ブレーメンで第五曲を除く本格的な初演が

ボナヴァンテュール・ロランが描いた20歳のブラームス

行われ、今日われわれが聞くような形での全曲初演はさらにその翌年、ライプツィッヒで行われた。ブラームス三五歳の時のことである。

そのブレーメンでの演奏の際に撮られた写真が残っている。このときの演奏会場は聖ペトリ大聖堂で、指揮はブラームス自身があたったが、そのリハーサルは大聖堂オルガニスト、合唱指揮者であったカール・マルティン・ラインターラーが担当した。この初演の成功はラインターラーの周到な準備によるともいわれ、第二回目の演奏はこの人が指揮をした。写真にはこの二人が写っている。ブラームスの表情には、優しく、夢見るような面影が残っているが、他の写真にも見られるように、知的で意志の強さもうかがわれる。ブラームスの音楽は優しく優美な反面、激しい力強さにも満ちている。「ドイツ・レクイエム」は、そういうブラームスの特質が最もよく現われた作品と言うことができる。

＊

もう一つ、ブラームスについて一般にあまり理解されていないことがある。ブラームスは交響曲作家、あるいは器楽曲の大家であると思っている人が多いことである。たしかにその通りではあるのだが、ブラームスの作品全体で最も多数を占めているのは、実は声楽曲であって、ブラームスはシューベルトを継ぐ歌曲の作曲家なのである。その数二一六、ドイツ民謡の編曲を加えれば三百曲以上にのぼる。さらに重唱曲、合唱曲は編曲も加えれ

ブラームスとカール・マルティン・
ラインターラー

ブラームスとシュトックハウゼン
(ユーリウス・シュトックハウゼンは
ブラームスの友人のバリトン歌手。
1868年のブレーメンでの「ドイツ・
レクイエム」初演でソロを担当し
た。)

ば二百曲を越え、それだけですでに五百曲以上である。これに「ドイツ・レクイエム」などのオーケストラ伴奏曲が加わる。

自己反省が強かったブラームスは初期の作品の多くを破棄してしまったが、今日残されている作品番号の一番と二番は、一九歳の頃に作曲したピアノ・ソナタであり、三番は六曲の歌曲、五番で最後のピアノ・ソナタを書いてからは、六番と七番が再びそれぞれ六つの歌曲である。このあとも、「ドイツ・レクイエム」（Op.45）成立までの間に数多くの声楽曲が書かれている。とくに歌曲は生涯にわたって作られ続け、最晩年の「四つの厳粛な歌」（Op.121）に至るのである。

ブラームスには室内楽の名品も多い。映画「恋人たち」で有名になった弦楽六重奏曲第一番（Op.18、晩年に改訂）が書かれたのは二一歳、いずれも室内楽の名曲であるピアノ四重奏曲第一番（Op.25）、第二番（Op.26）が二八歳、ピアノ五重奏曲（Op.34）が三一歳、弦楽六重奏曲第二番（Op.36）、チェロ・ソナタ第一番（Op.38）、ホルン三重奏曲（Op.40）三二歳と続く。

ピアノ曲は、ソナタのあとは変奏曲や小品に転じ、「シューマンの主題による変奏曲」（Op.9）、「四つのバラード」（Op.10）、「自作およびハンガリアの歌の主題による変奏曲」（Op.21-1/2）、「ヘンデルの主題による変奏曲」（Op.24）、「パガニーニの主題による変奏曲」（Op.35）、「ワルツ集」（Op.39）などが書かれているが、オーケストラ作品としては二曲のセレナーデ（Op.11、Op.16）と情熱的で青春の息吹に溢れた「ピアノ協奏曲第一番」（Op.15）があるだけである。この間、ブラームスは最初はヴィンセンの男声合唱団に始まり、二四歳からデトモルト宮廷合唱団、次いでハンブルク女声合唱団の指導にあたり、一八六二年（二九歳）に故郷のハンブルクを離れてウィーンに出てからは、ジングアカデミーの指揮者となって合唱曲についての経験を積み重ねていく。

単に演奏するだけでなく、ルネッサンス、バロックの合唱曲を研究し、それらに精通するようになり、宗教的な作品を含め多くの合唱曲を作曲した。ブラームスが一七歳の時に「旧全集」（完結はブラームスの死後）の刊行が始まったバッハには深い関心を寄せ、後年バッハ研究家シュピエッタとも親交を持ち、バッハの作品の演奏や編曲を行い、自身の作品への影響にも大きなものがあった。

ブラームスの初期の宗教的作品としては「アヴェ・マリア」（Op.12）、管楽とティンパニのみの伴奏で強い印象を残す「埋葬の歌」（Op.13）、「マリアの歌」（Op.22）、「詩篇第一三番」（Op.27）、「二つのモテト」（Op.29）、「宗教的な歌曲」（Op.30）、「三つの宗教的合唱曲」（Op.37）などがある。この他二三歳の時にヨアヒムとの間で対位法の研究を行い、「ミサ・カノニカ」を作曲しているが、残念ながら完成した形では残っていない。

以上が、「ドイツ・レクイエム」を生み出すまでに、ブラームスが作曲していた作品のあらましである。つまり、交響曲こそまだ書いてはいなかったものの、三〇代半ばまでのブラームスは作曲家としてすでに十分な力量と実績を備えていたということになる。

＊

「ドイツ・レクイエム」の作曲はかなり早い時期から始まっている。といっても、最も古い第二曲の葬送行進曲は、一八五四年頃作曲が開始されたと見られる「ピアノ協奏曲第一番」（この曲は最初「二台のピアノのためのソナタ」として作曲され、それを交響曲に改変しようとする中で、最終的に協奏曲の形となった）の使われなかったスケルツォ楽章の音楽が基になっているという。デトモルト勤務時代には、これを「葬送カンタータ」の一楽章にしようとも試みた。それから一〇年の歳月が流れ、「ドイツ・レクイエム」の作曲が本格化するのは、一八六五年二月の母親の死去以後のことである。

ブラームスの家族に寄せる思いは厚かった。母親のクリスティアーネは、コントラバス奏者になった父親のヨーハン・ヤーコプよりも一七歳年上で、勤勉でつつましく、辛抱強く、また、愛情深い女性だったようである。この母からブラームスは記憶力のよさと自然と散歩を愛する気質を受け継いだといわれる。家計は豊かではなかったが、ブラームスと弟に音楽を習わせ、ブラームスの将来には期待をかけていた。他に姉がいた。ブラームスは、年齢の差から晩年不和に至り別居せざるを得なくなる両親と、薄幸の姉、冷淡な弟、さらには父親の再婚相手である継母のすべてを心にかけ、経済的にも面倒を見た。

この実母の死がブラームスを、シューマンの死後早くから構想を抱いていた「ドイツ・レクイエム」の完成に向かわせたと言ってよいようである。一八六六年中に第一曲から第四曲まで、次いで第六曲、第七曲が作曲され、翌年、ウィーンでの部分初演が行われる。ブレーメンでの六曲初演の時は、四曲目までの第一部と残り二曲の第二部との間に、ヨアヒム夫人がヘンデルの「メサイア」からソプラノのアリア「われ知る、我をあがなうものは生く」を歌い、ヨアヒムがタルティーニ、バッハ、シューマンの曲を演奏したようだが、これは当時の習慣に従ったものという。ブレーメンでの二回目の演奏の際は、間でウェーバーの「魔弾の射手」から「アガーテの祈り」が歌われた。一八六八年、ブラームスは二部をつなぐ第五曲を作曲して、全七曲からなる「ドイツ・レクイエム」が完成した。

個々の曲について述べる前に、もう一つ触れておかなければならないことがある。言葉の問題である。普通「レクイエム」は、カトリックの「死者のためのミサ」における典礼楽をいう。そこで歌われる言葉はラテン語であり、テキストは選択の余地はあるものの決まっている。しかし、「ドイツ・レクイエム」はそのタイトルどおりドイツ語であり、テキストは、プロテスタントであるブラームス自身がルター訳の聖書から選んだものである。ということは、宗教音楽ではあるが教会音楽ではないということである。

「レクイエム（鎮魂曲）」は、最後の審判を前に恐怖におびえる死者の魂を沈めるためのものである。しかし、「ドイツ・レクイエム」は、むしろ生きている人間が死と向き合って感じる苦悩を慰めるものとなっている。ブラームス自身は、ブレーメンでの初演の際に、教会でこの曲を演奏することが問題となった時に「〈ドイツ〉という言葉を省いて〈人間の〉としてもよい」と語ったと伝えられている。つまり、この曲は最後の審判や、キリストの死、そして復活というような教会音楽に必須というべき内容を中心とするのではなく、もっと広く信仰を持つ人間に呼びかける音楽になっている。ましてや、熱烈な愛国者であったブラームスの国粋主義を示すようなものでは全くない。

*

第一曲（ヘ長調、四分の四拍子　かなりおそく、表情をもって）は、低音を刻むコントラバスとチェロの上に、同じチェロと次いでヴィオラでゆっくりと主題が現われる。合唱が「悲しんでいる人たちは幸いである。彼らは慰められるであろう（**Selig sind, die da Leid tragen, denn sie sollen getröstet werden**）」と歌う。ヴァイオリンや華やかな音色の管楽器の使用は避けられている。男声で始まる中間部は「涙を持って種まく者は、**歓びを持って刈り取る**（**Die mit Tränen säen, werden mit Freuden ernten**）」と明るくなり、歌詞を変えてくり返され、クレッシェンドして<f>にまで高まるが、また最初の主題が戻ってきて、最後はハープを交え、慰めを含んで終わる。

第二曲（変ロ短調、四分の三拍子　ゆっくりと、行進曲風に）は、三拍子なのに重い足取りの行進曲である。「人はみな草のごとく、その栄華はみな草の花に似ている。草は枯れ、花は散る（**Denn alles Fleisch, es ist wie Gras, und alle Herrlichkeit des Menschen wie des Grases Blumen. Das Gras ist verdorret und die Blume abgafallen**）」と無常の風が吹く。転調して中間部は少し明るくなり、（農夫が忍耐強く大地の実りを待つように、主の来臨の時まで耐え忍びなさい）と呼びかける。その穏やかさは冒頭のテーマが戻ってくることによって再び暗くなる。

ここまでが前半である。曲の後半は変ロ長調に変り、トロンボーンが鳴り響き、合唱が「しかし、主の言葉は、とこしえに残る（**Aber des Herrn Wort bleibet in Ewigkeit**）」と力強く歌い出す。そしてバスから始まる四分の四拍子のフーガが、「主によってあがなわれた者は、帰ってきて、その頭にとこしえの喜びをいただき、歌をうたいつつ、シオンに来る（**Die Erlöseten des Herrn werden wiederkommen und gen Zion kommen mit Jauchzen**）」と歌う。歓喜は〈ff〉にまで高まり、「とこしえの喜び（**ewige Freude**）」でいったん静かになるが、高揚感を残して曲を結ぶ。

第三曲（ニ短調二分の二拍子　ややおそく）は第六曲とともにこの曲の中心をなす部分である。冒頭、バリトン独唱が「主よ、わが終わりとわが日の数のどれほどであるかを、わが命のいかにはかないかを知らせてください（**Herr, lehre doch mich,daß ein Ende mit mir haben muß und mein Leben ein Ziel hat und ich davon muß**）」と呼びかける。合唱がそれに和し、バリトンは「まこと人は影のようにさまよい、むなしいことのために騒ぎまわるのです（**Sie gehen daher wie ein Schemen und machen ihnen viel vergebliche Unruhe**）」とさらに絶望を深くする。しかし、この悲嘆は「主よ、今わたしはどうやって自分を慰めましょう（**Nun Herr, wess soll ich mich trösten?**）」「わたしはあなたを信じて待ちます（**Ich hoffe auf dich**）」という自問自答の中から、確信を見出す。曲はニ短調からニ長調に変わり、「正しい者の魂は神の手にあって、いかなる責苦も彼らにとどくことはない（**Der Gerechten Seelen sind in Gottes Hand,und keine Qual rühret sie an**）」というテノールからの壮麗なフーガが始まる。一九世紀後半に書かれた最も偉大な楽曲の一つという人もいる。

第四曲（変ホ長調、四分の三拍子　やや活気をもって）は一転して、安息に満ちた、天国的に美しい曲である。「万軍の主よ、あなたのすまいはなんと麗しいことでしょう（**Wie lieblich sind deine Wohnungen,Herr Zebaoth!**）」と歌う神の住いそして神を賛美する音楽は、まさにブラームスにしか書けない優雅さと情感に溢れている。歌っていて幸せが心いっぱいに広がる感じがするし、一度聴いたら長く忘れることができない音楽である。

第五曲（ト長調、四分の四拍子　ゆったりと）は、（今悲しむ者もやがて喜びを得る）と歌うソプラノ独唱と合唱とで織り成す子守歌である。ブラームスには有名な「子守歌」（Op.49-4）以外にも、シューマンの子供たちのために書いたドイツ民謡の編曲「眠りの精」や、ヨアヒム夫妻に贈ったヴィオラとピアノ伴奏による「宗教的な子守歌」（Op.91-2）などがあるし、晩年のピアノ小品は自らの「苦悩の子守歌」と呼んだ。この曲はブレーメンでの初演の後、最終的に加えられたものだが、ソプラノが歌う歌詞と合唱の「**母のその子を慰めるようにわたしもあなたを慰める**（**Ich will euch trösten, wie einen seine Mutter tröstet**）」には、第一曲同様、この曲のテーマに通じるものがあり、またブラームスの母親に対する敬慕の念がこめられているともいう。

第六曲（ハ短調、四分の四拍子　おそく）は、この曲中最大の大曲であり、ブラームスの力量が最もよく発揮されているところである。出だしはまたしても暗く、不安に満ちている。「**この地上には永遠の都はない、来らんとする都こそ、わたしたちの求めるものである**（**Denn wir haben hie keine bleibende Statt,sondern die zukünftige suchen wir**）」。バリトンが「見よ、あなたがたに奥義を告げよう（**Siehe,ich sage euch ein Geheimnis**）」と歌いだす。そのあと合唱が歌う「というのはラッパが響いて、死人は朽ちない者によみがえらされ、わたしたちは変えられるのである（**Denn es wird die Posaune schallen,und die Toten werden auferstehen unverwestlich,und wir werden verwandelt werden**）」から、聖書の言葉が成就し、「死は勝利に呑まれてしまった。死よ、お前のとげはどこにあるのか。地獄よ、お前の勝利はどこのあるのか（**Der Tod ist verschlungen in den Sieg.Tod,wo ist dein Stachel? Hölle,wo ist dein Sieg**）」と終わるヴィヴァーチェの部分は、ブラームスが書いた「怒りの日」である。全管弦楽と合唱が最強音を出す。その頂点でハ短調からハ長調、二分の二拍子に変わり、アルトが「われらの主なる神よ、あなたこそは、栄光とほまれと力を受けるにふさわしい方（**Herr,du bist würdig,zu nemen Preis und Ehre und Kraft**）」とアレグロで晴れやかに歌い始める。ここから終曲までのフーガは圧倒的な力に満ちている。

第七曲（ヘ長調、四分の四拍子　荘厳に）。第六曲最後のクライマックスでこの曲は終わらない。第一曲のおだやかさが再び戻ってくる。チェロが奏する上昇する音型の旋律を、すぐにヴァイオリンとヴィオラが受け継ぎ、それに乗ってソプラノそしてバスが確信を持って歌い出す。「今から後、主にあって死ぬ人はさいわいである（**Selig sind die Toten,die in dem Herren sterben von nun an**）」。そして「御霊も言う、しかり、彼らはその労苦を解かれて休み、その業は彼についていく（**Ja,der Geist spricht,daß sie**

ruhen von ihrer Arbeit)」という中間部を経て第一部が戻るが、その音楽と言葉とはこの全曲の冒頭を想起させずにはおかない。そうして死者は安らかに眠り、生者も深い慰めを得て、静かな管とハープの響きとともに曲は閉じられる。

*

ブラームスは敬虔なプロテスタントだったらしい。今年の「ぶらあぼ」六、七月号でピアニストの上杉春雄が「ブラームスの格言ノート」について書いている。二〇代のブラームスが「箴言、よき教え　聞くだけでなく、行え」と題して書きつけていたノートが残っていて、その最初にあるのがなんと「神を持たざる者、地獄に落ちる」であるという。次いで「どこにいようと、神は近くに」ともある。しかし、この神はかならずしもキリスト教の神に限ってはいないであろう。「ブラームスの作品では、キリストの名を示すことはすべて厳重に避けられている。この北ドイツ人の作曲家の作品は、しっかりとキリスト教の信仰に根を張っていたのだが、それは狭い意味での教義というものから全く遠ざかっているのである。それは全く、信条に関係なく、すべて信じる者に向かって、話しかけている（山根銀二訳）」と書いたのはカール・ガイリンガーである。

ガイリンガーは、ドイツ語で「死者のためのミサ」を書こうという考えはシュッツにまで遡るとした上で、ブラームスの作品のテキストがバッハのカンタータ第一〇六番とも血縁があるという。また、「ドイツ・レクイエム」七曲の大多数がトリオになっているばかりでなく、全体が第四曲を中心としたシンメトリカルな構成になっていることも早くから指摘していた。

シュッツの「ドイツ・レクイエム」は正式には「ムジカーリッシェ・エクセクヴィーエン（音楽による葬送）」と呼ばれ、一六三六年、領主の葬儀にあたって作曲された。第一部はラテン語のミサのキリエとグローリアにならい、聖書からのドイツ語の歌詞によって六声のソロと合唱のために書かれた大曲である。第二部は四声の二重合唱のモテト、「シメオンのほめ歌」と題された第三部は二つのコーラスのための浄福に満ちた音楽だがいずれもごく短い。

興味深いのは、第一部の後半中ほどでブラームスの曲と同じ歌詞「正しい者の魂は神の手にあり、いかなる苦しみも、彼らの身には及ばない」が現われ、第三部に至っては、第二コーラスのソプラノがブラームスの終曲とまさに同じ「主にあって死ぬものは幸いである。彼らは労苦を解かれて休み、その生前のわざは彼らについてゆく」が歌われることである。

シュッツの音楽は、今日から見れば古風で簡素であるが、それなりの説得力を持ち、感動的な美しさに満たされている。それに比べれば、まことに当然のことながらブラームスのロマンティックぶりが際立つ。ブラームスの「ドイツ・レクイエム」第四曲と、同じテキストを用いているシュッツのシンフォニア・サクレ第三番第四曲とを聴き比べてみても同じことが言える。

西原稔が「ブラームス」で言っているように、「ドイツ・レクイエム」の第四曲、第七曲がシュッツとテキストを共有し、バッハもカンタータ第二七番、第九三番で用いているルター派のコラール旋律がこの曲の中核となっているとすれば、ブラームスの「ドイツ・レクイエム」は「まさにドイツ・プロテスタント音楽の正当な継承者を証した作品」ということになる。

生年で比べればバッハはブラームスよりほぼ一五〇年前、シュッツはそれよりさらに一〇〇年前の人である。当時のドイツは三十年戦争を経て長い封建的分立の時代に入る時期で、この戦争はドレスデンの宮廷にいたシュッツにも影響を及ぼした。その後のオーストリア継承戦争は晩年のバッハが経験することになる。

ブラームスが生まれたのは、ナポレオン戦争後の国際政治再建を目指したウィーン会議（一八一四年）後だいぶ経ってからで、一八四八年、いわゆるビーダーマイヤー時代に終止符を打ったフランスの二月革命が起きたときには一四歳になっていた。これ以降ドイツにもようやく統一の機運が芽生えるが、それが実現するのはビスマルクがプロイセンの宰相となり、普墺戦争に続く普仏戦争終結時（一八七一年）である。「ドイツ・レクイエム」の全曲初演はその二年前のことであった。

その後、この曲はドイツ国内はもとより、ヨーロッパ各地で繰り返し演奏され、ブラームスに作曲家としての名声をもたらすことになる。中断していた連作歌曲集「マゲローネのロマンス」(Op.33)を完成し、四つの歌曲集をまとめ、さらに中期の歌曲の傑作が作られてゆく。一八六九年に出版された四手のピアノ伴奏による一八曲からなる四重唱曲(ピアノだけでも演奏される)「愛の歌・ワルツ」(Op.52)は、後に続編が作曲されるほどの好評を持って迎えられ、「ドイツ・レクイエム」の成功とともに、ブラームスを経済的にも心配のない境遇に置くことになる。

オーケストラ伴奏の合唱曲も引き続き「リナルド(カンタータ)」(Op.50)、「ラプソディ(「冬のハルツ紀行」)」(Op.53)、「運命の歌」(Op.54)などが生まれ、室内楽ではピアノ四重奏曲第三番(Op.60)と三曲の弦楽四重奏曲(Op.51-1/2、Op.67)が書かれる。オーケストラのみの曲としては、一八七三年に変奏曲の名作「ハイドンの主題による変奏曲(二台のピアノ版もある)」(Op.56)が作曲され、こういった磐石の基礎の上に立って一八七六年、四三歳の時に、ブラームスは満を持して交響曲デビューを果たすことになるわけである。

*

その後、数々の傑作を書きながらブラームスが生きた二〇年間は、各国の世界政策の対立がまだそれほどあらわにならず、科学の進歩と市民文化の発展が著しい時代であった。ドイツ国内においても交通・通信手段が発達し、ブラームスもその恩恵をこうむった。ベートーヴェンの頃の旅行はまだ馬車を利用したが、この時代は鉄道網が広がり、演奏旅行や私的な旅行も格段に便利になった。エディソンが発明した電気吹込にはブラームスも興味を持ち、録音状態はよくないがその演奏が残されている。

ブラームスは、ゲーテが死んだ翌年に生まれている。時代思潮は古典主義からロマン主義に移り変わり、ドイツがその本場となって、音楽ではブラームスもその有力な担い手の一人であった。しかし、ワーグナーの拡大主義に対して、晩年のピアノ小品に見られるようにその対極にあるような行き方を採ったが、それはその後の現代音楽を指し示す方向でもあった。

「レクイエム」はこれまでおびただしい数の作曲家によって作曲されてきた。主な名前を拾ってもパレストリーナ、ヴィクトリア、ケルビーニ、モーツアルト、ブルックナー、ドヴォルザーク、ヴェルディ、ベルリオーズ、フォーレ、デュリュフレなどであるが、ブラームスの「ドイツ・レクイエム」はシュッツ、ヒンデミット（リンカーンの死を悼むホイットマンの詩による）、ブリテン（ラテン語の典礼文に、第一次大戦で死んだウォーエンの苛烈な詩が挟み込まれる）のものと並んでこれらの作品とは趣を異にしている。カトリックにおけるミサの典礼文によらず、教会の典礼音楽というよりは、コンサートホールにおける演奏を意図した芸術作品となっている。

フォーレの「レクイエム」も、ラテン語の歌詞によっているとはいえ「怒りの日」はほんの一時姿を現わすだけで、ヴェルディに代表されるオペラティックな「レクイエム」とは一線を画し、一見矛盾する、繊細、優美な感覚と深く、敬虔な信仰とを奇跡的に結びあわせた音楽を作り上げている。高崎保男は、それを「限りなく宗教的な音楽でありながら、単に教会的とかカトリック的という概念を超えている」とし、エミール・ヴュイエルモがこの曲を評した「崇高な汎神論的音楽」という言葉を紹介している。

ブラームスの「ドイツ・レクイエム」は、ドイツ語により、北方的ドイツ精神とロマン的感情に浸されているとはいえ、思いがけなく、父親の死が契機で書かれたというフォーレの作品と相通じるものを持っている。フォーレの魅惑に満ちた歌曲や、晩年のいぶし銀と形容される室内楽作品もブラームスと共通する。フランスとドイツという風土的、民族的、歴史的違いを乗り越えて、この二人の「レクイエム」は芸術的、人間的に同じ場所に立っていると言えそうである。

＊

ブラームスは死の前年にあたる一八九六年、六三歳の時に、最後の歌曲である「四つの厳粛な歌」（Op.121）を書いた。「歌曲の歴史が知る最高の宝に属す（門馬直美）」というこの作品は、若き日の傑作である「ドイツ・レクイエム」とつながっている。今度も聖書の中から歌詞が選ばれているが、それにつけられた音楽は「ドイツ・レクイエム」と違って、少しの甘さもないシリアスなものである。

第一曲目は「伝道書」から、「人も獣も皆ちりから出てちりに帰る」と命ある者の宿命を歌う（シュッツの「ドイツ・レクイエムの」冒頭「わたしは、母の胎から裸で生まれ、もう一度裸でそこに帰って行く」を思い出す）。第二曲も同じ「伝道書」から、「虐げられる者にも、虐げる者にも慰めはなく、さいわいな者は、まだ生まれずに、この世の悪しきわざを見ない者だけである」とこの世での生の有様を歌う。第三曲は「ドイツ・レクイエム」の第五曲にも一部歌詞が採られている旧約聖書続編「シラ書」から、死の苦しみと慰め（労苦からの解放）が歌われる。そして「コリント人への第一の手紙」による終曲が来る。「いつまでも存続するものは、信仰と希望と愛である。しかし、愛がなければ一切は空しい」と歌う。

ここに至って、重苦しい世界に一筋の光がさす。この頃、ブラームスの周辺では親しかった友人が次々と世を去り、生涯敬愛をささげたクララも、そして自らも、残りの日々が少ないであろうことを実感していた。ただ一人残っていた姉が死に、独身だったブラームスは天涯孤独の身となっていた。あの晩年の肖像画が示すような厳しい、透徹した淋しさにさいなまれる時があったはずである。

しかし、ブラームスには信仰があった。「悲しんでいる者はさいわいである」。信仰の内に死ぬ者は、「労苦を解かれて休み、そのわざは彼についていく」のである。「ドイツ・レクイエム」を作曲した頃から三〇年が過ぎて、ブラームスは現実世界の労苦をつぶさに味わった。しかし、その心にはつねに愛があった。無類の子供好きであり、他の人に助力の手をさしのべ、不和に対してはいつも彼のほうから和解の手段を探って実行した。ブラームスの六四年にわたる人生における「生前のわざ」が不十分だったということは、おそらくなかったであろう。

この文章は、新都民合唱団第七五回定期演奏会の曲目解説として書かれたものであるが、ブラームスの音楽と「ドイツ・レクイエム」については、二〇一二年音楽之友社刊「宇野功芳編集長の本『ブルーノ・ワルター』」の中に「ワルターとクレンペラー（「ドイツ・レクイエム」をめぐって）」という拙文がある。

文学

LITERATURE

野に立つ賢治

二〇一一（平成二三）年三月一一日午後二時四六分、東日本大震災が起きた。マグニチュード九・〇という未曾有の巨大地震と言われたが、その恐怖は原発震災で増幅された。この人災は想定外とも言われたが、人知ですべてを想定できると考えるのは人間の驕りである。

自然災害としての三陸沖、あるいは宮城県沖を震源とする大地震は過去に何度となくあった。鳥海山も噴火したという、はるか貞観時代のことはさておくとしても、たとえば一八九六（明治二九）年六月一五日（陰暦では五月五日）に三陸地方を襲った地震でも大津波が押し寄せ、吉村昭の「三陸海岸大津波」によれば死者は二六、三六〇人にのぼったという。また、一九三三（昭和八）年三月三日、同じ地域が同じ災害に見舞われ、二、九九五人の死者を出している。明治二九年には震災ばかりでなく、岩手県では二度にわたって大雨による洪水が起こり、昭和八年には震災と同時に秋田駒ケ岳が噴火した。

偶然としか言いようがないが、宮澤賢治は、これら二つの大災害があった、明治二九年に生まれ、昭和八年に亡くなっている。後者では津波がもたらした災害に心を痛めた手紙が残っている。

私が購読している新聞では、今回の震災後、四月五日になって、「雨ニモマケズ響く」というタイトルのもとに宮澤賢治の言葉が被災者を励ましていることが報道された。次いで四月二九日、「敗北を抱きしめて」の著者であるジョン・ダワー氏へのインタビューが載り、そのなかでダワー氏は被災地でボランティア活動をしている若者たちに言及し、「そこにあるのは、宮澤賢治が残した詩『雨ニモマケズ』にあるような質実で献身的な精神です」と述べた。その賢治の詩は、ロンドンのセント・ポール寺院で開かれた、被災者を哀悼するための集会でも朗読された。

過去に東北地方を襲った自然災害は地震や津波、洪水、火山の爆発だけではない。賢治が生きていた間にも、冷害や旱魃、暴風や病虫害の発生などが人間生活の基盤となる農業にくり返し被害をもたらした。その間には関東大震災も起きている。今回の震災では、被災した人々のモラルが世界の賞賛を浴びたが、そこに東北人魂を見たという人もいた。賢治もそのような風土に生きた東北人であった。

一方、賢治が生きていた、明治の終わり一五年間と大正時代のほぼ同じ年数、そして昭和初期の八年足らず、あわせて三七年間の時代状況はどうであったろうか。明治維新以来、急速な近代化を図った日本が、後発の植民地戦略のなかで日清戦争を戦った直後に賢治は生まれている。以後、一〇年ごとに日露戦争、第一次世界大戦を経験し、亡くなったのは、とめどない戦争への第一歩となった満州事変が起こった直後である。大正デモクラシーと呼ばれる、市民文化が繁栄した一時代にめぐり合わせたとはいえ、その前には大逆事件があり、その後では世界的な経済恐慌とファッシズムが進展するなかで反政府運動に対する弾圧が強まっていった。

そのような自然による災害と、時代の激動の影響を受ける社会、地域、家族のなかで生活しながら、賢治の目はもうひとつ別の世界にも注がれていた。その世界は現実と深く結ばれながら、それを突き抜けた、人間の存在に比べれば無限で、永遠普遍につながる世界であった。賢治は家族や親族を、知人や周囲の人々を、子供や農民を、いや、自分を含めこの地球上に住むすべての人のことを考えていた。しかし、同時にその人々が暮らす背景の自然、すなわち土を、石を、草を、花を、木を、林を、森を、水を、丘を、山を、海を、空を、風を、火を、月や太陽を、星を、宇宙を、この地球上で人間と共に生きている動物たちのことを、また、芸術、すなわち歌を、音楽を、詩を、言葉を、映画を、歌劇を、演劇を、歌舞伎を、浮世絵を、そしてその上に科学的知識をも愛していた。そしてそれらを四次元の空間に浮かべてみることができ、人間生活にかかわる一切を宗教で統一しようと夢見ていた。

宮澤賢治は詩人だという。しかし、詩人というだけではとらえきれない人間であった。童話作家ともいわれるがその童話は子供だけが読むものではなさそうであり、本人はそういう形式で法華経の教えを広く伝えたいと思っていたふしがある。ある意味で、この人は真正の法華経信者だったのかもしれない。

文学作品とその作者の実人生とは切り離して考えるというのが現代の常識のようである。賢治が残した詩や童話は、もちろんそれだけでも価値を持つだろう。しかし、仮に作品から切り離してみた、宮澤賢治という存在のなんと魅力的で、大きいことか。その人間性と人生は、その人が生み出した作品と同等か、それ以上のものにも思える。いや、やはり、人と作品を切り離すなどということは無理な話なのだ。その人の人生とあとに残された作品とが分かちがたく結ばれ、一体であるような世界を構築してわれわれを激しく感動させる一人の稀有な人物が、二〇世紀初頭、日本の東北地方に生きていたのである。

賢治の文学活動は、まず短歌から始まった。一九〇九（明治四二）年、一三歳の賢治は岩手県立盛岡中学校に入学する。一一年前に石川啄木が入学した学校で、このとき啄木は二四歳であった。啄木は在学中、同窓の野村胡堂、金田一京助と親交があったが、日本で（世界でも）初めてレコードによる音楽評論家ともなった作家胡堂（あらえびす）の夫人ハナは、宮澤賢治の遠い親戚にあたる。賢治の誕生に当たって、ハナはおばと一緒にお祝いに行ったと語っている。

盛岡中学入学の年から、賢治の岩手山をはじめとする旺盛な登山活動が始まる。一つは岩石標本の採集が目的であった。そして「明治四四年歌稿」として残る、一四歳から一五歳頃の賢治最初の短歌が現れる。

み裾野は雲低く垂れすずらんの白き花さきはなち駒あり
這い松の青くつらなる山上のたいらにそらよいましらみゆく
ひがしぞらかがやきませど丘はなほうめばちそうの夢をたもちつ
中尊寺青葉に曇る夕暮れのそらふるはして青き鐘なる
桃青の夏草の碑はみな月の青き反射のなかにねむりき

じつに素直で分かりやすい。後半の二首は明治四五年五月の修学旅行時のものだが、前半の叙景歌を巻頭に見出した時、私は軽い驚きを覚えた。後に「心象スケッチ」と称して書き出す詩に比べて、作意の少ない、スッと情景が目に浮かぶ歌である。歌人の佐藤通雅は「賢治の自然詠」と題する一文で、たとえば次のような歌をとりあげてこのように言っている。

空虚（うつろ）より降りくる青き阿片光百合のにほひは波だちにつつ

上の句が一見人工美がかった表現に思われるが、そういう狭い受け取り方を拒んでいて、単なるテクニックでなく、賢治の感覚にとって真実だったと思わせるだけの何かがある。さらに引用を続ける。「いったいに賢治の場合の自然は、対象化された自然ではない。天地も人間も未分化で、お互いに交感し合っていた。そういう原初の自然である。」「空から来る光の下に、においを波だたせている百合とは、すなわち壮大な宇宙と交感し、おのれの生命をふるわせているもののことであった」。

こうして賢治は、大正八年までに七〇〇首を超える短歌を詠み、その後も断続的に作り続け、絶筆となる最後の二首にいたるのであるが、大正七年（二二歳）ごろから、短編、童話を書くようになり、大正一一年（二七歳）、自らは心象スケッチと呼ぶ詩篇「春と修羅」第一集を起稿する。盛岡高等農林学校実験助手を辞して、上京したり、花巻で家業を手伝ったりしていた賢治は、前年、岩手県稗貫郡立稗貫農学校（花巻農学校）の教諭となっていた。

一九二四（大正一三）年四月（二九歳）、自費出版された「春と修羅」は、辻潤、佐藤惣之助、そして草野心平などに注目されたものの、広く一般的には認められなかった。表紙に麻布を貼り、その全面に藍色でアザミを描いた薄茶色のカバーで全体を覆い、背だけに一見稚拙とも見える文字を入れて天を青く塗った造本は、いかにも農民文学といった手触りを感じさせる。しかし、ページを開いたとたん、いきなりあの「わたくしといふ現象は仮定された有機交流電灯のひとつの青い照明です」という序に始まり、確かに土のにおいを発しながらも、近代的で目くるめくような世界が展開される。

心象のはいいろはがねから
あけびのつるはくもにからまり
のばらのやぶや腐植の湿地
いちめんのいちめんの諂曲(てんごく)模様
（正午の管楽(くわんがく)よりもしげく
琥珀のかけらがそそぐとき）
いかりのにがさまた青さ
四月の気層の光の底を
唾(つばき)し　はぎしりゆききする
おれはひとりの修羅なのだ
（風景はなみだにゆすれ）

この切羽詰った表現の背後にあるものは何だろう。このあとにはもう一度、叙景というより、作者の心象風景が描かれ、再び自らを修羅と呼ぶ。「修羅は樹林に交響し」「かなしみは青々ふかく」「まことのことばはここになく　修羅のなみだはつちにふる」のである。

作者が見ているのは「すべて二重の風景」であり、四月の、確かに春の日差しのなかを歩みながら、心のなかの言葉にならない怒りとかなしみに耐えている。そして「あたらしくそらに息つけば　ほの白く肺はちぢまり（このからだそらのみぢんにちらばれ）」と言うのである。

　この生前出版された唯一の詩集である「春と修羅（第一集）」の扉には大正十一、二年と書かれている。巻末に目次があってすべての詩に年月日が付されている。最初の「屈折率」が一九二二、一、六、最後「冬の銀河鉄道」が一九二三、一二、一〇である。ところが切れ目なく作詩されているなかで、一九二二、一一、二七と一九二三、六、四の間に大きな空白がある。作品でいうと「無声慟哭」の直後からのほぼ半年間である。大正一一年一一月二七日、賢治の妹トシが死んだ。賢治は、絶唱といわれる「永訣の朝」をはじめとする三つの詩を書いた後、しばらく作詩ができなかったのである。ようやくそれが再開されて書かれたのが「オホーツク挽歌」であった。

　それより前、初版では作詩年が一九二二年となっているが、おそらく一九二三年の誤記と思われる「風林」と題された詩がある。おそらく半年のブランクのあとの最初の作品で、「とし子とし子／野原へ来れば／また風の中に立てば／きっとおまへをおもひだす」という賢治の嘆きが聞かれる。とし子と賢治は共通する感受性で結ばれていた。末期(まつご)の床の中で、とし子はひと椀の雪を所望する。賢治が取ってきた雪に添えられた松の葉の青い針を、とし子は烈しく自らの頬に突き刺す。それを見た賢治は、一時的にしろ、とし子のことを忘れ、ひとり森をさまよっていた時にも、病床にある妹がどんなに林を慕っていたかを知るのである。

「オホーツク挽歌」の最後に置かれた「噴火湾（ノクターン）」では、「鳥のやうに栗鼠のやうに　そんなにさはやかな林を恋ひ」、「鳥が棲み空気の水のような林」の中に行きたがったとし子の言葉が引用されている。

（おらあど死んでもいいはんて
あの林の中さ行ぐだい
うごいで熱は高くなっても
あの林の中でだらほんとに死んでもいいはんて）

「噴火湾（ノクターン）」は、とし子への痛切な挽歌である。その最後の一〇行。

ああ何べん理知が教へても
私のさびしさはなおらない
わたくしの感じないちがった空間に

いままでここにあつた現象がうつる
それはあんまりさびしいことだ
　（そのさびしいものを死といふのだ）
たとへそのちがつたきらびやかな空間で
とし子がしづかにわらはうと
わたくしのかなしみにいぢけた感情は
どうしてもどこかにかくされたとし子をおもふ

「春と修羅（第一集）」には、大項目としての「春と修羅」、「無声慟哭」、「オホーツク挽歌」のもとにまとめられている三〇編のほかに、「真空溶媒」、「小岩井農場」、「グランド電柱」、「東岩手火山」そして「風景とオルゴール」あわせて四一篇が収録されている。そのうち「小岩井農場」はパート一からパート九までの五〇ページに及ぶ長詩で、小岩井の駅から歩いて農場に至り、広い農場の中を経巡りながらの心象をスケッチする。

わたくしはずゐぶんすばやく汽車からおりた
そのために雲がぎらつとひかつたくらゐだ

「冒頭のこの二行だけをとっても、心象スケッチの秘密はすべて含まれているといっても過言ではない」と言うのは詩人の菅谷規矩雄である。賢治は「本質的にイメジの詩人というよりは韻律の詩人」であるとし、その「固有のリズムは、ゆいいつのパターンからなってい」て、「二拍子八小節の一六拍に八、七の一五音を乗せた、『歩行リズム』の無限連続」だという。「憑かれたように山野を歩きまわり、しかも同時に、詩を書き続けるという実験に、一九二二年春の賢治は自己救済をかけていた。」「彼が渇望したのは、内界と外界の全的なシンクロニゼーション（時間の同調）というべきものであった。すなわち、歩行と書くこととの同調という仮構の『体験』のなかで、信仰――思想――文学とカテゴリカルに転移する三重の自覚過程が、相互に、かつトータルに、救出されなければならない危機に立っていた」。

賢治自身が、はたしてどこまでこのような意識をもっていたかは別にしても、「春と修羅」の背景に、そのような事情があったという指摘にはなるほどと思うところがある。とくに、後半でいわれている信仰――思想――文学の問題は、もうひとつ、実践あるいは実生活と絡んで賢治には大きな課題であったのではないかと思う。

賢治は自然の多様な有様に感応し、その中で解放されていたことは、その書いたものや、周囲の証言からもうかがえる。そして、その自然界と自らの文学世界を結び付けようとしていた。確かに「内界と外界の全的な同調」であるが、それは単に文学表現のための手段や技術の問題ではなかった。その世界が人間の現実世界と遊離してしまってはならなかった。信仰や思想は実践されなければ意味がない。とし子の死に際して賢治は「その耳元で遠いところから声をとってきて　そらや愛やりんごや風、すべての勢力のたのしい根源万象同帰のそのいみじい生物の名を　ちからいっぱい叫んだ」のであったが、「みんなむかしからのきやうだいなのだがら　けっしてひとりをいのってはいけない」のである。

そのような賢治の考え方が最も分かりやすく、しかも芸術性豊かに語られているのが童話である。賢治は二〇歳のころ、すでに法華経信仰を固めたといわれ、大正一〇年（二六歳）には上京して国柱会での奉仕生活を送っている。この時に、文芸による大乗仏教の真意普及を勧められたという。事実そういう作品も多く書いたようであるが、賢治童話の魅力と豊穣さはそれだけには収まりきらない。キリスト教の普及のために作品を書くと公言していた三浦綾子の小説がそれとは関係なく面白いのと同じことである（私はこの人の書いたものもほとんど全て読んでいる）。大正一〇年は賢治が「春と修羅」を書き始める前年にあたるが、この年「かしはばやしの夜」、「月夜のでんしんばしら」、「鹿踊りのはじまり」、「どんぐりと山猫」、「注文の多い料理店」、「狼森と笊森、盗森」、「雪渡り」、「烏の北斗七星」が書かれている。これらのうち、他の場所に発表された「雪渡り」を除き、翌年に書かれた「水仙月の四日」と「山男の四月」を加えた九編が一九二四（大正一三）年、「春と修羅」が出版された同年一二月に、童話集「注文の多い料理店」としてまとめられる。

　この童話集に収められた九編は、賢治童話の特色、その魅力と多面性をよく伝えるものとなっている。本のタイトルにもなっている「注文の多い料理店」は、東京からやってきた二人のハンターが主人公で、奇想天外なストーリーに意表を突かれる。その都会人の描き方には賢治には珍しい皮肉も感じられる。「山男の四月」も、今度は対照的な山男が主人公だが、同じ系列の作品といえる。「どんぐりと山猫」と「かしはばやしの夜」は賢治特有の自然と人間の境目のない交流を描いていて、同じころ書かれた「雪渡り」を思い出させる。「どんぐりと山猫」と「雪渡り」は、私が子供のころ初めて読んだ賢治の童話で、その挿絵とともに賢治の言葉使いの面白さに強くひきつけられた。「烏の北斗七星」はカラスを軍艦に見たてた面白さがあるが、最後の、戦いで殺してしまった山烏の扱いには、賢治の作品にくり返される作者の祈りが表明されている。「月夜のでんしんばしら」のなかには賢治の幻想性と音楽性が生き生きと踊っている。「風の又三郎」（童話）や「原体剣舞連」（詩）、「種山ヶ原の夜」（劇）同様その中に出てくるオノマトペは、一度読んだら忘れることができない。

　しかし、残る「狼森と笊森、盗森」、「水仙月の四日」そして「鹿踊りのはじまり」こそ賢治の自然に対する深い理解を示す作品である。「狼森と笊森、盗森」は小岩井農場の北にある四つの森の物語である。表題にはない黒坂森の真ん中にある大きな岩が他の三つの森の名前のいわれを語るのであるが、初めてここに開拓に入った百姓たちが「ここへ畑起こしてもいいかあ」と問いかけると、森が「いいぞお」と答える。これがじつにいい。そうしてこの後も、人間と森とが交感、交歓しながら開拓が進んでいく。

「鹿踊りのはじまり」も苔の野原の夕日の中で、すきとおった秋の風から聞いたとして、北上地方に伝わる鹿踊りのいわれが語られる。やはり開拓家族の一員である嘉十は怪我を治すために糧と味噌と鍋をしょって山の中の温泉に行く途中、鹿に出会う。残した栃の団子を鹿にやろうと置いてゆくが、手拭を一緒に忘れてしまう。気がついて戻ってみると数頭の鹿が来ていて、団子は食べたいが、正体の分からない手拭がそばにあるために遠巻きにしている。物陰から嘉十が見ている前で鹿たちは歌ったり踊ったりしながら手拭の正体を確かめ、ついには団子にありつくのであるが、そこに至るまでの鹿たちの様子がじつに巧みに描かれている。

最後の「水仙月の四日」は、そろそろ春の兆しが現れようとする中で、冬が戻ることもある時期に、家に帰ろうとしていた子供が急に降ってきた雪に埋められる話である。激しい風雪を巻き起こし、時に人間を死に至らしめるのは雪婆んごの仕業であるが、その下で働く三人の雪童子と九匹の雪狼がそれを手伝う。しかし、雪童子たちは赤い毛布をかぶった子供を雪に埋めはしたが、じつは翌朝子供の父親が迎えに来るまで、そうやって眠らせておいたのである。ここには雪と雪国をよく知っているものでなければ書けないような描写がある。

このあと賢治は「よだかの星」、「風の又三郎」、「ポラーノの広場」、「セロ弾きのゴーシュ」、「グスコーブドリの伝記」、「銀河鉄道の夜」など、数多くの童話を書いてゆくのだが、生前出版されたものはなく、雑誌に発表されたものも、ここにあげたものの中では「グスコーブドリの伝記」のみである。これは昭和七年三月一〇日発行の「児童文学」第二号に掲載され、棟方志功の挿絵が六点添えられた。火山局に勤め、噴火や旱魃、冷害に対処しようとするブドリには賢治の人生が反映しているといわれるが、最後には、地球の温暖化に悩む今日のわれわれとはちょうど逆に、火山を爆発させて大気中に炭酸ガスの幕を作り、大気の温度を上げて冷害を克服しようとしてブドリがその作業のために自ら犠牲になることが暗示される。

「銀河鉄道の夜」ほど読む者の想像力を刺激してきた作品は少ないだろう。汽車が空を飛ぶという発想自体驚くべきことであるのに、その旅する宇宙のイメージがなんと豊かに広がることだろうか。賢治はこの作品を何度も書き換え、完成形にもっていこうとしていた。校本全集によれば四稿あるようだが、後からつけ加えられたと思われる最初の部分が欠けた初期形は、やや唐突に始まり、カンパネルラがどうしてジョバンニと銀河鉄道に乗り合わせ、ついには姿を消してしまうのか今ひとつ腑に落ちない。また、それを暗示すると思われる、カンパネルラがザネリを助けようとして溺れ死ぬ挿話の位置が、従来版と校本では大きく異なる。従来はそれが銀河鉄道の旅が始まる前に置かれていて、読者はカンパネルラの死をあらかじめ知らされていた。校本ではそれが最後に置かれ、読者は後で真実を知ることになる。構成上はジョバンニが天気輪の柱のある丘に二度登る不自然さが解消されているかわり、作品の幻想性は弱められたかもしれない。ジョバンニが現実に戻る前の、セロのような声をした学者の、化学と信仰、地理と歴史に関する講釈の部分も省かれているが、これはやや理屈っぽく、ない方がよいと思われる。

細かく比較していけば、各稿間の違いは大変な数にのぼるようだが、終始変わらない挿話もある。たとえばタイタニック号で遭難したと思われる家庭教師と二人の姉弟の物語や、その姉が語るさそり座にまつわる物語である。父親から聞いたというその物語をする女の子とカンパネルラが親しそうにしているのを見てジョバンニが嫉妬を感じる場面もあるが、そのカンパネルラのザネリの救助、死を選んだ家庭教師、女の子が語るさそりの心の悲しみには共通点がある。

他の人々の幸せのために自己を犠牲にするというテーマは、賢治の作品の中にくり返し現れる。さそりの悲しみはジョバンニの悲しみであり、ジョバンニの悲しみは賢治の悲しみでもあるのだ。ジョバンニは言う、「どこまでもどこまでも一緒に行かう。僕はもうあのさそりのやうにほんとうにみんなの幸のためならば僕のからだなんか百ぺん灼いてもかまはない」。カンパネルラや家庭教師はすでにそれを実行してしまっている。ジョバンニは「きっとみんなのさいはいをさがしに行く。どこまでもどこまでも僕たち一緒に進んで行かう」と言うのであるが、その同行者はいない。

前にも述べたように、賢治は法華経の信者であった。私は仏教にしろ、ほかの宗教にしろ詳しく知る者ではないが、ごく素人向けの解説によれば、まず、仏教は形而上学ではなく、その教理はすべて実践との関連においてのみ意義が認められるということである。「仏教はインドの民族宗教を批判する自由な立場から出発したものであって、伝統に拘束されることもなく、また、天来の福音を宣伝しようとするものでもない。人間存在の現実を批判的に観察し、そこに存在する矛盾や欠点を自覚し、人間完成への道を教え、その実現の方法を示すのである。」「仏教においてはあらゆる理論や教理は人生問題の解決という実践目的だけのために存在するのであって、理論のための理論というようなことは仏教としてはとらないところである（渡辺照宏）」。

釈迦の始めた仏教はやがて大乗、小乗に分裂するが、その対立を超克しようとして現れたのが法華経であるという。紀元前後のことといわれ、七世紀の日本では聖徳太子が大乗仏教の生命を法華経に求めて「法華義疏」を書いた。この流れで最澄は叡山に天台法華宗を広め、空海も法華経開題を著した。鎌倉新仏教といわれる法然・親鸞、栄西・道元も叡山に学び、その底流には法華思想があるという（坂本幸男）。日蓮については言うまでもないだろう。つまり仏教思想の主流を成しているのが法華経であり、賢治はその熱心な信者であった。そして仏教が実践を促すものであるとすれば、賢治もまた行動しなければならなかった。一九二六（大正一五）年三月、賢治は花巻農学校を依願退職して四月から下根子櫻で自炊生活を始める。

それに先立つ同年一月一五日、花巻農学校を会場にして岩手国民高等学校が開かれた。賢治も講師として加わり、三月までの間に「農民芸術」を担当して一一回の講義をしている。芸術といいながら稲作や宅地設計のことも含み、第六回から始まった「農民芸術概論」の中で「世界が全体幸福にならないうち、一人の幸福はあり得ない」と述べる。賢治も大正期の人道主義の風潮の影響を受けているが、「宮澤賢治語彙辞典」（原子朗編著）によれば、「賢治の認識が一般の「農民芸術」の概念をはるかに超えて、芸術＝生として、意思的存在論のプログラムとして意図されている」という。その内容は単なる「農民文学」ではなく、賢治が列挙しているのは詩歌、文学、音楽、歌劇、舞踊、絵画、彫刻、建築、芸術写真、活動写真、演説、教説、衣服、園芸、営林、土地設計、料理、生産、労働競技、体操などであった。

四月以降、祖父の別宅を改造した家で、自らも農耕をしながらの生活はまことに簡素なものだったらしい。とくに食生活は、その日の分として買ってきた米を炊いて井戸の中につるしておき、それに汁をかけて沢庵をかじるというようなもので、時には畑からとってきたトマトだけの食事だったこともあるという。賢治は一般の農家が、大根を刻んで入れたカテめしが常食だったり、賢治が一度の食事にナス二本を食べたと聞いた子供が感心したりするような状況であることはよく知っていた。賢治はそのような農民のために肥料設計や農事の相談に応じていた。農民ではなく地人と呼び、羅須地人協会と名づけた組織を立ち上げて、教え子や共鳴する若者たちを集め、指導した。前年、文部省の学校劇禁止令を受けて、代わりに生徒による小楽団を作ったが、それとは別の楽団を編成して練習を続け、あまり上手くはなかったといわれるが自らセロとオルガンを弾いた。

「わたくしもいつまでも中ぶらりんの教師など生温かいことをしてゐるわけに行きませんから」と言って始めた新たな生活は、覚悟の上とはいいながら生易しいものではなかった。定収入が無くなって、金に困るとレコードコンサートで使っていた蓄音機を売ったり、上京してセロやエスペラントを習い、高村光太郎を訪ねた時の費用は父親に無心したりしている。少しは名前が知られ始めていたこの頃の創作活動では詩作品が多い。その中のひとつに「春と修羅（第三集）」に収められた、昭和二年（三二歳）の夏頃書かれたとされる「野の師父」がある。少し長いが引いておきたい。

倒れた稲や萱穂の間
白びかりする水をわたって
この雷と雲とのなかに

師父よあなたを訪ねて来れば
あなたは縁に正しく座して
空と原とのけはいをきいてゐられます
日日に日の出と日の入りに
小山のように草を刈り
冬も手織りの麻を着て
七十年が過ぎ去れば
あなたのせなは松より円く
あなたの指はかじかまり
あなたの額は雨や日や
あらゆる辛苦の図式を刻み
あなたの瞳は洞よりうつろ
この野とそらのあらゆる相は
あなたのなかに複本をもち
それらの変化の方向や
その作物への影響は
たとへば風のことばのやうに

あなたののどにつぶやかれます
しかもあなたのおももちの
今日は何たる明るさでせう
豊かな稔りを願へるままに
二千の施肥設計を終え
その稲いまやみな穂を抽(ぬ)いて
花をも開くこの日ごろ
四日つづいた烈しい雨と
今朝からのこの雷雨のために
あちこち倒れもしましたが
なおもし明日或は明後
日をさえ見ればみな起き上がり
恐らく所期の結果も得ます
さうでなければこの村々は
今年もまた暗い冬を迎へるのです
この雷と雨との音に
物を云うことの甲斐なさに

わたくしは黙して立つばかり
松や楊の林には
幾すぢ雲の尾がなびき
幾層のつつみの水は
灰いろをしてあふれてゐます
しかもあなたのおもももちの
その不安のない明るさは
一昨年の夏ひでりのそらを
見上げたあなたのけはひもなく
わたしはいま自信に満ちて
ふたたび村をめぐらうとします
わたくしが去らうとして
一瞬あなたの額の上に
不安な雲のうかび出て
ふたたび明るく晴れるのは
それが何かを推せんとして
恐らく百の種類を数へ

思いを尽くしてつひに知り得ぬものではありますが
師父よもしやそのことが
口耳の学をわづかに修め
鳥のごとくに軽跳な
わたくしに関することでありますならば
師父よあなたの目力をつくし
あなたの聴力のかぎりをもって
わたくしのまなこを正視し
わたくしの呼吸をお聞き下さい
古い白麻の洋服を着て
やぶけた絹張りの洋傘はもちながら
尚わたくしは
諸仏菩薩の護念によって
あなたが朝ごと誦せられる
かの法華経の寿量の品を
命をもって守らうとするものであります
それでは師父よ

何たる天鼓の響きでせう
何たる光の浄化でせう
わたくしは然して
あなたに別の禮をばします

この作品は、没後手帳の中に発見されたという「雨ニモマケズ」を想起させずにはおかない。賢治がそうありたいと考えていた人間のひとつの理想像とも思われる。この詩を書いた翌年、それまでの無理がたたって体が衰弱し、賢治は病床に就く。その後二年の間、療養しながら詩の推敲を続け、文語詩を書き始める。それらは三年後、死の年に作者によって浄書され、推敲整理される。

この三年間の始めの頃、一時病気が回復したかに見えた時期に、賢治は東北砕石工場の技師となって奔走し、命を縮める。県内で取れる石灰岩を土壌改良のためや肥料として使うことは、賢治の師であった関豊太郎教授の「宿年の希望」でもあった。しかし、経営の困難なこの事業に関わるなかで賢治の健康は悪化し、再び臥床する。昭和六年、ひそかに「雨ニモマケズ」を書き、翌年「グスコーブドリの伝記」を発表、一九三四(昭和八)年九月二一日午後一時三〇分、前夜まで肥料設計に応じていた賢治は死去する。三八歳になったばかりであった。遺言は国訳法華経一千部の頒布であった。

宮澤賢治は確かに作家であった。しかし、この人の特異なところは、同時に科学者でもあり、仏教の信仰者でもあったことである。そしてもうひとつ重要なことは人間生活を地質時代のものさしで計られるほどの悠久さのなかに浮かべて見ることのできる人であったことである。そのような賢治においては科学と宗教は対立しなかった。自然は人知を超えた絶対的存在であった。そして信じる仏教は現実の人間生活の問題を実践的に解決するためのものであり、その人間生活は、自分だけでなく自分以外のすべての人々の生活でもあるとするならば、時によっては他人の幸福のために自らを捨てる覚悟を要求するものであった。これはアウシュヴィッツのコルベ神父や塩狩峠の長野政雄、あるいは洞爺丸事故における二人の外国人宣教師などに見るように、仏教徒に限らないであろう。あるいはかならずしも宗教とは関係ないのかもしれないが、宗教者にこの思いが強いことは確かだろう。

「銀河鉄道の夜」にタイタニック号事件が顔を出すのは象徴的である。賢治は自然を、そして文芸や他の芸術を愛した。しかし、さらに大切だったのは人間としてよく生きるための信仰であった。だから辞世の歌にもあるとおり、「病のゆえにもくちなんいのち」を「みのりに棄てばうれしからまし」だったのである。

そういう賢治もけっして聖人ではなかった。そもそも「春と修羅」とはどういう意味なのだろうか。春はもちろんあらゆる生命が動き出す季節であり、人生の時期でいえば青春でもある。その美しかるべき季節、その希望がなくはないはずの時期に、修羅は何と戦っていたのであろうか。鋭敏な感覚をもち、烈しい性格の賢治は、周囲の世の中のありようや、そのなかにあって何もできずにいる自分の両方に対して、抑えきれない怒りと悲しみをいだき、われとひとをさいなむ煩悩に歯を食いしばり、気狂いのように野山を歩き回っていたのだ。

まことのことばはうしなわれ
雲はちぎれてそらをとぶ
ああかがやきの四月の底を
はぎしり燃えてゆききする
おれはひとりの修羅なのだ

そして、その「みだれたこころはふと青いたひらな野原を思ひふっとやすらかになる（書簡）」ことがあったのである。賢治は野に立つ詩人であった。賢治のいくつかの作品を思い浮かべてみるがよい。多くの場合、作者は戸外に立っている、そしてそこには風が吹く。賢治には、いつも野を歩いているというイメージがある。よく旅をした賢治だが、自らの足で歩き回った範囲も花巻、盛岡を中心にまことに広い。

『宮沢賢治の山旅』（奥田博）という本がある。賢治の作品に登場する山が網羅されている。もちろん賢治がそのすべてに登っているわけではない。想像上の山もある。県境のものも含め岩手県の山は七〇山。北は七時雨山、東は五葉山、西は秋田駒ケ岳や焼石岳、南は室根山や束稲山、駒形山となっている。室根山は賢治も実際に登っており、束稲山と駒形山は、晩年賢治が「経埋ムベキ山」と考えていた三二山に含まれている。

これらの山々のなかでも、とりわけ賢治の思い入れが深かったのは、現在でも岩手県を代表する山である岩手山と早池峰山、森と呼ばれる小岩井農場周辺の山々、そして「種山ヶ原」として多くの作品に登場する種山（物見山）であった。それらの山々の風景はこの詩人の魂を揺り動かし、読者の心を揺り動かす作品を作らせた。

初期の短歌から作者が詠んだものは自然であった。くり返し岩手山や小岩井農場を歩く詩人の目には自然と内面の風景とが二重写しになっていた。そして宗教色が濃くなった晩年に立った場所は野良であった。芭蕉にとっての書斎は旅の路上であったと言われるが、賢治にとってのそれは野山であったと言える。

芭蕉の「更科紀行」について

会田宿と善光寺道

平成二一年四月から、今は松本市に編入された旧四賀村の虚空蔵山南面にある緑が丘クラインガルテンの一棟を借りて、週末の多くをそこで過ごす生活を始めた。谷の中心を会田川が流れ、北に山を越えると筑北、麻績(おみ)村、東は青木峠を越えて上田、保福寺峠を越えると鹿教湯、南は刈谷原峠を越えて松本に至り、西側だけがやや開けて、川沿いにおよ七キロメートルで安曇野の一角明科に出る。

典型的な山村であるが、初めてここを訪れた時、この地区の中心といえる場所に「会田宿」という表示を見出だして、どこへ行く街道筋なのかと思った。ほどなくそれが善光寺街道であり、江戸時代に芭蕉も通った道であることが分かった。村内には古い句碑が残っており、村の文化財になっている。興味が湧いたので、支所の中にある図書室に行って「四賀村史」を開いてみた。

それによると、明治初年の四賀村は江戸時代からの天領（ただし松本藩お預かり）で二七か村からなっていたという。以後二度の変更があり、明治二一年の市町村制で錦部、会田、中川、五常の四村となり、昭和三〇年に合併して四賀村になった。合併当時は人口一万四千人余を数えたというが、その後全国的に急速に進んだ少子高齢化の波に抗し切れず、過疎化の道をたどり、平成一七年、およそ半世紀にわたる村の歴史を閉じて松本市に合併した。

江戸時代以前、この地域に勢力を張っていたのは会田小次郎という人物であった。村史には「会田氏は古代以来佐久、小県に繁衍した滋野氏の一派である海野氏の分系であるが、鎌倉時代に一段と勢力を伸ばし、峠を越えて嶺間地方に及び、この期を中心に川手筋に出、さらに安曇地方にまで勢力をのばした」とある。

会田氏は松本に進出してきた小笠原氏の旗下に属して戦国時代を迎えるが、天文一九年秋、松本小笠原氏の没落の頃、武田氏に降り、約三〇年間武田氏の占領期間が続いた。天正一〇年、武田氏滅亡後は上杉氏に通じて僅かにその生命を保った。同年六月の政変（本能寺の変）で小笠原長時の子貞慶が松本城を回復、会田氏は貞慶によってその冬滅ぼされる。数年後豊臣秀吉が天下を統一し、松本城には石川一正が入り、四賀一帯はその支配下となった。

江戸時代には、塩尻市洗馬で中山道から分岐した北国脇往還西街道は、松本城下を経て岡田で分岐、一路は刈谷原、会田を経て越後に至り、一路は稲倉峠を越えて七嵐、保福寺宿から保福寺峠を越えて小県の奈良本、浦野そして上田に出て北国街道に合した。前者がいわゆる善光寺道（古い東山道の支道）であり、後者は東山道本道で、松本から塩尻を経由するよりも三里ほど近道であったという。

今日、会田の町並に繁華な印象はなく、昔の宿場の面影がわずかに残る静かなたたずまいである。松本方面から刈谷原峠を越えてきた街道は会田川を渡ると立町と呼ばれる通りとなり、ほどなく左折する。その東西の通りが中町で旧会田宿の中心であった。東に峠を越えれば上田、西にまっすぐ進めば明科である。脇本陣、本陣跡を過ぎると道は右折して細く急な上り坂となる。これが本町で、少し登った右手にある本町公民館は、昔伊勢の内宮御厨神明宮（皇大神宮）が置かれていたところだという。やがて人家が尽きる北の外れに、道を挟んで一対の石燈篭がある。江戸時代に作られたもので善光寺常夜灯と呼ばれる。今は何の変哲も無いこの田舎道を往時多くの善光寺参りの旅人が行き交っていたのである。

江戸の五街道の一つである中山道は日本橋から高崎、安中を経て碓氷峠を越えるが、軽井沢追分で北国街道を分ける。これをたどって篠ノ井追分から善光寺に行くこともできるが、本街道で和田峠を越え、下諏訪を過ぎ、塩尻の先の洗馬宿からも前述のように松本方面に善光寺道（北国西脇往還）が分かれている。当時上方からは、木曾街道（中山道）からつないでこの道を通り善光寺参りをするのが一般的であった。お伊勢参りをする人はそれを逆にたどったわけである。

さて、会田宿を抜けた善光寺道は北に、立峠に向かう。途中に無量寺の大門があって、その前に筆塚などに混じって一つの句碑がある。「身丹志み亭（みにしみて）大根からし　秋乃風」と刻まれていて、作者は「者せ越（はせを）」である。建てられたのは嘉永二（一八四九）年で、書は江戸在住の俳人桜井梅室に頼んだものという。

「旅の宿での大根下ろしの身にしみる辛さと秋風のしみじみと身にしみる哀れを言いかけた」この句がどこで詠まれたかははっきりしない。「四賀村史」のなかでは元木祖中学校長で四賀村公民館副館長だったという人が、「木曽にての吟なるべし」との説があるとした上で、「辛味大根は岩重大根、放光寺大根の名は松本平に古くからある。木曽にはこの句の碑はなく、また、かの地での名乗りもない。四賀村の大根も辛い。あるいは会田の宿で作ったのかもしれない。芭蕉は元来胃腸が弱く大阪花屋で一生を終わったときも、今で言う急性胃腸カタルのようなもので亡くなっているが、会田の宿でも腹の具合を悪くし、宿で二・三日滞在した模様で、そのときに残したという自筆句「ふりくるる若葉の雨や小宴（こさかもり）」が今堀内氏に残されている」と書いている。

しかし、芭蕉が美濃から姨捨まで五日で到達しているところから考えると、これは日程的に無理な感じもする。句碑はそれにふさわしい場所であればどこにでも建てられる。保福寺峠には大きな万葉歌碑があって、「信濃道（しなぬぢ）は今の墾（は）り道刈株（かりばね）に足踏ましむな沓履（は）け我が背」という東歌が刻まれている。東山道が開かれたばかりの頃の歌と思われるが、その歌碑がそこにあってもよいのと同じことである。「大根からし」の句碑は長野県下では伊奈に二基あるようだ。なお、この万葉歌には下二句が「足踏ましなむ」という写本もあって、語法的に「沓を履きなさい」の意になるのはこの方だという（鉄野昌弘）。

信州における芭蕉の足跡をたどり、「新更科紀行」を書いた田中欣一氏によれば木曽路から善光寺道、そして碓氷峠を越えるまでの北国街道、中山道沿いにある芭蕉句碑は四七、全国の芭蕉句碑は大雑把に言っておよそ三千基、そのうちの一割が信州にあるのだという。

貞享五（一六八八）年八月、芭蕉は姨捨の月を見ようと、会田のこの句碑のある場所を確かに通って行ったのだ。なおも進むと左手に、「善光寺道名所図絵」にも描かれている岩井堂（長安寺の観音堂）がある。古びた堂と何体もの石仏が残されているが、今は無住で荒れている。その先は山道となり、それをたどると一里塚と「うつつの清水」跡があり、やがて右手に馬頭観音があるところに出る。ここが立峠の登り口に当たる。

今日、立峠への道は完全な山道である。とくに登りはじめは草薮が道を覆い、かなりの急坂である。しかし、距離はそれほど長くはなく、三〇分もかからずに登り着く峠は小広い草原になっていて、正面に聖山が望まれる。猿ヶ馬場峠はその山を越える峠であるが、その向こうはもう姨捨、そして善光寺平である。

昔は茶屋があったという立峠から東に尾根筋をたどると、烏屋城跡に至る。眼下の花河原峠を挟んで虚空蔵山城趾（山頂）と向かいあっている。峠からの下りは道幅が広がり、石畳が敷かれていたりする遊歩道となり、間の宿である乱橋に出る。そこから西条（にし）、青柳

会田宿と善光寺街道（右虚空蔵山　中央鞍部が立峠）（2012.9）

宿を通って猿ヶ馬場峠への登り口にあたる麻績まではそれほど遠くない。

「更科紀行」

「おくのほそ道」という紀行文学の傑作を書き、「旅に病んで夢は枯野をかけ廻る」が辞世の句とされる松尾芭蕉は、生涯を旅に過ごした人であると思われがちだが。事実は、芭蕉がよく旅に出るようになったのは、ほぼ五一年の生涯のうち最後の十年間のことである。「野ざらし紀行」、「鹿島紀行」、「笈の小文」、「更科紀行」、そして「おくのほそ道」と五つの紀行文を残しているが、最初の「野ざらし紀行」の旅に出かけたのは、貞享元（一六八四）年八月、四一歳のときであった。前年に、その前の年大火で類焼した深川の芭蕉庵が再建されている。江戸から伊勢、伊賀、大和、吉野、山城、近江、美濃、熱田、名古屋とめぐり、故郷伊賀上野で年を越してから翌年の春、奈良、京都、熱田、そして甲州に寄り、四月末に江戸に戻っている。このとき木曽路を通ったともいい、また、通っていないという説もある。

鹿島詣に出かけたのは、一年おいて貞享四年のやはり八月であった。そして同じ年の十月には「笈の小文」の旅に出発する。尾張、三河の知人を訪ね、今度も伊賀で越年、伊勢、吉野、高野山をめぐり、和歌浦、奈良、大阪、須磨・明石などを経て京都に滞在する。それから、岐阜、名古屋に出て八月、思い立って姨捨の月を見に行く。その後善光寺に詣で、月末に江戸に帰っている。翌月、改元が行われて元禄元（一六八八）年となる。芭蕉が「おくのほそ道」の旅に出るのはその翌年三月である。

つまり、「更科紀行」の旅が行われたのは「笈の小文」の旅の終わりころ、「おくのほそ道」の旅に出る前年のことで、芭蕉四五歳のときであった。本文はきわめて短く岩波書店刊「日本古典文学大系」では二ページ。そのあとに一三あまりの俳句が並ぶだけのもので、うち二句は同行した越人のものである。この定本は、宝永六年に刊行された「笈の小文」に附載されたものというが、別に元禄九年刊の「芭蕉庵小文庫」にもうひとつの「さらしな紀行」があり、これはさらに短い。

これらの記述から、芭蕉が美濃の国を発ったのが八月一一日で、一五日には姨捨に着いていたことが分かる。馬を使っているとはいえ、かなりのハイペースである。「おくのほそ道」の旅に曾良という同行者がいたように、「更科紀行」にも同行者がいた。越智十蔵という尾張蕉門の一人で、北越出身であるところから越人と号した。芭蕉の語るところによれば「粟飯柴薪のたよりに（＝生活の資を得るために）市中に隠れ、二日つとめて二日遊び、三日つとめて三日あそぶ。性酒をこのみ、酔和する時は平家をうたふ。これ我が友なり」というような人だったらしい。もう一人、名古屋の医師で作家でもあった荷兮（かけいい）がつけてくれたという奴僕が同行していて、「更科紀行」には、その奴僕が峠越えをしながら馬上で居眠りをする印象的な描写がある。

美濃から木曽へは、まず馬籠峠を越える。木曽路の名所寝覚の床を通り、桟(かけはし)の難所を通過する。「高山奇峰、頭(かしら)の上におほい重なりて、左は大河ながれ、岸下(がんか)の千尋のおもひをなし、尺地(せきち)（＝わずかな土地）もたいらかならざれば、鞍のうへ静かならず。只あやうき煩のみやむ時なし」と描写されている。

桟というのは、木曽川の切り立った崖沿いに開かれた桟道のことで、長野県教育委員会が作った解説文では「岩の間に丸太と板を組み、藤づるなどでゆわえた桟であったが、正保四（一六四七）年にこれが通行人の松明で焼失した。そこで尾張藩は翌慶安元（一六四八）年に長さ五十六間（一〇二メートル）、中央に八間（一四・五メートル）の木橋をかけた石積みを完成した。（中略）寛保元（一七四一）年の大改修と、明治十三（一八八〇）年と二度に渡る改修で、木橋下の空間はすべて石積となり、残されていた木橋も明治四十四（一九九一）年には、国鉄中央線工事のため取り除かれてしまった。現在この石積の部分は、国道一九号線の下になっているが、ほぼその全ぼうが完全な姿で残されていることが判る」となっている。

そうだとすれば、芭蕉がここを通ったときにはすでに桟はなく、木の橋が架かっていたことになる。現在、この場所には木曽川をまたいで橋が架かっていて、対岸から道路の下を覗くと石積が見える。今日でも山奥の登山道などには桟がみられることがあるが、それが江戸時代初期まで、主要な街道である中山道にあったわけである。それもこの場所ばかりではなく、もっと南の三留野宿と野尻宿の間にも羅天と呼ばれる難所があって桟が架かっていた。大雨で通行不能になることも多かったようで、内陸に大きく迂回する与川道が作られている。

歌枕であった木曾の桟については西行の「浪と見る雪をわけてぞこぎ渡る木曾のかけはしそこもみえぬは」が残されているが、芭蕉は次の二句を詠んだ。

桟やいのちをからむつたかづら
桟や先(まづ)おもひいづ馬むかへ

現在、桟にはこのうちの第一句を刻んだ新旧二つの碑が立つ。古く見える方は文政十二(一八二九)年の建立というが、河原に近い方のものはレプリカのようである。本物は木曽福島にあり、最初この二つの碑を見たとき、瓜二つのように似ているので私はびっくりした。しかし、よく見ると字体は同じだが、石の形が違う。河原に建てたものが流され、作り直した後で本物が発見されたということらしい。実際はこの碑の方が古く宝暦一一(一七六一)年の建立という。

福島を過ぎると、木曽路は藪原から鳥井峠を越えて奈良井、そして洗馬に至る。善光寺道に入ってからも刈谷原峠、立峠、猿ヶ馬場峠などの山越えがあることは前に述べた通りである。「猿がば々峠・たち峠」を越える時の様子はこのように書かれている。

九折重なりて、雲路にたどる心地せらる。歩行より行くものさえ、たましいしぼみて、足さだまりざりけるに、かのつれたる奴僕いともおそるるけしき見えず、馬のうへにて只ねぶりにねぶりて、落ちぬべき事あまたたびなりけるを、あとより見あげて、あやうき事かぎりなし。

松本方面からだと、実際にはまず刈谷原峠を越え、次に立峠、それから猿ヶ馬場峠の順番になる。これを逆に書いているのは、「桟はし・寝覚」もそうであったように、より印象が強い場所を先にもってきているのであろうか。いずれにしろ芭蕉は八月一五日中に更級に到着して、明月を愛でることができた。「更科紀行」に納められた越人の句「さらしなや三よさの月見雲も無し」からは、芭蕉が三日間更級に滞在し、その間よい天気であったことが分かる。この年の中秋の名月（満月）は一七日であったという。そうだとすれば、そこに芭蕉が三日間滞在したことにも納得がいく。

このあと、芭蕉は善光寺に参り、北国街道をたどって浅間の裾を通り、八月末に江戸に戻った。もちろん旧暦のことで、季節はそろそろ野分の吹くころであった。

吹きとばす石はあさまの野分哉

これが「更科紀行」の最終句である。この句は、最終形に至るまでに「秋風や石吹きとばすあさま山」、「吹きとばすあさまは石の野分かな」、「吹き落とす石をあさまの野分かな」という改作を経てなったもののことで、芭蕉の句作における苦心の跡が伺える。火山のすそを吹き過ぎる強風が、やがて来る冬の厳しさを身に感じさせる。翌九月十三日、芭蕉は久しぶりに戻った深川の庵で、十三夜の月を眺めながら姨捨で見た中秋の名月を思い出し、こう詠んでいる（麻績村の西、大鹿村境にこの句碑がある）。

木曽の痩もまだなをらぬに後の月

菅江真澄と正岡子規

芭蕉が会田の宿から立峠を越えてからおよそ百年後、同じ道を更級の月を見ようと通って行った人がいる。江戸時代後期の旅行家、随筆家、民俗学者で本草学にも詳しかった菅江真澄である。三河の人で三十歳の時に家を出てみちのくを旅して回り、後に秋田に定住して七四歳、角館で没した。その出羽の国への長旅の途上、信濃の国を経由したのである。

天明三（一七八三）年の二月に故郷を後にして、飯田、伊那を経て洗馬に至り、この地で後援者を得てほぼ一年間滞在する。翌年、安曇野を通って越後に抜けるのだが、その間「姨捨山の月を見に」更級そして善光寺まで旅をしたり、諏訪湖周辺に遊んだりしている。
姨捨に出かけたのは八月一三日、「心のあった仲間と」ともに本洗馬を出発し、岡田から刈谷原峠を越えて会田で一泊している。姨捨に着いたのは翌日まだ日も高いうちで、一五日は朝と夜の二回月を愛でている。真澄がこの月を見るのは二度目で、少年時代に観世音菩薩がまつられた草葺きの庵に二夜こもって月を眺めた昔話を語っている。古来、姨捨山というのはこの場所を言うようで、冠着山をそう呼ぶようになったのは後世のことのようだ。ともあれ、この夜、真澄は姨石の上にのぼり、およそ百人ほどの人々ともに月を眺めた。

宵も過ぎるころ、おもむろに月は、向こうの鏡台山という遠い山の頂きの雲のなかから、ほのぼのともれでてきたが、やがて残るくまなく照りわたり、千曲川の流れは白銀を敷いたかのように眺められ、美しさはこの上なく、世にたとえようもないほどであった。（「わがこころ」）

なお、この後のことを書いた「くめじの橋」の中で、真澄は松本の湯原で国仙和尚と会ったことを述べている。良寛がまだ円通寺で修行をしていた頃のことである。中山道を歩くと芭蕉をはじめ多くの句碑や歌碑に出会うが、良寛碑が一基だけ立っている。場所は南木曽と妻籠の間の道で、良寛が越後に帰る途中木曽路で詠んだという歌「この暮れのもの悲しきにわかくさの妻呼びたてて小牡鹿鳴くも」が刻まれている。

真澄の旅からさらに百年以上経って、一人の青年が逆方向で立峠を越え、会田の宿を通って行った。正岡子規である。時代は明治二四（一八九一）年の六月、子規二五歳のときのことである。大学の学年試験を放棄して、郷里に帰るルートを木曽路にとったのである。明らかに芭蕉の「更科紀行」を念頭においてのことで、その「かけはしの記」の文体は、なんとなく「おくのほそ道」を思い出させる。

上野から汽車に乗り、横川からは馬車で碓井峠を越え、軽井沢を経て善光寺に詣でてから篠ノ井まで戻り、稲荷山に一泊している。しかし、姨捨についてはごく簡単に「路々立てたる芭蕉塚に興を催して辿り行けばゆくてはるかに山重なれり」とだけ述べて、すぐに猿ヶ馬場峠の記述となる。この日は立峠を挟んで会田とはちょうど反対側にある乱橋という間の宿に泊まり、翌日、「早く木曽路に入らんことのみ急がれて」馬と馬車を使い、洗馬までたどり着き、次の本山に宿る。翌日、鳥居峠を再び馬で越えて、ようやく木曽川に沿って下り、福島で一泊の後、桟に着く。その記述には力が入っている。

見る目危うき両岸の岩ほ数十丈の高さに劉りなしたるさま一双の屏風を押し立てたるが如し。神代の昔より蒸し重なりたる苔のうつくしう青み渡りしあはいあはいに何気なく咲きいてたるつつじの麗しさ狩野派にやあらん土佐画にやあらん。更に一歩を進めて下を覗けば五月雨に水嵩ました川の勢ひ渦まく波に雲を流して突きてはわれ、当たりては砕くる響大磐石も動く心地してうしろの茶屋に入り床机に腰うちかけて目を瞑ぐに大地の動き暫しはやまず。蕉翁の石碑を拝みてささやかなる橋の虹の如き上を渡るに我身も空中に浮かぶかと疑われ足のうらひやひやと覚えて強くも得踏まず通り、こし方を見渡せばここぞ桟のあとと思しきも今は石を積みかためれば固より往き来の煩ひもなく只蔦かつらの力がましく這い纏はれるばかりぞ古の俤なるべき。

俳句　かけはしや危ない処に山つつじ
　　　桟や水へとどかず五月雨
歌　　むかしたれ雲のゆききのあとつけてわたしそめけん木曾のかけはし

寝覚めの床とともに木曾路の名所であったこの場所には、現在、芭蕉の句碑とならんで子規の句と歌を刻んだ記念碑も立つ。この後、須原に泊まり馬籠峠を越える。「此山を越ゆれば木曾三十里の峡中を出づるとなん聞くにしばしは越し方のみ見かえりてなつかしき心地す」と書く。馬籠で一泊して美濃路に入った子規は「今ここに至りては世界を別にするの感あり」という感慨をもらすのである。その後、余戸村でさらに泊まりを重ねて翌日、船で岐阜へ下っている。芭蕉が馬を使って四泊五日で「駆け抜けた」ところを、子規は部分的には同じように馬に乗りながら六泊七日で旅をしたことになる。

「月を見る」ということ

芭蕉も真澄も、はるばる更級の地を訪ねたのは月を見るためであった。もちろん月は姨捨山でなくても見られる。しかし、多くの人がわざわざそこまで出かけて行くのは、古来歌枕として名高い月の名所だからである。

花月の歌人と呼ばれる西行にとっても、月は花とともに歌の二大テーマであった。数寄の道を極めるために遁世し、草庵で一人侘び住まいをする西行にとって、月は心を慰める友でもあった。

月ならでさし入る影のなきままに暮るるうれしき秋の山里
あはれなる心の奥を尋めゆけばつきぞおもひの根にはなりける

あはれしる人見たらばと思うかな旅寝の床にやどるつきかげ
世の中の憂きをも知らですむ月の影はわが身の心地こそすれ
行方なく月に心の澄み澄みて果てはいかにかならんとすらむ
ひとりすむ片山かげの友なれや嵐に晴るる冬の夜の月
ともすれば月すむ空にあこがるる心のはしを知るよしもがな
何ごともかはりゆく世の中におなじ影にてすめる月哉
いつかわれこの世の空を隔たらむあはれあはれと月をおもひて
あらはさぬわが心をぞうらむべき月やはうとき姨捨の山

西行は、単に叙景的に月を詠んでいるばかりではなく、そこには感情移入がある。自己の深い思いが投入されている。草庵の中から、あるいは外に出て月を眺めている西行を思うとき、われわれは、世を捨て、自然とともに生きることを選んだ人が、その、もの言わぬ自然の代表として、刻々と動き、満ち欠けする月とあたかも無言の対話を交わし、心を通わせ、寂しくはあっても、自らが選んだ生き方に納得している姿を見ないだろうか。「西行」を書いた国文学者の安田章生は、「孤独な生活のなかで、さびしさを噛みしめながら、いつしかそのさびしさを飼いならし、それを友とするに至っている境涯である」とし、「西行が味わっていたさびしさは、浅い感傷ではない。それは、人間が深く生きれば生きるほど対き合わねばならない孤独感からくるさびしさであった」と述べている。

また、最後の歌について、俳人宮坂静生は、西行が月を見て悟りを開こうとしても終に開けない心境を述べたものだと言っている。出家した西行には当然修行がついてまわるが、空海、最澄が広めた天台真言の基になっている月輪観（がちりんかん）というものがあるという。月を仲立ちにして悟りを開こうとするもので、これを最も熱心にやったのが西行だというのである。平安朝の歌人にとって歌を詠むことは天台真言の経を唱えることと同じであった。しかし、姨捨までやってきて、月を見て修行しても結局は悟りきれなかったというのが最後の歌の意味だという。

なお、更級という地名については、更級といえば今は姨捨の地が有名になってしまっているが、古くは麻績も月の名所であったようである。室町時代以前、東山道の支道が通っていた麻績は更級郡麻績郷であり、そのシンボルが修験道の山でもあった冠着山（姨捨山）であったという。麻績から月を遥拝すると、ちょうど冠着山の背後から登る位置関係になるのである。

一方、芭蕉は月をどのように詠んでいるだろうか。

　　月はやし梢は雨を持ちながら

　義仲の寝覚めの山や月悲し

ふるき名の角鹿や恋し秋の月
月清し遊行のもてる砂の上
月しろや膝に手を置く宵の宿
川上とこの川しもや月の友
月澄むや狐こはがる児の供
名月や池をめぐりて夜もすがら
名月の花かと見へて棉畑
三日月に地はおぼろ也蕎麦の花

芭蕉は西行ほどには情緒的、詠嘆的でないように見える。短歌と違って心情を言わない俳句という芸術形式上の違いもある。しかし、人間を取り巻く自然の一つのシンボルとして、月に対して深い思いを抱いていたことでは同じである。詠まれた情景が直ちに目に浮かび、心に残る。

芭蕉は西行のように遁世したわけではない。しかし、四〇歳を過ぎてから、旅が風雅の道を極める手段のようになった。数寄といい、風雅というも同じことで、非日常の世界であり、二人ともその世界に「あくがれ出でて」、その世界に生きようとしたのである。その世界で月は単に審美的に鑑賞されるだけでなく、重要な意味を持っていた。

人間は無限の宇宙の中で有限の時空を生きる存在である。その時間を区切るのが太陽と月の運行である。太陽は一日とその積み重なりである一年を人間に告知する。月はその満ち欠けにより、ひと月の時間の経過を視覚的に見せてくれる。人間はたとえ地球や月の自転や公転に関する知識を得たところで、自らの有限性を免れることはできない。西行や芭蕉は月を眺めながら、そういう人間の宿命をも見つめていたのではないだろうか。

芭蕉の更級への旅は、急に思い立ったように見えて、実はそうではない。前年の鹿島行の目的も、一つはそこの月を見ることであったし、吉野の西行庵を訪ねた折には「をばすては信濃ならねど何処にも月澄む峯の名にこそありけれ」という西行の歌を思い起こし、さらにその後、須磨で見た月には物足りない思いをしていたともいう（窪田英治）。その延長で、芭蕉は中秋の名月を姨捨で眺めてみたかったに違いない。

芭蕉は月の名所を訪ねながら、実は西行のあとを追っている。しかしその旅は、それまでのように旅先で門人が迎えてくれるようなこともなく、山の中をいくつもの峠を越えていかなければならなかった。そして、それが成就した時、芭蕉の心の中にはすでにその先の旅の計画が生まれていた。「次は松島の月」と考えていたのである。つまり「更科紀行」は、「笈の小文」の旅を締めくくるとともに「おくのほそ道」の行脚を準備したといえるのである。

百代の過客

人生はよく旅になぞらえられる。しかし、実際に旅に生きるのは生易しいことではない。下手をすれば放浪の果てに死に至ることになり、幾多の例がある。しかし、芭蕉はそれを実行した。

「笈の小文」の冒頭のよく知られた文章がある。

西行の和歌に於ける、宗祇の連歌における、雪舟の絵における、利休が茶における者、其貫道するものは一なり。しかも風雅における、造化にしたがひて四時を友とす。見る処花にあらずと云ことなし。おもふ処月にあらずと云ことなし。像花にあらざる時は、夷狄にひとし。心花にあらざる時は、鳥獣に類ス。夷狄を出、鳥獣をはなれて、造化にしたがひ造化にかへれとなり。神無月の初、空定めなきけしき、身は風葉の行末なき心地して

旅人とわが名よばれん初しぐれ

ここから小宮豊隆・横沢三郎は、芭蕉の紀行の根本精神は中世から引き継いだ無常観と

自然愛・煙霞癖から更に進んで造化随順・造化帰入の精神であるとする（『新芭蕉講座第八巻』の紀行文総説）。則ち、芭蕉の旅は「純粋に風雅の旅であり、言わば旅そのものを志向した旅であった。従って彼の旅に対する愛は、彼の全人間性から、彼の世界観人生観の根底から出づるものであり、その愛の激しさに於いては西行・宗祇の二者を凌ぐものがあった」とし、「彼がかかる風雅に全生命をかけたものと考えるなら、彼の旅は又、彼の全体的な生き方を生きる道でもあった」という。

ここで言う「造化」の意味については、「森羅万象を創造化育する根源の主体を意味し、その創造化育されたものが森羅万象―すなわち自然である。」「従って芭蕉の説く所は、意識の対象を直接には自然に置いていることは疑う余地がない。四時のあわれに心をひそめ、自然の美に専念し、自然の美の堂奥に参入して、それと一体になる事を説いているのであって、そういう心のあり方に於ける風雅を提唱している」というのである。

「おくのほそ道」の旅を終えた芭蕉は、もはや定住する住居をもたず、「旅を棲みか」とする日々を送るようになる。元禄三年四月、石山の奥にある破れ屋に入り、三ヶ月間をそこで過ごす。その日々をつづった「幻住庵記」を読むと、まるで西行の草庵生活を見るようである。春の名残の花が咲き、鳥の声が聞こえ、琵琶湖を囲む山々が見え、そこから風が吹き渡り、夜は蛍が飛び、気が向けば清水を汲んで自炊をする。そして「ひたぶるに閑寂を好み、山野に跡をかくさむとにはあらず」とことわりながらも「日既に山の端にかかれば、夜座静かに月を待ちては影を伴ひ、燈を取りては罔両に是非をこらす（＝影の外側にできる薄い影に向かって思いをこらす）」と言い、「たどりなき風雲に身をせめ、花鳥に情を労して、暫く生涯のはかり事とさへなれば、終に無能無才にして此一筋につながる」と書く。

西行にしても、優雅に風流を楽しんでばかりいたわけではなく、出家としての厳しい修行もあっただろうし、「地獄絵を見て」の連作に見るような求道者としての苦悩と無縁だったわけでもない。

不便な場所での一人住まいの、人知れぬ苦労や寂しさも当然あったことだろう。しかし、それは自ら求めた道であり、覚悟の上でもあって、一人住まいを楽しむ一面もあった。そして、それは旅に生きることを決意した芭蕉も同じであった。

幻住庵に暮らした翌年、芭蕉は去来の別邸であった嵯峨野の落柿舎でひと月を過ごす。その暮らしぶりを叙した「嵯峨日記」の中の「閑居」の章で、芭蕉は西行の「訪ふ人も思ひ絶えたる山里のさびしさなくは住み憂からまし」「山里にこは又誰をよぶこ鳥独りすまむとおもひしものを」という二つの歌を引用した上で、「独住ほどおもしろきはなし」として自分の句を添える。

うき我をさびしがらせよかんこどり

ここにきて、遁世と旅という方法の違いはありながら、西行と芭蕉が立っていた境地は同じ一つのものに思えてくるのである。

「更科紀行」を歩く

会田宿で芭蕉句碑に出会って以来、いつか、かつて芭蕉が通った道を歩き、姨捨の月を眺めてみたいと思っていた。今日、われわれは移動の手段として車や鉄道、航空機などをあたり前のように利用しているが、それらがなかった芭蕉の時代、徒歩やせいぜい馬を利用しての信州の山河はどのように見えていたであろうか。また、科学的知識が普及し、月の上にも人類の足跡が記されるようになった現代において、月を眺めるという行為はどのような意味を持つであろうか。それを実体験してみたかった。

「更科紀行」の芭蕉の出発地点がどこであったかは、正確には分からない。そこで、とりあえず岐阜県の中津川をスタート地点にして、木曽路と善光寺道をたどり、旅の目的地である姨捨まで歩いてみることにした。芭蕉は美濃から姨捨までの道のりを五日で踏破している。芭蕉自身「道遠く日数すくなければ、夜に出でて暮に草枕す」と書いているが、いくら馬を使ってもこれはかなりの強行軍である。

二〇一二年三月、まず、中津川から長野県の須原まで歩いてみた。一日一〇里、約四〇キロメートルである。次に須原から藪原まで九里強、約三七キロメートル、須原から村井まで九里弱、約三四キロメートル、村井から会田まで六里弱約、二三キロメートル、会田から姨捨まで六里強、約二五キロメートル、合わせて四〇里、約一六〇キロメートルである。会田を拠点としているからこうなるが、これを善光寺まで延長して平均すると、村井から青柳まで九里弱、約三五キロメートル、青柳から善光寺まで同じく九里弱、約三五キロメートル、中津川から合わせて四五里、約一八〇キロメートルとなる。つまり、美濃の中津川から信濃の善光寺まで、一日九里ずつ歩けば五日で着くことになる。

これは机上の計算である。この距離には高低差が含まれていない。実際は峠を越える山道がいくつもあって、そこには距離だけでは測れない問題がある。気象条件もある。雨や雪の降る日があり、強風が吹く日もある。さらに、実際に歩いてみれば分かるが、一日四〇キロメートルも歩くと足が痛くなり、疲労がたまる。一晩休めば回復するようにも思えるが、三日、四日と続くと耐え難くなってくる。芭蕉は、馬を使いながらではあるがこれを実行しているのである。芭蕉の「風雅」とはそういうものであった。

私は、今回の旅を中津川から始めてよかったと思っている。スタート地点は中津川本陣跡であったが、その隣に立つ旧庄屋居宅は、江戸時代後期から旅籠として使われ、恵那山を登りにきたウェストンが宿泊したという。ウェストンが初めて北アルプスを望んだのは、前にも書いた、会田の東にあって、万葉歌碑が立つ保福寺峠からであった。

鳥居峠の芭蕉句碑「木曽の栃うき世の人の土産かな」(2011.3)
〔鳥居峠には直接「更科紀行」とは関係のない古い芭蕉句碑がもう一基ある〕

中津川の町を出外れると、落合へは急な上り坂となって、美濃の平野から馬籠峠までの登りが実際はかなりの高低差であることが分かる。今日、木曾谷の国道一九号を車で走っただけでは分からないが、中山道は、名のある峠以外にも、実に起伏の多い道だったのだ。大妻籠から妻籠の宿を通り抜け、三留野、野尻を経て、水舟が並ぶ須原に着いたのは、子規と同じように暗くなってからであった。

木曾路は確かにすべて山の中である。しかしその山はいわゆる高峻深谷というのではない。樹木に覆われ、花が咲いて季節に応じた装いを見せ、そこに人々が暮らす山と谷なのだ。その森林に覆われた山々のたたずまいや木曽川の流れ、人々のおだやかな話し振りや優しい物腰などは、おそらく昔からそんなには変わっていないだろう。須原から藪原までの間には寝覚の床や桟などの名所があり、木曾の中心的な町で関所があった福島を通る。その途中には、車での通行など思いもよらないような昔の中山道がひっそりと残っている場所もあった。

藪原から鳥居峠を越えて奈良井の宿に下り、洗馬から善光寺道に入ると、桔梗ヶ原、松本平にかけて平坦な地形が続く。奈良井は別として、それぞれの宿場は度重なる火災で昔の面影が失われたというが、それでも、ひっきりなしにトラックが行き交う国道とは違う歴史と生活を感じさせてれる。

牛つなぎ石などが残る松本の中心街を通り抜け、城や武家屋敷を避けて屈曲する道をたどり、岡田宿を過ぎると再び峠越えが始まる。刈谷原峠を越えて会田、立峠を越えて西条、青柳、そして麻績へと続く一帯は、篠ノ井線の開通によって取り残され、今では忘れ去られたような趣のある地域である。日本全国を覆う過疎化と高齢化の現実と裏腹ではあるが、どこか懐かしさを感じさせるような山村風景がここにはある。麻績は古くからの月見の名所で、冠着山（姨捨山）から昇る月を眺める遥拝所を通る。そこから最後の難所である猿ヶ馬場峠を越えれば、「更科紀行」の目的地はもう近い。

「更科紀行」の道筋を実際に歩いてみて芭蕉が五日で岐阜から姨捨に達したことが実感をもって受け止められた。人間は、他の生き物同様、乗り物に頼らずとも長距離を移動することのできる動物なのだ。言葉の達人である芭蕉の精神と肉体の強靭さに改めて驚く。さらに、歩かなければ見えないものがあるということも教えられた。歩いては立ち止まり、時間をかけて初めて理解、納得できることを、車や列車で通り過ぎてしまっては気もつかないだろうし、本当には分からないだろう。「時速四キロの思考」というものが確かにある。旧街道から失われた多くのものと、わずかに残るものとの落差にも衝撃を受けた。そして、その時の流れの中に自分も生きていることを知る。

今も昔も人間は変わらない。だからこそ、芭蕉の句が今もわれわれの心を打つ。この木曽路と善光寺道、そして北国街道沿いに、実に五〇に近い芭蕉の句碑が立つ。人口に膾炙した句も多いが、「更科紀行」に関連した句に限れば、次の九句十六基である。麻績のものは二句一基となっている。第一句は「更科紀行」の中では「送られつ別れツ果ては木曾の秋」、また、最終句も句碑では「石も浅間の」である。

送られつ送りつ果ては木曾の秋（中津川と木曾平沢に計二基）
桟やいのちをからむつたかづら（上松と木曽福島に計三基）
木曾のとち浮世の人のみやげ哉（鳥居峠）
身にしみて大根からし秋の風（会田と麻績に計二基）
ひょろひょろと尚露けしやをみなえし（麻績）
俤や姨ひとりなく月の友（姨捨長楽寺）
いさよひもまださらしなの郡哉（坂城町の千曲川岸辺と十六夜観月堂および長野市小島田町川中島古戦場跡に計三基）
月影や四門四宗も只一つ（善光寺周辺に三基）
吹きとばす石は浅間の野分哉（軽井沢追分）

高台に立つ長楽寺からは、今日も姨捨の月が眺められる。月は昔に変わらず美しい。昔と違うのは、眼下に広がる善光寺平の煌煌たる町の灯かりである。そうであっても、やがて鏡台山から月が昇り、刻々と高度を上げ、中天に澄み渡る。じっと見つめているうちに自分の心も澄んでいくのを感じる。たとえこの月に人が住むような日が来ようとも、月は静かに夜の地球を照らし続けるであろう。人類は宇宙の秩序に従い、自然に随順して生きていく限りは存続するであろう。その秩序が失われるときは、人間もこの地上から姿を消すことだろう。その兆候はすでに現われているような気がしてならない。

古来、日本人は自然に深く心を寄せながら生きてきた。古くは万葉時代の歌人、平安時代には能因を始めとする法師と呼ばれた人々そして西行、鎌倉時代には道元、明恵、鴨長明、室町時代の宗祇、江戸時代になって芭蕉、蕪村、一茶、そして良寛など。遁世や旅ばかりではなく放浪に生きた井月や山頭火のような人もいる。これらの人々はまた言葉による優れた表現者でもあった。

川端康成がノーベル賞受賞時に行った記念講演は、道元の「春は花夏ほととぎす秋は月冬雪さえて冷しかりけり」と明恵の「雲を出でて我にともなふ冬の月風や身にしむ雪や冷たき」という二つの歌で始まり、最後に再びその道元の歌に言及して「四季の美を歌ひながら実は強く禅に通じたものでせう」と言って終わっている。その道元の教えを最も純粋に引き継いだのは良寛かもしれない。

良寛の人柄と生き方とはまことに慕わしいが、これらの人々の中で最も豊かで、研ぎ澄まされた日本人の美意識を感じさせるのは、やはり西行と芭蕉ということになるのではないだろうか。

池澤夏樹讃

私は、新聞小説のあまり熱心な読者ではない。それを言ってはお終いかもしれないが、大体ドラマやフィクションにそれほど大きな関心を抱いているわけではない。それでも、新聞小説に関してはこれまで三回ほど例外があった。一回目は一九六一（昭和三六）年の一〇月から翌年の一月にかけて、朝日新聞に連載された川端康成の「古都」である。京都を舞台にして、京都弁がちりばめられた物語の魅力もさることながら、もうひとつ私の心を捕らえたのは小磯良平による挿絵であった。毎回、心待ちにして切り抜き、読み返した。新聞は変色するので、ある時期にコピーしてスケッチブックに整理し直した。この一〇七枚の切り抜きは、まことにささやかながら私の宝物である。

次に同じような体験をしたのが、高橋治の「漁火（いじゃいび）」。一九九七（平成九）年九月から始まり、途中作者の急病による休載があったが、完結までなんと四四四回に及んだ。沖縄の物語で、このときも風間完による挿絵に引かれた。しかもその画が一八〇回を過ぎてからカラーになった。新聞のカラー印刷は比較的変色しにくいので、コピーの上に画の部分だけを切り抜いて貼った。この機会に私は「風の恋盆歌」をはじめ、俳人で「蕪村春秋」の著作もあるこの人の作品はほぼすべて読んだ。

三回目は、購読していない新聞の連載小説だった。時期は高橋治の作品の連載とほぼ同じ頃で、私はまだ現役で仕事をしていた。毎朝、職場に着いて先ず机上の新聞に目を通すのが日課だった。たまたま開いた新聞の連載小説の挿絵が、画ではなく写真だった。しかもそれがエヴェレストで、「彼はいずれこの山を見る」というコメントがついていた。作者は池澤夏樹、この日が第一回だった小説のタイトルは「すばらしい新世界」。あれ、どこかで聞いた題名だと思った。

ヒマラヤの写真とオルダス・ハックスレーに借りたタイトル、実際に読んでみての語り口と文体、作者はどうやら自然派人間らしいという直感、それらが私にこの初めて聞く名前の作家に興味を抱かせた。三度目の切抜きが始まった。

「すばらしい新世界」は予想通り面白かった（後に「光の指で触れよ」という続編が書かれ、これも興味深い内容を含んでいた）。といっても、さほど興奮させるような物語の展開があるわけでもなく、その書き方も淡々としている。しかし、ヒマラヤの小国に風力発電機を据え付けに行くという設定、その仕事をめぐっての夫婦と子供の家族の物語。ある意味では、後に起こった東日本大震災をも視野に入れていたといえるような現代の文明のありようを見据えている作者の目に私は同質の人間を発見したような思いがした。

＊

その作家に「言葉の流星群」という宮澤賢治についての本と、星野道夫についての「旅をした人」という著作があることを知って、私の関心は一挙に高まった。さらに、さらにである。この人は無類の読書家で、ある出版社が企画した「世界文学全集」の編集を一人で担当したのだが、日本の現代作家の中から唯一選んだのが石牟礼道子であった。これには本当に驚いたし、我が意を得たものである。

私の最初の本にも書いたとおり、私が最も好きな作家は宮澤賢治と石牟礼道子なのである。二人とも抽象的な「標準語」だけで作品は書かなかった。二人を読む深い楽しみの一つは東北の岩手・花巻弁と熊本の天草・水俣の美しい言葉に触れることである。しかも二人とも書斎の文学者、思索家ではなく、自らの無力を知りながらも農民や水俣病患者に寄り添って生きようとする生活者でもあった。そのような人々や、星野道夫、植村直己のような自然の厳しさと美しさを知っている人間について文章を書く人なら、きっと私が共感を持ちうる作家だろうと思った。

さらにもう一つ。この作家は北海道の帯広生まれで、現在は札幌に居を構えている。この事実も、東北生まれである私の北志向と重なった。「北の零年」という映画にもなった原作「静かな大地」は、池澤の母方の祖先が淡路島から今の北海道・静内に移り住み、アイヌにも助けられながら開拓にあたった時代の物語である。池澤自身がかならずしも北志向というのではない。この人のデビュー作「夏の朝の成層圏」に対して「映像のオデュッセイア」という見事な解説を書いた鈴村和成は、この作者の南方志向と向日性を指摘している。しかし、この人と北海道・東北との結びつきは、今後豊かな実りをもたらすのではないかという期待が私にはある。

＊

「東北」をいずれは行くべきところと思い定めていたという池澤は、平成二三年三月一一日の震災の直後から、何度となくその地に足を運んだ。そして書いた本が、ウィスヴァ・シンボルスカの詩の一行をタイトルにして、震災の全体像を描きたかったという「春を恨んだりはしない」であり、「東北・日本の『根っこ』」を特集した季刊誌「考える人」には、自ら「魂鎮めの小さな儀式」と呼ぶ九〇枚以上におよぶ「東北の精霊」という文章を載せた。それは鎮魂の文章であると同時に、東北ゆかりの作家たちである芭蕉、柳田國男、宮澤賢治といった人たちを思い起こすものとなっている。

池澤夏樹は「自然」に心を寄せている作家である。それは、しかし単に文学的視点から観た自然ではない。この人の専攻は物理学であり、豊富な自然科学的知識を有し、また、そのようなものの考え方ができる人なのである。そういう目で人間と社会と自然を見つめている。

もう二〇年も前に書かれ、伊藤整文学賞を受賞した「楽しい終末」という本がある。

「楽しい」は逆説で、この論考の中では地球規模で進行する人類の重い課題である、核の問題、環境汚染、エイズ、人口爆発、資源不足、オゾン層破壊、酸性雨、熱帯雨林の喪失、砂漠化などに触れられているが、まずその「序」で次のように書く。

「この数十年間、世界を導いてきた最も大きな、包括的な思潮は、実存主義でも構造主義でもポスト・モダンでも脱構築でもなく、さまざまな装いを凝らした終末論だったのではないか。それは決っして建設的な形を取らず、技術の進歩や社会の変化の後をひたすら息を切らして追っていただけかもしれない。理論はいくら走っても現実に追いつかない。各論ばかりで総論にまとめることができない。」

そして「核と暮らす日々」から話は始まるのだが、一九九三年の時点で、まさに今回の原発事故を予測しているかのような、極めて具体的な記述に愕然とする。最終的に人間は核をコントロールできないのである。日本で原子力発電所の建設が始まった当時、私も、それほど安全なものなら、最大の電力消費地である東京に作ったらどうかと言っていた。しかし、それ以上具体的な行動をするでもなく無責任な日々を過ごしてきた。今度の政府の原発再稼動決定についても、日本が経済的に沈滞し、生活が不便になっても個人的には我慢をして暮らすし、原発周辺の人々が故郷を捨てざるを得なくなるような事態は二度と起こしてはならないと思うのだが、ことはそのような方向には進まず、それに対して自分は何もできずにいる。

地球環境問題にしても、知識としては皆了解しているのだろうが、危機は目前のものではないと思い、その重大性を本当には認識できずに、目をそらすか、解決を先延ばしにして生きている。池澤の理解は深く、広範囲に及ぶが、考えなければならないのは個々の問題ではなく、その総体だという。人間の歴史はその人間が行ってきた残虐な行為に満ち満ちているが、池澤は「世界戦争の可能性が遠のいたのも、ある意味では環境問題という緊急にして共通の敵が目前に迫ったから、しかたなくイデオロギーが撤退したのだと解釈できるかもしれない。事態はそこまで終末的であるということもできる」と言う。

この本の中に「人のいない世界」という一章がある。池澤夏樹は人間も自然の一部と考えることのできる人であるから、人間を世界の中心に据えて、人は自然をもコントロールできるとは考えていない。かつての恐竜のように人間が絶滅したとしても、自然は存在し続けるのである。

海に遊び、登山も少しはするらしい（「真昼のプリニウス」で、最後にヒロインが浅間山で得る感覚は登山者のものだ）。この作者の自然観が、最もストレートに語られているのはエッセイ集「母なる自然のおっぱい」（読売文学賞）だろう。

その中で池澤は冒険について語る。サン＝テクジュペリが書いている郵便飛行士メルモーズや植村直己についてのことが中心だが、その中でこう言う。「絶対安全で完璧に予想可能な時間の中に身を置く者は、結局はなまぬるい時間におぼれてゆっくり窒息していくだけだ。人為の時間と自然の時間の間にはそれだけの違いがある」とした上で、国内の小旅行にも、登山にも一瞬先に未知を含んでいるという意味では、砂漠の単独飛行やヒマラヤ登山と同質の時間が流れているという。また、渓流釣りについて「渓流に立つ釣り人はそのまま宇宙の岸辺に立って数億年の時を過ごす哲学者である」という文章がある。「自然はわれわれの存在の最も内奥の部分と通底している」として、山、川、風景、動植物そしてヒトについての卓見が語られるが、その樹木論ではここまで言い切る。「知性だけを看板にして生物圏を代表しようなどという見当違いな野心は捨てた方がいい。人間は樹木というおおいに栄えている親戚の家に寄食している身なのである」。そう言う人間が、宮澤賢治や星野道夫に関心を抱くのはしごく当然のことである。

＊

写真家星野道夫の書く文章は、写真とも一体である内容と文体の両方に独特の魅力がある。私は、その最初のエッセイ集「旅をする木」をラジオの朗読によって知り、すばらしい文章だと思った。簡潔でありながら思いが詰まっていて、気取りがない分スッと心に入ってくる。池澤は、「壮大なアラスカの自然は、結局人間もその秩序の中にいつか帰ってゆくという、当たり前のことを語りかけてくる」、「自然を見るというのは、最終的には自分が生きていることの不思議さにつながっているような気がするんですよね」という星野の言葉を紹介しながら、「星野道夫の写真の土台にあるのは幸福感である。一時的にせよ自然の中に帰った時の、絶対に揺らぐことのない幸福感」だと言う。そして、「人の手になるものは時として醜いが、自然に醜いものはない。すべては美しい」とも。

「言葉の流星群」（宮澤賢治賞）は、池澤が「本の旅人」に二年間、毎回、賢治自身は「心象スケッチ」と呼んだ詩をとりあげて自由に論じた連載を中心に編んだ一冊である。賢治世界の広がりと多様性を知らしめるものとなっているが、やはり賢治は、モダニストの感性を持ちながらも野の人である。自然が賢治を呼んでいる。肉親の絆、社会のしがらみがどんなに強くても、「自然の呼ぶ声に抗する力は彼にはない」。取り上げられている詩は「風がおもてで呼んでいる」だ。「宮澤賢治の自然」について、まさにそれをタイトルにした講演がこの本には収録されている。その中で、人間と社会の関係について池澤はこう言う。

「本来ならば、自然は人間社会に抗するものではなく、人間全体を周りからそっくり包むものですね。つまり、すべての生き物は自然の中にいる。外へ出ることなど考えられない。しかし、人間は一度自然の外に出てしまった生き物です。」「やがて人は自然の外へ出て、知恵によって別の環境をつくり、そこで安楽に長生きをして、子孫を増やすことを選んだ。選んだというよりは、たまたまそういう力を授かったために、それを徹底的に活用して、今のように自然に背を向けた生き方をするようになった。

人間は外に出たことになっていますけれども、実際には、自然の中に固いカプセルをつくって、その中にこもっただけです。その最終的な姿が都市ですね。」

現代において賢治がよく読まれるようになった一番大きな理由は「時代がどんどん反自然的になって危険感が増したため、われわれは自然と人間について深く考えてきた宮澤賢治を必要とするようになったのではないか」とも言う。「当時の東北地方の科学好きな仏教徒の詩人に固有の問題がなぜ日本人全体の普遍的な問題に変わったのか」も同じ理由から説明できる。これはいまや世界全体の問題でもあるだろう。東日本大震災の後、賢治の言葉がよく聞かれたのは、たまたま賢治が岩手の人だったからだけではない。「賢治は復興のモデルにはなりえない」としたり顔で言う人もいたが、われわれは賢治の時代に戻ることはできないとしても、その思想と生き方に学ぶことはできるはずである。

*

池澤夏樹は一九四五年、終戦直前に帯広で生まれた。母親は詩人の原條あき子、父親は作家の福永武彦。ただし、離婚した母親の手で育てられた池澤は、高校生になるまで実父のことは知らなかったようである。「旅する作家」である池澤の旅行好きは、生来のものであろうが、最初の伴侶が航空会社勤務だったこともあって、広範囲に世界を巡っている。とくに南太平洋の島々をくりかえし訪問したらしく、作品の多くにそれが反映している。

単に旅をするだけでなく、一九七五年ギリシャに移住。いったん帰国して一九九三年からは沖縄、二〇〇五年にはフランスに移り、二〇〇九年になってようやく故郷に近い札幌に落ち着いたが、これとて定住といえるのかどうかは分からない。

これらの体験は作品の舞台にもなっていて、私が読んだものだけでも「修道院」（ギリシャ）、「カデナ」（沖縄）、「花を運ぶ妹」（毎日出版文化賞・フランスとインドネシア〈パリとバリ〉）、「静かなる大地」（親鸞賞・北海道）といった具合である。「すばらしい新世界」（芸術選奨）のネパールもあるし、「マシアス・ギリの失脚」（谷崎潤一郎賞）は南太平洋の島が舞台である。「ハワイイ紀行」をはじめ多くの紀行があり、ナイルの源流を旅し、戦争が始まる直前のイラクにも飛んでいる。そういう現地を踏んだ地誌的、歴史的、文化的知識と考察がいつもこの作者にはある。

旅といえば、この著者にはとんでもない本がある。桑原武夫学芸賞が与えられた「パレオマニア（古代狂）」で、「大英博物館からの一三の旅」という副題がついている。大英博物館は池澤が好んでいる場所の一つのようであるが、そこには世界各地から集められた人類の宝が展示されている。その中からとくに池澤が心引かれる逸品を選び出し、ロンドンからそれらが元々あった場所を訪ねてみようというのである。訪問先はギリシャを筆頭にエジプト、インド、イラン、カナダ、イギリス国内、カンボディア、ヴェトナム、イラク、トルコ、韓国、メキシコ、そしてオーストラリアに及んでいる。結局それは「道楽で、アマチュアの営み」に過ぎないのだが、ひとつを極めようとする専門家に対して「広く浅く見るから見えてくる図柄もある」という。

その旅の間、筆者はずっと「文明はすばらしいという賛嘆の思いと、文明は空しいという無常観」を抱いていたという。そして書く、「人はこれほどのものを作ったのに、しかし、どの文明も滅びた。十回以上の旅を重ねてそれを確認して、この形の旅はもうやめた」。そして、その先にあるもの。それは「文明と縁のない旅」、たとえば「自然しかないところ、人間の手の刻印がない風景を見る。そして、人類が滅びて何百年か何万年かした時に回復されるはずの地球本来の風景を想像する。そこまで自分の反文明の姿勢を延長してみる」ということであった。

＊

また、自然科学者の眼と頭脳を持つとはいえ、基本的には文学者である池澤は驚くばかりの読書家である。「読書癖」と題する四冊がある。主として担当した新聞の文芸時評、文芸コラムの文章を集めたもので、第一冊が出たのは一九九一年である。実に多種多様な本のことが書かれているが、読書家ではない私にとって今まで読んだことのないものが多く、図書館や本屋で膨大な書棚を前にしたような当惑を覚える。しかし、楽しいのだ。未知の本の存在を知って、将来読むかもしれない可能性に期待が膨らむし、何より、池澤夏樹という人の関心のありよう、その考え方、さらに文体と語り口に惹かれてしまうのだ。

たとえば古くは小林秀雄、中野好夫、最近では加藤周一、吉田秀和などの文章は、知識を得るというよりは、それを読むこと自体が喜びである。それこそが文学であると言いたい。細かい注や参考書目に煩わされることもなく、専門的な学識がなければ理解できないということもない。もちろん書いている当人たちは大変な知識と思考力を持った人たちだが、ある程度の常識人なら誰でも読めて楽しめる。池澤夏樹の文章も平明で、語り口は率直、読む楽しみに満ちている。

四冊目の「読書癖」のあとがきで池澤は「次は（どうせ同じような内容のものながら）なにかザンシンな形で送り出すことにしよう」と書いたが、それが「世界文学を読みほどく（スタンダールからピンチョンまで）」だったのか、河出書房新社版の個人編集による「世界文学全集」だったのかは分からない。他にも同種の著作がいくつかあるが、このユニークな全集によって私は、文学に関心を持ちながら貧しい読書体験しかない自らのこれからの読書生活？にひとつの指針を与えられたような気もしている。

＊

詩人、池澤夏樹はどうだろう。この人が初期の頃、詩を書いていたことを知ったときは大いに興味をそそられた。しかも、第一詩集のタイトルが「塩の道」だった。次いで「最も長い河に関する省察」と「満天の感情」。とても魅力的に思えた。しかし、実際に読んでみると、残念ながらどうも心に訴えてくるところが少ない。これはどういうことだろう。

池澤には詩の翻訳もあるし、宮澤賢治の詩の優れた読み手であることも実証している。しかし、その詩には、散文に見られるような魅力と輝きがない。それは本人も自覚していたらしく、小説やエッセイを書くようになってからは詩作をやめてしまった。というより「書けなくなった」と言っている。「ぼくが書きたかった思いは詩という形式にそぐわなかったのだ。密度が高くて、緻密で、隙間なく構成されて、響きがよくて、美しい。そういう器に盛るにはわが思想は卑俗かつ地上的で、流れやすかった」。そのとおりなのだろう。でも、その散文は多くの読者を魅了するものなのだ。

＊

一九八七年に発表された「スティル・ライフ」は中央公論新人賞と、翌年、芥川賞受賞作となった。新聞小説と同じように、私は毎年芥川賞や直木賞の発表があっても、普通それらの作品を読むことはない。今回は池澤夏樹という作家に関心を持ったので、その受賞作を読んでみた。ごく短い作品だが面白かった。ストーリーには意表を衝かれたが、それより作品の中からうかがわれる作者の柔軟でとらわれないものの考え方、自然と人間、あるいは文学と科学といってもよいのだろうが、それらを同列に見ている目。「この世界が君のために存在すると思ってはいけない」と書き出して、しかし、「きみの中にも、一つの世界がある」と続け、その境界にあるのが生命としての意識、「大事なのはその二つの世界の呼応と調和を図ることだ」と言う。

印象的な場面がある。主人公がかつてガールフレンドと行ったことがある岬（雨崎という）を再び訪れて、海に降る雪を眺める描写である。同じシーンを私も見たことがあるし、山の中でも同じような降り方をする雪には何度となく遭遇している。この文章が読者を感動させるのは、「修辞、あるいは表現の入れ換えによる新しさではなくて、思考の奥行き、あるいはシンタックスそのものに手を加えることによって、ヒトは地球の一点に、古色蒼然とした思考の修辞で縛りつけられているのではないことを証明し、そうすることによって、かぎりない安堵感を読者にもたらすような種類の新しさ」があるからだと須賀敦子は評している。

しかし、感動的なのはこのような自然の光景に心を奪われているらしい作者の視点と描写力、というより言葉による描写そのものでもある。池澤は、この作品に先立つ三年前に「夏の朝の成層圏」というデビュー作を発表している。「スティル・ライフ」より、さらにみずみずしい感性と抒情にあふれ、これぞ池澤文学の原点というような印象のある作品である。この中の、たとえば雨の降る場面や、海岸で波が引いていく時に見られる砂の描写を読むと、「スティル・ライフ」の雪の場面が即座に思い出される。

前半はロビンソン・クルーソーさながらのワクワク感があり、後半では今日の文明のあり方をも考えさせるような「夏の朝の成層圏」の書き出しはすばらしい。太平洋の水平線上に浮かぶ雲の描写である。そしてひとわたり、主人公が置かれている状況を伏線的に紹介したあとで、今度は夕焼けの描写だ。

「夕焼けはこの島が提供する喜びの一つである。だが、夕焼けが美しいと書くのはたやすいにしても、その美しさは言葉にならない。そう言いきっては書くことがなくなるから、僕は夕焼けが燠(おき)のようになって速やかに訪れる闇の中に埋もれてしまってから、ためらいながらまた言葉を探す。そうしたところで、まぶたの裏でまだ燃えている夕焼けに対して、西の半天を層状に飾って、わずかずつ流れて形を変えながら、まぶしい海の中に沈んでゆく太陽の光に射すくめられて赤や橙や黄に輝いている雲と、天頂から東の方へ縹(はなだ)色から紺青に、群青になり、濃紺になり、ついには漆黒になって、またたきはじめた星をひきたてる空そのものの光景に対して、言葉はないのだ。それを眺めるぼくにはため息しかない。」

正直な人だと思う。作家が「言葉にならない」などと言ってはいけないだろう。いや、それを計算ずくの文章かもしれないのだが、すぐ次で作者はこうも言う。

「夕焼けがないところでは言葉で夕焼けを作ることもできよう。死んだもののことは言葉で語るほかない。しかし、この瞬間に目の前にある物を言葉で捕らえる力は言葉にはない。」「言葉の積木をいくら積んでもこの世界は作れない。世界というのは空や三檣帆船の雲、椰子、砂、礁湖の中で巨大な地球儀の形に生育するサフラン色の珊瑚、木々を揺らす風、満天の星、岩の上に置かれた蟹のぬけ殻、すばやく走るヤモリなどであって、これらには過去がない。百万の言葉を組み合わせても、一本の木も作れない。だからぼくは、さっきも書いたとおり、夕焼けを見ても言葉をもてあそばず、ただ精一杯の感激をこめてため息をつけばそれでいいのだ。」

これは物語の主人公の言葉で、作者の中にはこのような感慨はないと考えるのは無理であろう。すべてを言葉で絡め取れると考えるのは倣岸である。言葉を越えた現実というものが常に存在する。私がこの作者に対して感じる共感、同質性というのは一つはこういうところにある。

＊

もう一つ、谷崎潤一郎賞受賞作の「マシアス・ギリの失脚」という小説がある。またしても、太平洋上に浮かぶ島の物語。主人公はナビダード国の大統領マシアス・ギリ。荒唐無稽のようでいて、人生の真実を感じさせる傑作だと思うが、この中にもいくつか記憶に残る記述がある。たとえば、石油備蓄基地として使う予定の四隻のタンカーが海の中で徐々に腐食していく場面の描写は、「スティル・ライフ」や「夏の朝の成層圏」に劣らない。この作品の中でギリが身をやつして体験するメルチョール島の祭礼が描かれる。ユーカユーマイという、沖縄のイザイホーを思わせるその祭りについてはこのように書く。
「その場に身を置いて、祭の空気を体内に取り入れた者が感じたのは、生きる喜びだった。正確に言えば、生きる喜びの再確認だ。生きるものとして世に生まれ、一度でも青い空を仰いだもの、風に混じる花の匂いを嗅いだ者、指で物の表面に触れてそれを自分の身体とは別にこの世界に存在する何かの表面だと認識した者、彼らは幸福である。たとえ三日目にせっかくの生命（いのち）を放棄して再び向こう側へ戻ることになったとしても、この世界における三日はそのまま幸いであり、快楽であり、存在の喜びである。ウニとして生まれる者、鳥として生まれる者、イランイランの一輪の花として生まれる者、人として生まれる者、――生まれることは等しく幸福であり、生きることは幸福であり、食べる物の一口ずつ、踏み出す足の一歩ずつ、瞬（まばた）きの一つずつ、太陽の一条ずつ、酸素分子の一つずつは幸福である。」

これより前、作者はこの祭の神事についてこう語る。

「八ヶ所の聖域で繰り返される神事が、それでも場所によって微妙に違うのはどういう理由によるか。すべての局面に謎（なぞ）がからみついており、解釈の自由度はかぎりなく高い。それでも、この祭り全体の聖性を疑うものはいない。解釈などというすっぺらな合理主義的姿勢でこの祭りに臨む者はここに人々が集うことの意義や大巫女たちの絶対の権威、囃子方が出す音一つ一つのゆるぎなさなどを見失って途方にくれるだろう。ここにあるのは解釈の地平を遥かに越えた聖性であり、個人の頭脳の解釈力を超越した共同体の束ねられた意志である。そういうものを失った社会に属する者だけが、ここで解釈などを試み、すべてを取り逃がす。」

つけ加えるべきことは何もない。人生は理屈ではない。生きるということの奥義を悟り、現実世界ではもはや逃れる道がなくなったギリは、地表の林を目指して空から身を躍らせる。「**大地は汝を受け止めるであろう**、という言葉はかくして成就された。」と作者はまるで預言者のように書き、物語の終わりは近い。

＊

「人間はけっして世界の中心として振舞うことはできない。ただ世界の多様な風景に何ごとかの印象を寄与できるばかりである」という達観が池澤の小説作品の基調になっている、と書いたのは四方田犬彦である。「明るい旅情」という紀行集中に「ジュバに行く船」という一章がある。当時この作家はナイルを遡行する旅の途中で、スーダンの首都ハルトゥームから白ナイルを下ってサッドに向かう船に乗った。来る日も来る日も上は空、下はパピルスという風景の中を行くうちに、はじめはうんざりした光景が一つの完結した風景のように思われてきたという。以来、自分の書いたものをあの緑の風景の中に置いてみて、あそこでも通用するものかどうか考えるのだと言い、それはゆるぎない定点だというのだ。

「『人間の世界』を考えたことはない。どんな場合にも相手にすべきは『人間と世界』という構図だ。人と世界は対峙している。それを最も明快に見ることのできる場所、それがサッドだった。」

再び四方田によれば、「池澤夏樹は一九六〇年代にロレンス・ダレルの『アレクサンドリア四重奏』を読むことで、旅への尽きせぬ憧れを育んだ世代に属している。関心はほどなくしてアレクサンドリアについて二冊の書物を著したE・Mフォスターに移り、その一冊を日本語に翻訳したいという気持ちから、文学修業が開始された。」「アレクサンドリアという人間臭い都市の探求にいそしんできた彼は、アレクサンドリアのみならず、エジプト文明を形成してきた根源にあたる自然に向かうことを通して、次なる世界観のステージへと向かうことになった。そこではもはや「人間の世界」は消滅し、新たに「人間と世界」という構図が浮かび上がってくる。「ナイル河を遡っているわたし、ナイル河を見ているわたしもまた世界と呼ばれる風景の一部であり、ナイル河に属しているとすれば、わたしは河に何を奉納することができるだろうか。もはや文明も人間も消え、わたしは湿原と空の狭間にあって、自分が『一つの完結した世界』のなかにいることを感じる」というのである。

＊

「旅する作家」池澤夏樹を「移動する知識人」と呼んだのは佐藤優である。この移動には二つの位相があるという。地理的な移動の方は分かりやすいが、もう一つの位相とは、羊飼いと羊との間の移動だという。池澤自身は羊飼いと羊はエリートと大衆の意味で使い、「ぼくはどうしても羊飼いと羊を分けることはできない」と言っているが、佐藤優はこの二項対立を権力者と民衆、エリートと大衆とは少し異なる意味で用いているという。

権力者やエリートの中にも羊がいるし、民衆や大衆の中にも羊飼いがいるからだというのだが、「言語で何かを表現する人は、本質において他者に影響を与える『羊飼い』としての機能を果たす」。表現者の意図には関わらず、表現活動自体が羊飼いの機能を果たす宿命を負っているからであり、池澤夏樹の魅力は「羊飼いと羊を分けることに本質的違和感と嫌悪を覚えつつも、あえて羊飼いの機能を引き受けているところにある。言い換えると、羊飼いに羊の言葉を語らせるという、本質的に不可能な事柄に挑むために、池澤氏は絶えず羊飼いと羊の間で視座を移動させているのだ」とする。

この文章が載っているのは、二〇〇七年に刊行された評論集「虹の彼方に」である。この本は、二〇〇〇年から二〇〇六年までの間に、池澤が月刊誌「現代」の巻頭言として書いたものを中心にまとめられている。巻頭言だから長さに制限があり、いずれもごく短い。

しかし、世界が激動した七年間を池澤のペンは簡潔に、明晰に、仮借なく、洞察とともに写し取っている。

「二十世紀最後の年」と題された二〇〇〇年は、「ここが世界の中心」という東京中心思想への糾弾に始まり、「君は銃口のどちら側にいるか」というドキッとするような文章を含む。「世界の色調が変わった日」の二〇〇一年はもちろん「九・一一」があった年である。明けて二〇〇二年は「われわれを追い詰めているもの」。当時筆者は沖縄に住んでいて、本土に住む人以上に世界の動きには敏感である。戦争前のイラクからの報告もある。二〇〇三年は「何が本当の脅威か」。アメリカの強国幻想が崩れ、戦争とテロの連鎖はとめどがない。

二〇〇四年は「国家の大儀、政治家の嘘」。いずれも復興支援に名を借りたイラクへの自衛隊派遣への抗議である。二〇〇五年は「憲法の前に政治を変えよう」、二〇〇六年は「暴力化する世界で」。最後がロシアのジャーナリスト、アンナ・ポリトコフスカヤの暗殺で終わっているのは象徴的とも言える。

池澤は自分が政治的な人間だとは思っていない。このコラムを引き受けるにあたっても、このような内容になることは予想もしていなかったらしい。「しかし時代はとても政治的だった」。まえがきに「あるいは政治の季節」と書かざるを得なかった所以である。

池澤夏樹は二〇〇一年九月一一日の直後、メールコラムを立ち上げて、発信を始めたという。「イラクの小さな橋を渡って」を緊急出版し、二〇一一年三月一一日以後は東北や原発について考え続け、発信し続けている。現在は朝日新聞に「終わりと始まり」を連載していることは周知のとおりである。このタイトルもウィスヴァ・シンボルスカに因むようだ。

＊

読むにも書くにも長編志向（嗜好？）があると自分でも言っているのだが、この人の書く短編もまたすばらしい。「君のためのバラ」、「南の島のティオ」（小学館文学賞）、鮮烈な印象を残す前者、子供ために書かれた後者いずれにも、この人の心の優しさがあふれている。ロレンス・ダレルの弟というジェラルド・ダレルを三冊も翻訳し、テオ・アンゲロプロスの映画の日本語字幕を担当し、ジャック・マイヨールと海に潜る。なんという人だろうと思う。

池澤は詩を書くのをやめて、小説を書き始めるまでの間、多くのエッセイ、評論を書いている。二〇〇八年にはそれまでの一〇年間に書いたものをまとめて、「風神帖」、「雷神帖」という二冊のエッセイ集を出した。「風神の方は人に近い内容のものをおさめ、雷神の方には本や映画などモノを扱う文章を収める」とはいうものの、本人も言うとおり、両者に歴然とした差異はなく、当然と言うべきか、どちらも本に関する話題が多い。

「風神帖」には「自然を神の座に戻す」という一文がある。山菜採りについての些細な話のようだが、知性に欺かれた現代人の悲劇を見据えている。前に触れた、手つかずの自然を求めての旅のことはこの中の「南極はどっちだ?」に出てくる。ジャック・マイヨールや星野道夫のこと、そして石牟礼道子についての「『苦海浄土』ノート」も収録されている。心打たれるのは、松浦武四郎についての二つの文章である。一つは、この「探検者、地理学者、文化人類学者の先駆、警世家、国策の提唱者にしてまた国策の徹底した批判者、そして何よりも倫理の人」であったというこの人物が残した「アイヌ人物誌」の紹介、もう一つは、その「松浦武四郎の事跡という松明を次世代に手渡」そうとする花崎皋平の「静かな大地」についてである。池澤の小説「静かな大地」はこれらを母胎として誕生した。

「雷神帖」で興味深いのは「ユリシーズ」について書かれた「人間に関することすべて」と、筆者も選考委員の一人を務めるルポルタージュ文学の国際賞である「ユリシーズ賞選考記」である。前者は、注だらけの読みにくい作品を、それでも読んでみようかという気を読者に起こさせるような文章だし、後者は「文学は人間の永遠の真実を追うものであると同時に、今の自分たちの姿を探るものである」という筆者の社会的関心を反映したもので、このとき第一位となったのは、後に暗殺されることになるアンナ・ポリトコフスカヤの「チェチェン――ロシアの恥辱」であった。

もう一つ、「『野生の思考』と物語の擁護」は、「僕は人間の定義をレヴィ＝ストロースに負っている。すべては『野生の思考』から始まった」という著者が、この思想家の思考をデカルトの「方法序説」と対比して述べたもので、「『方法序説』はシンプルで美しいが、『野生の思考』は雑多で散らかっている。『神話論理』となると広がりすぎて手もつけられないほど。しかしそれがいかにも人間くさくて、魅力があるのだ。小さな話の一つ一つにぼくは仲間を見出す。この喜びが、ぼくにとっては、文学の第一原理である」という。

私自身はジョイスもレヴィ＝ストロースも読んではいない（読みかけたことはある）のだが、こう言う池澤夏樹にはついていける。観念をもてあそぶことなく、話が率直で具体的だからである。

二冊のエッセイ集成はもちろん宗達の絵に因むネーミングである。それについて池澤はこんなことを言っている。「あの構図、真ん中がすぽんと空いているところがまた好ましい。」「なぜ真ん中の空白が大事か。僕にとって一番力を込めるべき仕事はエッセーではなく創作である。本業は小説と思っている。風神と雷神の間の空っぽを見ていて、ここに入るべきは自分がこれから書く小説だと気づいた」。

大胆で、力強い宣言である。最近の、ヴェトナム戦争末期の沖縄における人間模様をとおして戦争や個人と国家について考えさせる「カデナ」も、地球全体で不足している水資源を、南極から氷山を曳航してきて一助にしようというプロジェクトをめぐって、自然と文明について深い考察のある「氷山の南」も力作である。いずれも、人としてのアイデンティティやヒトとして生きることの意味がきわめて人間的に模索されている。しかし、「マシアス・ギリの失脚」の作者はその将来において、きっとこれらを凌ぐ渾身の大作を書くであろうと、私は確信を持って待っている。

國木田獨歩とワーズワース

はじめに

この頃は無くなったようだが、昔の中学校、高等学校の英語の教科書にはよく英詩が載っていた。そのなかにA Rainbow や Daffodils などのワーズワースの詩もあった。私は自然を詠うこの詩人に共感を持ち、とくにその虹を詠った詩が好きだった。「空に虹を見るとき私の心は躍る (My heart leaps up when I behold / A rainbow in the sky)」、「子供は大人の父である (The Child is Father of the Man)」、その通りだと思った。「そして日々、自然に対する敬虔さを持って生きたい (And I could wish my days to be / Bound each to each by natural piety)」と願うことも同じだった。のちに（一九七一年）、初めてイギリスに行ったときには湖水地方をめぐり、ワーズワースゆかりの場所を歩いてみたりした。

まだ大学在学中の三年時に、担任でもあった福田陸太郎先生の「比較文学」の講義の中で各自研究テーマを決めなければならなくなり、調べていくうちに國木田獨歩がこの詩人から大きな影響を受けていることが分かった。獨歩も武蔵野の自然について書いていたことを思い出し、この二人の関係についてまとめてみようと思った。今から見ればまことに拙い論考ではあるが、以下はそのあらましである。

獨歩の位置づけ

ワーズワース（William Wordsworth 1770 ~ 1850）は、いまさら言うまでもなく、英文学史上、いわゆるRomantic Revivalの魁をなした人であり、自然と人間の日常生活の中に深い意味を見出して独自の境地を詠った詩人である。

一方の國木田獨歩（一八七一〈明治四〉~一九〇八〈明治四一〉）は、日本の浪漫主義思潮の中では前期浪漫主義に属し、また、自然主義文学の先駆的存在ということになっている。その手法は自然主義であるが、作品に裏付けられた感情は浪漫的ということで、浪漫的自然主義の名で呼ばれることもあるという（本間久雄）。

日本の浪漫主義は多分に西欧文学の影響の下に起こっており、なかでもイギリスのロマン派詩人の与えた影響には大きなものがあった。笹淵友一によれば明治二〇年代の前期浪漫主義は「於面影」による新声社の森鴎外、幸田露伴、宮崎湖処子などにその先駆が認められ、北村透谷、島崎藤村等の「文学界」同人によって担われていく。自由民権などの文明開化思想やキリスト教思想の感化を受け、形而上世界への憧憬、精神主義の傾向もあるが、現実認識を伴っていて、単純なセンチメンタリズムからは区別され、比較的健康な人間主義の精神に貫かれているという。審美的傾向が強い上田敏、平田禿木などもいる。

与謝野鉄幹、晶子の「明星」派による後期浪漫主義になると、芸術至上主義が強くなり、象徴詩風の薄田泣菫、蒲原有明、さらに泉鏡花へとつながる。明治後期になると、自然主義唯物観、機械観、運命観と結びついて新浪漫主義が起こり、北原白秋、木下杢太郎、吉井勇、小林秀雄、高村光太郎そして永井荷風へと引き継がれていく。

前期浪漫主義の作家達にはダンテ、ワーズワース、バイロン、シェリー、ルソー、ルナンなどの西欧文学ばかりでなく、西行、芭蕉、宗祇などの日本文学、さらに中国文学などの影響もあるというが、獨歩については笹淵友一はこう言っている。

「その浪漫性の根拠は主としてその形而上性にあり、キリスト教を媒介としての二元論に苦しんだが、幾ばくもなくこれを脱却して、自我の自由と無限とを強調するきわめて楽天的人間観に到達。これにワーズワースの汎神論的自然観が影響を与えている。獨歩が浪漫的理想と現実の間の通路を見失うことがなかったところに、彼の明朗、単純、真率な資質がある。」

獨歩の作品

獨歩は初めから作家として立とうとしたわけではなく、政界や実業界への執着は終生あったようだし、そういうところから純然たる文芸家とは見なさない人もいる。中島健蔵などは、「獨歩は職業的小説家ではなかった。作家生活という限定つきの生活はしないでふつうにはげしく生活したのであった。しかも彼にとっては人生は事業によって埋めつくせるものではなく、その間隙に生み出されたのが彼の文学だった」と言っている。しかし、その作品は独特の詩味をたたえて魅力的である。ペーソスばかりでなくユーモアにあふれたものや、強い思想性を感じさせるものもある。

それらを内容によって分類してみると、まず、哀感に貫ぬかれた獨歩の中心的な作品として「源叔父」、「忘れ得ぬ人々」、「春の鳥」、「河霧」、「少年の悲哀」などがある。「酒中日記」、「女難」、「第三者」、「繪の悲しみ」、「運命論者」などもこの系列に属すだろう。次に、楽天的な平民道徳が現れていると言われる「日の出」、「非凡なる凡人」、「馬上の友」、「巡査」、「富岡先生」、「鹿狩」などの作品群がある。晩年の自然主義的な特色が出ているものとしては「疲労」、「窮死」、「暴風」、「竹の木戸」、「二老人」「号外」、「泣き笑い」、「波の音」、より思想性の強いものとしては「牛肉と馬鈴薯」、「岡本の手帳」、「悪魔」などがある。最後に、清新な自然描写が主になっている「武蔵野」と「空知川の岸辺」を忘れるわけにはいかないだろう。

これらのうち、ワーズワースの影響があると言われるのは最初に挙げた作品群である。「武蔵野」や「空知川の岸辺」にもそれはあると言えるが、これらには獨歩自身が作品中にも引用しているツルゲーネフの影響も認められる。

獨歩とワーズワース

獨歩の文学がワーズワースをその本源においていることについては、獨歩自身が語っている。ワーズワースに言及している獨歩の文章としては、日記である「欺かざるの記」を別にすれば以下のようなものがある。

一、「田家文学とは何ぞ」（明治二五年）
二、「ウオーズウオースの自然に対する詩想」（明治三一年）
三、「小春」（明治三三年）
四、「自然の心」（明治三五年）
五、「余は如何にして小説家となりしか」（明治四〇年）
六、「余が作品と事実」（明治四〇年）

七、「不可思議なる大自然（ウオーズウオースの自然主義と余）」（明治四一年）

八、「病床録」（明治四一年）

このうち四、「自然の心」は、ワーズワースの訳詩集である。始めにワーズワースの詩に見られる特徴は、自然と人生の交流と少年時代の回想であるという簡単な解説を付し、「意訳にあらず直訳にあらず、詩の心を説いたのみ」として、次の九篇の詩が採りあげられている。

1. My heart leaps up
2. Lines: Composed a Few Miles Above Tintern Abbey, on Revisiting the Banks of the Wye During a Tour ,July13,1798
3. Ode on Intimations of Immortality from Recollections of Early Childhood
4. Lucy Gray
5. To my sister
6. The tables turned
7. We are seven
8. The solitary reaper

9. There was a boy

1.は前にも触れた虹を詠った詩、3.では失われた自然の内なる生命に対する幼児の直感を、成人してのち取り戻す過程が詠われ、4.では母親を迎えに行って行方不明になった少女、7.では死の意味が理解できない少女、8.では歌いながら一人で麦を刈る少女、9.ではフクロウの真似がうまかった一二歳で死んだ少年のことをそれぞれ詠っている。5.と6.では、書を捨てて自然に親しむことを勧めている。

2.については「自然の心」の二年前に書かれた「小春」の中に詳しい。これは小説というより随想に近い作品であるが、この中で獨歩はかつて熱中して読んだワーズワース詩集を再び取り出して読み始める。「マイケル」、「エキスカルシオン」、「ソンネット」の二、三篇を経て Tintern Abbey の詩に至る。

この詩はワーズワースの作品のなかでも一般に最も愛唱され、獨歩も繰り返し読んだということである。獨歩はこの詩の全訳を掲げ、中でも心を打ったのは冒頭の Five years have past;（五年は経過せり）、While here I stand, not only with the same / Of present pleasure, but with pleasing thoughts / That in this moment there is life and food / For future years.（而て我今、再び此処に立つ。我心はただに今のこの楽しさを感ずるのみならず、実に又た来るべき歳月に於ける我が生命と我が食物とは今の此時の感得中にあるべきなり)、Nature did never betray / The heart that loved her;(自然は決して彼を愛せし者に背かざりし)/ Therefore let the moon / Shine on thee in thy solitary walk; / And let the misty mountain winds be free to blow against thee:(かかるが故に、月光をして汝の逍遥を照らしめよ、霧深き山谷の風をして恣ままに汝を吹かしめよ)というような詩句であったという。

この詩を読んで獨歩が思い起こしているのは、地方の教師として過ごした一年間の佐伯での生活とその風光である。その一年間獨歩はワーズワースの詩想に導かれて、夜となく朝となく、山となく野となく、そのほとんどの歳月を逍遥に過ごして自然を学んだと言っている。そしてこう書く「自分が真にヲーズヲルスを読んだは佐伯に居る時で、自分が最も深く自然に動かされたのは佐伯に於いてヲーズヲルスを読んだ時である」。それを検証してみたいのだが、まず獨歩の日記でワーズワースが関連している部分を概観することから始める。

「欺かざるの記」

「欺かざるの記」は、明治期の小説家が書いた日記としては樋口一葉のものとならんでよく知られている。明治二六年二月四日に書き出され、明治三〇年五月一八日までの足かけ五年にわたる膨大なもので、ここには獨歩の文学修養時代の様子や人間形成の過程、さらにはのちの作品の本質的なもののほとんどが現れていると言ってよい。

獨歩はJohn Morley解説のマクミラン版「ワーズワース全集」とMathew Arnold解説の「ワーズワース選集」を所持していたらしい（田山花袋の記述）が、これは植村正久の仲介といわれる。獨歩自身は明治三三年に、八年前の九月二一日に「ワーズワース詩集」を手に入れたと書いている（「小春」）ので、それは明治二五年ということになる。その五ヶ月後に「欺かざるの記」が書き始められる。その中からワーズワースに言及している主なところを抜いてみる。

明治26年２月10日　吾が書架にはエメルソン、カーライル、ユーゴー、聖書、ワーヅワス、バーンズ、ゲーテ、論語、王陽明、荘子、英国史、列を連ねて吾を瞰下す。

明治26年２月23日　その音や清く、高く、遠く、幽静なり。心の清きものに非ざれば聞く能わず。能く之れを聞く者は理想の人たり——則ち愛と誠と労作の人たり。

（"The still, sad music of humanity" への言及）

明治26年３月17日　ウオルヅウオルスを読み慷慨措く能わず。分を惜しみ秒を呑む。感情は消え、理想は立つ。浩然の猛気は餒ゆ。アア　如何にせば可ならんか——。

明治26年３月21日　昨夜吾は断然文学をもって世に立たんことを決心せり。則ち「人間の教師」として吾が力に能ふだけを務めて此の世を終わることは最も吾が命運に適し、吾が生を値するを信じたり。(〝I wish to be considered as a teacher or as nothing.〟)

明治26年 3月28日 ウオルヅウオルスの詩「インデペンデンス」を読み了り、将に臥床に入らんとす。収に眠り傍らに在り。吾が心幽愁としてまた岌々の悲煩なし。アア、ウオルヅウオルスは吾が心を歌いたり。吾は何を為すべき。然り吾は教ゆ可きなり。ウオルヅウオルスの詩想と吾が時々胸を衝きし感情と全く同一の形を有するものあり。さり乍らその性質に於ては多少異なるを見ゆ。その差異や如何。

明治26年 3月31日 昨日自由社に至りて〝Influence of natural objects〟を読み始め、purifying の字に就いて大いに得るところあり。社会生活の渦中にストラッグルする人間の感情・詩想より人性・自然の幽音悲調を聞かざるべからず。

明治26年 4月12日 ウオルヅウオルスの「オード」を読み、彼れ是れ思ひ合わして吾が感情の(思想は言わず)大にウオルヅウオルスに似たるを覚ゆ。

明治26年 4月24日 嗚呼『人生の経過』。吾実に「五年は経過せり」のウオルヅウオルスを吟じたり。而して自ら省みて幽愁に堪えぬものあり。突如として襲来せる感情あり。曰く、霊魂不死なり。人間は永遠に存する者てふ思想之れなり。

明治26年７月20日　ウオーズウオースの詩、エマルソンの哲想、ゲーテがファウスト悉く個人感の絶頂なり。ウオーズウオースの「オード」は多少此の戦争（個人感と社会感との）を語れども、未だ玄妙の域に至れる者と言う可からず。只戦争の形を示すのみ。ウオーズウオースの「ソリタリーリーパー」は何故に絶調なるぞ。則ち個人感の「メロディ」なればなり。

明治26年７月25日　ウオーズウオースは野花、雲雀、小児、泉流の中に自由の境を得たり。

明治26年８月25日　粗雑なる感想われを惑わす時に於いて、混沌たる感情わが信仰を傷つけ、わが独立をやぶらんとする時に於いて静に、徐にウオーズウオース詩中のミカエルを思い、其のシンプルなる、其のインノーセントなる生活を想う時は熱涙止めんと欲して止む可からず。わが魂は直ちに神を直感するや、嗚呼此の無辺無窮の宇宙、此の変転不可思議の人生、吾人は是れをミカエルの胸中に納めんと欲す。

明治26年９月10日　其の作「レクリュース」に言わずや〝On Man,on Nature,and on Human Life,Musing in solitude, ～〟人間、自然、人生を寂漠に瞑想す。見よ、自然を思うは人間、人生を思ふ所以。人間、人生を思へば従って自然を思ふ。

明治26年９月14日　初めてウオーズウオースの詩「ゼ・コック・イズ・クローイング」

の詩想の趣味深きを知りぬ。自然と人生の妙なるハーモニーがウオーズウオースの詩想なることを見るなり。虹の詩も解かりぬ。「インモータリティのオード」もいよいよ深く味わいぬ。「ツー・マイ・シスター」中の「此の一日は吾等をして遊ばしめよ」の句、其の句の妙なるを知るなり。彼が何奈の処より小児のハートを恋たるか知りぬ。嗚呼吾をして自然を愛せしめよ。神を信ぜしめよ。此世の重荷、習慣、因習の束縛、桎梏より免れしめよ。悲観の詩想、教理にせよ、楽天の詩想、教理にせよ、悉く自然の永久なると、人生の短かきとの対照より来るなり。

明治26年10月26日　ウオーズウオースは歴史に於ける人類、天地に於ける人類を見たりと言はんより、此の霊妙なる宇宙に於ける人間一個の生命を観たり。その一生を観たり。人生を想いたり。而して自然を観たり。彼の詩が茅屋の民を歌ひ、純朴の生涯を歌ひ、而して常に永遠の命を仰ぎたるはこの故に非ず也。

明治27年６月26日　今朝ウオーズウオースの「ハイランドガール」を読む。

明治27年６月27日　静かにウオーズウオースの句を唱せんことを願ふ。曰く、〝Why should we thus, with an untoward mind, / And in the weakness of humanity, / From natural wisdom turn our heart away, / To natural comfort shut our eyes and ears, / And feeding on disquiet, thus disturb / The calm of nature wish our nestless thoughts.〟然り。これ実に哲人の慷慨幽糠する処のもの。嗚呼吾何を求め、何を追ふ。

明治27年9月29日　ウオーズウオースのチンテルン精舎の詩を読みたり。吾自然に対するわが過去の幸福を懐ふ時、わが情一種の回想失望的哀感に打たる。されどウオーズウオースと共に左の句を唱し得ば幸福ならずや。〝That time is past, / And all its aching joys are no more, / And all its dizzy raptures. Not for this / Faint I, nor mourn nor murmur: other gifts / Have followed, for such loss, I would believe, / Abundant recompense, For I have learned / To look on nature, not as in the hour / Of thoughtless youth, but hearing oftentimes, / The still, sad music of humanity, / Not harsh nor grating, though of ample power / To chasten and subdue.〟

嗚呼自然！自然、吾は爾の崇拝者たらんことを欲す。爾の大・美・聖！は真なり。吾爾の懐に入らんことを希ふ。爾の自由を吾にめぐめ。

作家國木田獨歩の誕生

獨歩は明治四（一八七一）年千葉県銚子で生まれ、四歳までそこで育てられたが、司法省に出仕した父親とともに、六歳の時に東京から山口に移り、次いで広島、岩国と転居し、そこで小学校に入学する。一三歳の時、判事補となっていた父親の転勤で再び山口に戻り、小学校から中学校に進学するが、一七歳で上京、翌年東京専門学校英語普通科に入学する。二〇歳の時植村正久を知り、翌年洗礼を受ける。同年専門学校を退学、文学活動を始め、山口に帰省して松下村塾にならって塾を開いたりする。二二歳で弟をともなって再び上京、この年「ワーズワース詩集」を入手して読み始める。

翌年、「欺かざるの記」を書き始める。父親退職のため、徳富蘇峰の紹介で豊後佐伯の鶴谷学館教頭に就任するが、一年で退職、国民新聞社に入社、従軍記者として軍艦に乗る。帰還して二五歳、佐々木信子と結婚、逗子の農家で新生活を始める。しかし、翌年、信子が失踪、結局離婚に至る。二七歳の時に処女小説「源叔父」を発表、「欺かざるの記」を終了する。

この後、獨歩は再婚、活発な文筆活動を行い、政界進出を企てたり、晩年出版社の経営を行ったりするが、三八歳を目前にして明治四一（一九〇八）年病死する。

これが獨歩の生涯の概略である。これで見ると、「欺かざるの記」の五年間はその前半においてワーズワースの影響を深く受け、後半において信子との結婚、離婚を経験して作家國木田獨歩が生まれる準備がなされた時代といえそうである。処女小説「源叔父」の発表と「欺かざるの記」の擱筆がほぼ同時というのも興味深い。獨歩が「ワーズワース詩集」を入手してから「欺かざるの記」を終えるまでの期間を、日記の記述から確認できるワーズワースの作品とともに一覧にしてみると次のようになる。

明治25年9月　「ワーズワース詩集」入手
明治26年2月3日　「欺かざるの記」起筆
Tintern Abbey, Resolution and Independence, Mikael, The Influence of Natural Objects, Intimations of Immortality, To the small Celandin, Solitary Reaper, Sonnet, At the grave of Burns, The Recluse, The cock is crowing, To my Sister
明治26年9月30日　佐伯赴任
The Excursion, I wondered lonely as a cloud, Tintern Abbey, Hiland girl, Intimations of Immortality
明治27年8月1日　上京
明治27年10月19日　国民新聞従軍記者
The Excursion
明治27年3月5日　帰還

明治28年6月　佐々城信子を知る
The Influence of Natural Objects
明治28年11月11日　結婚
明治29年4月　信子失踪・離婚
明治30年5月13日　「源叔父」脱稿
明治30年5月18日　「欺かざるの記」擱筆

こうしてみると、たしかに佐伯時代は獨歩の文学的素地を養ったといえるが、ワーズワースの大部分の作品はそれ以前にすでに読んでおり、佐伯時代にはそれらを再読、三読しながら血肉化したといえそうで、佐伯の風光がそれを助けた。前に挙げた「不可思議なる大自然」の中で、獨歩はこう書いている。「余が初て短編小説を書いたのは今より十年前である。それより更に五六年前覚束なき英語教師として豊後佐伯町に一年間滞在していたが、当時余は最も熱心なワーズワース信者で、而してワーズワース信者にとりて佐伯の町は実に満目悉くワーズワースの詩篇其物の感があったのである。山に富み、渓流の奥に小村落あり。村落老いて物語多く、実にワーズワースの信者をして「マイケル」の二三は此処彼処に転がっていそうに思はしめた位である」。

「不可思議なる大自然」が書かれたのは獨歩の死の年であるが、その副題に「ワーズワースの自然主義と余」とあるとおり、自分の文学の出発点がワーズワースであったことを認めてこう言っている。「徳川文学の感化も受けず、紅露の影響も受けず、従来の我文壇とは殆ど全く没関係の着想、取扱、作風を以って余が創作を始めたことに就いては其本源がなくてはならぬ。其本源は何であるかと自問して、余はワーズワースに想到したのである」。

「既にワーズワース信者である限り、自然を離れてただ世間の人間を思うことはできなかった。人間と相呼応する此の神秘にして美妙なる自然に於ける人間なればこそ、平凡境に於ける平凡人の一生は極めて大なる事実として余に現はれたのである。そこで豊後滞在五、六年の後、余は初めて「源叔父」なる小説をつくり、その主人公の一人は乞食の紀州であったのである。無論余は、後年ツルゲーネフも読み、トルストイも読み、モーパッサンも囓りて、その感化を受けたには相違ないが、以上述べたところに依って、余はついにワーズワースの流れを掬んで、それを信じて、それに依って世に立った一人であることを証明して余りあると思う。」

この文章は島村抱月が「早稲田文學」に発表した「文芸上の自然主義」に触発されて書かれたものであるが、人間を社会の裡にしか観ない当時の自然主義に対して、ワーズワースに端を発するものは「主義と名のつかない自然主義(抱月の言葉)」であるとしてこう述べる。「悠久にして不可思議なる、生死を吐呑する此大宇宙、爾が如何にもがきて飛び出さんとするも能はざる此大自然、事実中の大事実、當面の真現象に就いては何等の感想をも懐かない文人が、如何に巧に人間の事実を直写したからとてそれは一芸當たるに過ぎない。斯くて文芸何の値ぞ、所謂る自然主義何の値ぞ」。

つけ加えておかなければならないことは、獨歩の作品の背景をなす自然が佐伯ばかりではないことである。猪野謙二は、獨歩が東京専門学校を退学して帰省し、後年故郷とも呼んだ山口県熊毛郡麻郷村近辺の風光が獨歩文学の成立に大きな意味を持ったとして、個々の具体的な作品について、その背景となった場所を指摘している。

ワーズワースが獨歩に与えた影響

獨歩はワーズワースから何を学び、どのような感化を受けたのであろうか。これについては益田道三が「比較文学的散歩」（研究社選書）の中でかなり詳しい考察をしている。それによれば、ワーズワースが獨歩に与えた感化は（一）瞑想（二）淳朴の生活（三）人生の経過（四）幽音悲調の四つだという。

瞑想については、たとえば「ウオーズウオルスの語をかりて一言す。曰く希望の食物は沈思の働きなりと（欺かざるの記）」というのは The Excursion から来ているし、淳朴の生活でいえば「野辺のすそ、川辺に一つ住家あり（欺かざるの記）」は Lucy Gray から、また「悲しむべきは人の老ひゆく事なり、電光の如く経過す此生命（欺かざるの記）」というような人生の経過に関しては、既に引用した Tintern Abbey の冒頭や The Excursion の〝Man descends into the Vale of years〟が思い合わされ、獨歩の小説の本質をなす幽音悲調はまさに〝The still,sad music of humanity〟だというのである。そして The Recluse の〝On Man, on Nature, and on Human Life, Musing in solitude〟こそ獨歩文学の根幹だという。

もう一人、片上伸はその「國木田獨歩論」でこう言っている。「獨歩の作品には流転変化する過去の生活を追慕するものと、無名平凡の「小民」の生活を録したものと、いずれにしても一種の悠々たる哀感を誘うものが多い。しかしてその哀感の奥に沈思せる自然の力、秘めたる運命の神秘を思わしめぬものはない。人間の縫遇別離は意味もなき如くにして過ぎゆく人生の最も深い事実である。生死の海に漂う人間の多種多様なる運命は音もなく永劫の彼方に流れ落ちてゆく。はかない脆い人間の生活、しかもその間になお現世の快楽に執着して思い切りかね、棄てかねている哀れに花やかな凡人の姿は、ぱっと照らす夕日の一時の花やかさがいつとはなしに誰にも知られず薄れてゆく心地である」。

それでは具体的に獨歩のどのような作品にワーズワースの影響が見られるのであろうか。塩田良平などによって指摘されているところによれば、それは「源叔父」をはじめとして「忘れ得ぬ人々」、「春の鳥」、「空知川の岸辺」などであるという。その他「少年の悲哀」、

「河霧」、「女難」のトーンにもその影響が認められるとしている。

ワーズワースの Michael は老羊飼いの物語である。保証人になっていた甥の突然の不幸のために借金を払う義務を負ったマイケルは、やっと自分のものになった先祖からの土地を売るに忍びず、もう十分成長した息子ルークを親類の商家へ奉公に出す。が、ルークは都会の悪風に染まり、ついには身を持ち崩して国外にさすらう。年老いたマイケルはかつて息子と着手した羊小屋の建設も成し得ずに死んで行く。老妻イザベルもその後を追うように死に、土地家屋は他人の手に渡り、今は一本の樫の木と建てかけだった小屋の廃墟が残るばかりという話である。一方、「源叔父」の方はやはり年老いた渡し守の物語である。妻に死に別れ、最愛の息子を水死させてからは、孤独で寡黙な人間になって行くが、たまたま同じ境遇で、他に頼る者がいない乞食の紀州を我が子として引き取り、生活を共にしようとする。しかし、紀州は人情を全く理解しない人間で源叔父の心が通じず、再び家を飛び出し、源叔父は寂しさの極みの中で死んで行く。

「春の鳥」は獨歩の最高傑作と言われることもある作品で、鳥の真似をしようとした白痴の少年が城の石垣から身を躍らせて死ぬ物語である。ワーズワースの There was a boy の少年は、白痴ではないがフクロウの鳴き真似がうまく、夜々木の下や湖の畔に立って対岸のフクロウと鳴き交わしていたが、一二歳にもならないうちに死んでしまうという内容であり、The Idiot boy は母親ベティが隣人のスーザンの病気に苦しむのを見て、自分の白痴の子供を馬に乗せて町に医者を呼びにやるが、子供は使いを忘れいつまでも帰ってこない。心配した母親が探し回ってやっと見つけ、スーザンの病気も回復するという物語である。後者の白痴の少年のイメージやその息子を心配する母親の心理が「春の鳥」に似通うという。

もうひとつ「忘れ得ぬ人々」は、たまたま泊まり合わせた旅客に忘れ得ぬ人々の面影を語るという構成がとられているが、それが瀬戸内の海で一人貝を拾う男であったり、阿蘇の麓で俗謡を吟じながら車を引く男であったり、四国で見かけた琵琶法師であったりする。思い出されるのは、一人歌いつつ麦を刈るワーズワースの The Solitary Reaper であり、沼地に水蛭を探して歩く The leech-gatherer を詠った Resolution and Independence である。

これらの作品にはある共通した要素、トーンがある。従来は物語の主人公などにはなり得なかったような名もなき人々の生活が描かれる。ワーズワースは好んでそういう人物を採りあげた。獨歩もそれにならってそのような人間を主人公にしてその孤独で淳朴な生活を描き、哀感漂う物語を書いた。その背後にはいつも悠久な自然があり、無窮の時の流れがあった。

「國木田獨歩研究」を書いた吉江喬松はこう言っている。「果しなくつづく時の流れ、無窮ということが絶えず彼の意識のなかに流れていた。この無窮の流れの中に事象を浮かばせて考えることでなければ彼には何も思料せられなかった。無窮無限に流続する時の存在、その流れの中に出没する事象、無限と有限との対照、むしろその交叉点を痛感しようとする意識を持って『忘れえぬ人々』、『忘れえぬ光景』を捉えたのが獨歩の作品であった」。

獨歩の限界と独自性

このように獨歩の文学の出発点にはワーズワースがあり、とくに初期の作品にはその影響が色濃く出ているといえるが、もちろん両者には違いもある。ワーズワースはその作品中の人物に、人間の勇気に見られる純粋な力、独立心、陽気さ、人生に対する徹底した喜び、情熱的な感情などを見出していたが、獨歩にはそれらの人物の運命に同情を寄せ、それを哀れととらえる傾向がある。前にも引用した片上伸はこう言う。「流転生成する平凡なる人々の生活に不可思議なる運命を痛感したのは明らかに獨歩がワーズワースの精神から学んだところである。しかもワーズワースには獨歩ほどの煩悩なく、執着なく、その態度はいかにも霊的、超越的であった。ワーズワースには哲人の静かな心を懐いて世情を哀れむという風があった。どこか澄み切ったところがあった。しかし、獨歩はこの不可思議なる運命の姿を沈静な心を懐いて哀れむだけにとどまることができなかった。彼はすべての運命の姿を我ならぬ彼方のこととしてのみ見ることができなかった」。

それを塩田良平は、「人の世に営まれる万象にはことごとく幽音悲調がこもっていると信じた獨歩は、だからリアルな世界を切り開いて見せながら、その統一を一種の神秘的世界観にもっていった。人間生活の悲惨さに対する解釈は究極において運命論的諦観に流れ、蘆花ほどのヒューマニズムにも導き出されなかった。獨歩はリアリズムの開拓者ではあるけれども、その限界はいつもこの詩情の揺曳によって次の現実への飛躍をおしとどめる」のだと言う。

ワーズワースも獨歩も自然に対して神秘主義的な汎神論にも似た感覚を懐いていたと思われるが、ワーズワースの場合は自然の美と共に、そのなかに倫理的な力を確信していたのに対して、獨歩の方は、自然は悠久なものとして滅びゆく人事との対比で捉えられていた面が強い。平野謙によれば、そのような獨歩に対しては、後年キリスト教の正統的世界観に移行していったワーズワースと対比して、その文学は思索力の停滞の上に成り立っているという批判があるという。獨歩文学の哀感といったものも、結局は近代以前のもののあわれなり無常観なりの一変形にすぎないというのである。

にもかかわらず、獨歩の作品は他の誰にも真似のできないやりかたで、単純であればあるだけ深く人の心にしみ通る真実を読者に伝える。ワーズワースの作品は国境を超えて獨歩の心を打ち、獨歩の作品は時代を超えてわれわれの心に響くのである。

ワーズワースを読み、その影響を受けた作家は獨歩だけではない。この文章の最初に名前を挙げた宮崎湖処子、島崎藤村、薄田泣菫のほかにも徳富蘆花や石川啄木がいる。しかし、それらの誰にもましてワーズワースの詩の世界を最も深く味得し、それを作品に生かし得たのは獨歩であった。

明治二八年九月、信子の両親の反対を押し切って結婚しようとしていた獨歩は新天地での二人の新生活を夢見て、北海道の空知川沿岸に地所を選びに行く。結局これは実現しなかったが、その体験をもとに後年「空知川の岸辺」が書かれる。その描写にはワーズワースの The Prelude や Nutting の反映があると言われる。その中で、原始林の奥を見つめていた主人公がこう言う。「社会が何処にある、人間の誇り顔に伝唱する『歴史』が何処にある。此場所に於て、此時に於て、人はただ『生存』其者の、自然の一呼吸の中に托されてをることを感ずるばかりである」。

ワーズワースは単なる自然詩人ではなく、若い頃はフランス革命に身を投じたこともあり、自然だけでなく常に人間と社会にも目を向けていた。一大長編詩として構想された The recluse（隠者）が完成されることはなく、その作者も決して隠遁者などではなかった。獨歩もまた、晩年に至るまで政治や実業界への野心を捨てきれない人間だった。しかし、「この霊妙なる宇宙における人間一個の生命を観る」という点において二人は共通するものを持っていた。洋の東西で、時代を超えて、これほど深く自然に心を寄せていた二つの魂が響き合ったという事実に私は感動するのである。

ワーズワースが晩年を過ごしたライダルマウントの家（1971.8）

H・D・ソローの「ウォールデン（森の生活）」

一九九二年の年末から翌年の始めにかけての二週間、アメリカの東海岸を旅行したことがある。最大の目的は、三〇余りしか残っていないフェルメールの絵のうち、この地域に存在する一三点を見ることであったが、あわせてニューヨーク、ワシントン、ボストンでコンサートやオペラを楽しみたいということもあった。

フェルメールの方はメトロポリタン美術館にある一点が修復中、ボストンにあった一点が盗難にあったまま返らないということで、一一点だけ見ることができた。修復中だった一点は、後に絵のほうから日本にやってきてくれた。期待していた「水差しを手にする若い女」には思ったほど感激せず、フリック・コレクションの「女主人と召使」、ワシントン・ナショナル・ギャラリーの「手紙を書く婦人」と「秤をもつ婦人」の色調と質感そして品格の高さに魅了された。

コンサートはエイヴリー・フィッシャーホールでのニューヨーク・フィル、ガラ・コンサート（ストラットキン指揮、一二月三一日）とバレンボイムのピアノによるシューベルト・プロ、カーネギー・ホールでのアレグザンダー・シュナイダー指揮の学生オーケストラ、ボストンではマイスキーとボストン響の共演でドヴォルザークとチャイコフスキーを聴いた。カーネギー・ホールとボストン・シンフォニー・ホールの渋い響きが忘れられない。
メトロポリタン・オペラは「イエヌーファ」と「トスカ」（一月一日）を見た。このシーズンは小澤征爾が「トスカ」を振ることになっていたが、ちょうど日本に帰っていて、別の指揮者だった。その他ニューヨーク州立劇場のバレエ「くるみ割り人形」、ワシントン・フォード劇場の「クリスマス・キャロル」、ケネディー・センターのゴスペルなどの公演にはアメリカのクリスマスを強く印象付けられた。

美術や音楽の旅としては、あらまし以上のようなことであったが、せっかくボストンまで行くのであれば、ぜひとも訪ねたいと思っていた場所があった。コンコードである。アメリカ独立の戦跡であり、エマーソン、オルコット、ホーソーンなどの作家たちが住んでいたところでもある。しかし、この地が私を引きつけるのは、もう一つの名前、H・D・ソローである。コンコードはこの作家の生まれ故郷であり、そこにはソローが、そのほとりで二年間独居生活を送ったウォールデン湖がある。

一九九三年一月二日、私はニューヨークからボストン行きの列車に乗り込んだ。たまたま看護が専攻というニューヨーク大学の学生と隣り合わせて、ボストンまでの五時間いろいろな話をした。後になって、ニューヨーク近代美術館で「マチス回顧展」を見ることができたのもこの人からの情報のおかげである。私がウォールデン湖に行こうとしていることを知ると、「もしかしたら、がっかりするかもしれない」と釘を刺された。

ウォールデン湖畔のソローの小屋跡（1993.1）

しかし、翌朝、ボストンから四〇分ほど電車に乗って訪れたウォールデン湖は私に深い印象を残した。冬だったことも幸いしたかもしれない。前日、ボストンはマイナス六度、この日は少し暖かくなってマイナス一度だった。コンコードではインフォメーションも閉ざされたままで、人気のないウォールデン通りから池のほとりに出てみる。電車の窓からも見えた湖面は思った以上に広いが、青い表面は氷結していて、その上を歩くことが可能だった。

ソローの小屋跡は、岸に沿って右にかなり歩いてから少し林の中に入ったところにあり、実際に小屋が建っていた部分は九本の石柱と細い鎖で囲われていた。あたりの林の下は一面枯葉に覆われ、その上に浅く雪が積もっていたが、小屋跡の部分だけはそれが氷に変わっていて、革靴で歩くのは危険な状態だった。林はオークかビーチあるいはメープルといった落葉樹だが、湖の近くには常緑樹の松も多い。木々の間からは湖面が望まれた。

小屋の中の暖炉があったと思われるところに、この場所の説明を刻んだ石版が置かれ、近くには褐色の板の上に白い文字で「ウォールデン」からの有名な一節を記した看板が掲げられ、そのそばに石の小山が築かれていた。

"I WENT TO THE WOODS BECAUSE　　私が森へ行ったのは、思慮深く生き、
I WISHED TO LIVE DELIBERATELY,　　人生の本質的な事実のみに直面し、

TO FRONT ONLY THE ESSENSHAL
FACTS OF LIFE.
AND SEE IF I COULD
NOT LEARN WHAT IT HAD TO TEACH
AND NOT, WHEN I CAME TO DIE,
DISCOVER THAT I HAD NOT LIVED."

人生が教えてくれるものを
自分が学び取れるかどうか
確かめてみたかったからであり、
死ぬ時になって、自分が生きてはいな
かったことを発見するようなはめにお
ちいりたくなかったからである。

THROEAU
ソロー

以下本文中の引用も特記してある以外は岩波文庫「森の生活」（飯田実訳）による。

これは「ウォールデン（森の生活）」の第二章「住んだ場所と住んだ目的」の中の文章である。このすぐ前でソローは中国書「大学」の中に出てくる、湯王の沐浴盤に刻まれていたという「苟（まこと）に日に新たにせば、日日に新たに、また日に新たなり」を引いて「朝とは私が目覚めている時間のことであり、夜明けは私の内部にあるのだ。道徳の向上とは、眠りをふり払う努力にほかならない。」「目覚めていることこそ生きていること」であり、「意識的な努力によって自分の生活を高める能力が、まちがいなく人間にはそなわっているという事実ほど、われわれを奮起させてくれるものはあるまい」とし、「その日の生活を質的に高めることこそ、最高の芸術にほかならない」と言う。「人生の本質的な事実」

とは何であろうか。それこそが、ソローが「ウォールデン」という一冊の書物で言おうとしていることなのである。

『ウォールデン』は、「経済」に始まり「住んだ場所と住んだ目的」、「読書」、「音」、「孤独」、「訪問者たち」、「マメ畑」、「村」、「湖」、「ベイカー農場」、「より高い法則」、「動物の隣人たち」、「暖房」、「先住者と冬の訪問者」、「冬の動物たち」、「冬の湖」、「春」、「むすび」の全一八章からなる。最初の章が「経済」であることに注目したい。しかもその比重はページ数にしてほとんど全体の四分の一に近い分量なのである。

最初にこの本を読んで、私が驚いたことの一つは、ソローがウォールデン湖畔での自分の独居生活をexperiment（実験）と呼んでいることであった。森の中の湖のほとりに小屋を立てて一人住まいをした人物と聞けば、われわれ日本人はつい、世を捨て、自然とともに生きる一種の隠遁者を思い浮かべてしまう。現代に生きる日本人であっても、自分の血の中にこの自然愛好癖、花鳥風月の世界への憧れのようなものが流れていることを感じる人は多いのではないだろうか。

そう思ってこの本を開いた人は、ソローの「森の生活」が一つの**実験**であることを知り、そのいわば報告書（ソローは巻頭で、自分の独居生活について人々の質問に答えることになるだろうと言っている）にあたるこの本が、経済の話から始まっているのを見て、意表を突かれるかもしれない。著者は、この**実験**に関わる収入と支出を項目別に数字で掲げ、その差引残高を示している。そして、人間がこのような独立的な暮らしをしようとすれば、それが十分に可能であることを証明しようとしているように見える。

しかし、そのような暮らしは、ソローのような独立不羈の精神を持ち、器用で、高い能力を持つものにして初めて可能のようにも思える。さらに、私が第一に疑問に思ったのは、この経済収支報告書には、われわれにとって最も肝心な項目が抜け落ちているのではないかということであった。それは土地家屋、不動産の問題である。われわれが森での生活を始めようとするとき、まずはこの問題が大きく立ちはだかる。

ソローの場合、土地は師にして親友でもあったエマーソンの所有になるものを、おそらく無償で借りたのであった。小屋は自力で組み立てたが、その材料は、一部新旧の建材を買ったものの、材木はその借用した土地に生えていたものを利用したのである。このことについては、ソローの弁明じみた記述があるが、やはり一般性は持ち得ないという気がする。賃貸料や寒冷地での暖房費はけっして小さなものではない。

もう一つ、これは多くの人が指摘しているし、ソロー自身が書いていることでもあるが、森の中での一人暮らしとはいいながら、そこはすぐ側を鉄道が走り、町まで二マイルとは離れていない場所であり、その町にはソローの実家があり、心配した家族が様子を見に来たり、町の人々もよく通りかかったりした。ソローも毎日のように町に出かけたと書いている。

そのような森の中の湖畔における独居生活であった。しかも二年という短期間であったのだが、なおそれは「ウォールデン」を読む人々の心に強い印象を残す物語である。それは日常生活に追われ、ついにはそれこそが人生そのもののように思い込んで、それ以外の価値や本当に自分が求めている世界を見失っている人に、それらを思い出させようとする試みでもあった。

実は、最初の長い「経済」の中で、ソローが自分の具体的な経済生活について語り始めるのは章の半分をようやく過ぎてからのことである。それでは、その前半で、筆者は何を語っているのであろうか。

ソローはまず、なまじ「財産」を持ったために、そのくびきに縛られて一生を送らざるを得なくなっている人間の現実を暴き出すところから始める。土地の私有は自らをその土地に縛り付けることでもある。この逆説的表現は、後の方でも「人間は自分が作った道具の道具になりさがってしまった」、あるいは「人間が家畜を飼っているというよりは、家畜が人間を飼っているように思われてならない」とくり返される。そしてこんなことも言う「最高の芸術作品とは、こうした状態から自己を解放しようとする人間の戦いの表現なのである」。次いで、人間は「世間の評判」の奴隷となってしまってはいないかと問いかける。そして「たいていの人間は、静かな絶望の生活を送っている」と言う。そこから著者は「人間の第一目的はなにか」、「生活のほんとうの必要物や手段はなにか」を根本から問い直そうとする。このあたり何やら「方丈記」を書いた鴨長明を思わせるが、ソローはこう続ける。

「ここに人生という、私がまだほとんど手をつけたことのない実験がある。」「ウォールデン」における「実験」という言葉の初出である。「原始的な辺境生活を送ってみると、最低限の生活必需品とはなんであり、それを手に入れるにはどうしたらよいかがわかる」と言い、その必需品とは「食物」、「ねぐら」、「衣服」、「燃料」だという。「贅沢品とか、生活の慰みと呼ばれているものの多くは、単に不必要であるばかりか、かえって人類の向上をさまたげている。」「われわれはみな贅沢品に囲まれていながら、無数の原始的な楽しみという点からすれば貧しい暮らしをしている。」「哲学者になるということは、単に難解な思想をいだいたり、学派を築いたりすることではなく、ひたすら知恵を愛するがゆえに、知恵の命ずるところにしたがって、簡素、独立、寛容、信頼の生活を送ることである。人生の諸問題を、理論的にだけでなく、実践的にも解決することである。」「みんなが褒めたりもてはやしたりする人生は、数ある人生のひとつにすぎない。なぜほかの生き方を犠牲にして、ひとつの生き方だけを過大視しなければならないのだろうか」。

こうしてソローは、「私自身の実験生活」を語り始める。そしてそのような生活を学生に対しても勧める。「いますぐ生きる実験に取り組む以外に、青年が生きることに習熟するよい方法があるだろうか」。ソローが「実験」という言葉を使うのは、この「経済」の後半だけでも八回に及んでいる。

「読書」に続く「音」の章に至って、われわれは著者の美しい言葉を聞くことになる。「書物のみに没頭し、それ自身が方言や地方語であるにすぎない特定の書き言葉ばかり読んでいると、隠喩なしに語る唯一の豊かな標準語である森羅万象の言葉を忘れてしまう恐れがある。」「諸君は単なる読書家や学究になろうというのか。それとも見者（けんじゃ）たらんとするのか？」として、「見るべきものをつねによく見る」ことの大切さを説く。そして言う、

夏の朝など、いつものように水浴をすませると、よく日あたりのよい戸口に座り、マツやヒッコリーやウルシの木に囲まれて、かき乱すものとてない孤独と静寂に浸りながら、日の出から昼ごろまで、うっとりと夢想にふけった。あたりでは鳥が歌い、家のなかをはばたきの音も立てずに通り抜けていった。やがて西側の窓にさしこむ日ざしや、遠くの街道をゆく旅人の馬車のひびきでふとわれに返り、時間の経過に気づくのだった。こうした季節に、私は夜のトウモロコシのように成長し、どんな手の仕事をするよりはるかによい時間を過ごしていたのである。あれは私の生活から差し引かれた時間などではなく、むしろその分だけふだんよりも多く割り当てられた時間だった。私は東洋人の言う瞑想とか、無為という言葉の意味を知った。

この認識は、次の「孤独」の章にも引き継がれ、「心地よい夕べだ。全身が一つの感覚器官となり、すべての毛穴から歓びを吸いこんでいる。私は『自然』の一部となって、不思議な自在さでそのなかを行きつ戻りつする」と語り、「四季を友として生きるかぎり、私はなにがあろうと人生を重荷と感じることはないだろう」とさえ言う。そういう著者は「大部分の時間をひとりで過ごすのが健康的だと思い」、「さびしいと思ったことも、孤独感にさいなまれたこともまったくなかった」と書くのである。

私は、「ソローは」と書いたり、「著者は」と書いたりしている。「『ウォールデン』研究」を書いた上岡克己は、今では古典となったと言ってよいこの書物の虚構性を指摘し、「ウォールデン」の語り手とソローは同一ではないと言う。しかし、両者が相反した考え方をしているとは考えがたいので、私は語り手の感じ方や考え方はソローのものと受け取っている。教えられるところの多いこの研究書はきわめて示唆に富み、「詩人として美を、ナチュラリストとして真理を、モラリストとして善を探究する」ソローの「全体的人間像」のモデルがゲーテであることを指摘している。Ovid の Metamorphoses の主題という、分裂的、断片的ミクロコスモスとしての人間のカオス的状態から完全で全体的なコスモス状態への変身を希求する先にあるのはゲーテが理想とした科学と人間、知と生の根源的統一性であると言える。

自然を研究することが、とりもなおさず自己を完成していくことと本質的につながっていることを見て取り、「すべてのものを探索し、学び知ろうとする」科学的精神と「神秘的であり、探索し難いものはそのまま残しておきたい」とする詩的精神が同時に存在するところに作者の特徴を見出すとすれば、それは「自然を探求することが、とりもなおさず自分自身を無限に完成してゆく道である」ことを示し、「思索する人間の最高の幸福は、探求できるものを探求しつくし、探求しがたいものを静かに敬うことである（箴言と省察）」としたゲーテと同じだというのである。

少し先を急ぎすぎたようである。「湖」の章は「ウォールデン」の中でも美しく、感動的なページといえる。そこで著者はこの湖が自分にとって幸せの源泉であることを明かしている。「湖は風景のなかで、もっとも美しく表情に富んだ地形的要素である。いわば大地の目だ。そこをのぞきこむ者は、自己の本性の深さを測ることになるだろう」と手放しの礼賛だが、それというのも著者は過去何度となくこの湖や周辺を訪れ、この一帯が幸福だった若い日々とつながっているからである。「暗い夏の夜、ときどきひとりの仲間と連れ立って、冒険に胸をときめかせながらこの湖にやってきては、水ぎわで火を燃やし」「ナマズを捕った」思い出。「はじめてウォールデンでボートを漕いだころ、そこは密生した高いマツやオークの森にすっかり囲まれ、入江によってはブドウの蔓が水ぎわの木にからみついて四阿をつくっており、その下をボートで通り抜けることもできた」こと。そして、もっと若かったころ、私は夏の午後になると、湖のなかほどまでボートを漕いでゆき、あとはそよ吹く風にまかせて水面をただよい、座席の上にあおむけに寝ころんで夢想にふけりながら何時間も過ごしたものだ。やがてボートが砂浜にぶつかってわれにかえり、運命の女神がどの岸辺に自分をひき寄せたかを見ようと立ち上がるのだった。そのころは無為ということが最も生産的な仕事だったのである。

それ（湖）は永遠の若さを保っている。私が立ちどまれば、あのころとおなじように、ツバメがおそらく水面から虫をついばもうとして、ちょっぴり水にもぐってしまうのが見られるだろう。今宵もそれは、二〇年以上にわたって毎日のようになじんできたとは思えないほど私の胸を打った。ほら、ここにウォールデンが、そのむかし私が発見したままの、森に囲まれたあの湖があるではないか。去年の冬、森が伐り倒されてしまったあたりでは、その岸辺に新しい森がふたたび元気よく育ちはじめている。あのときとおなじ思想が水面に湧きあがっている。ウォールデンはみずからとその「創造者」にとって——そう、おそらくこの私にとっても——つねに変わることのない歓びと幸福の源泉なのだ。

ソロー研究家で、浩瀚な伝記「ヘンリー・ソローの日々」を著わしたウォルター・ハーディングは、その書の中で「彼（ソロー）がウォールデン湖と自分の最も幸せな時間を結びつけたのは、早かったのである」として一八四五年八月に書かれたソローの日記を引用している。ソローがまだボストンに住んでいた五歳の頃、祖母を訪ねてコンコードに来たときの記憶である。

——私の記憶の書字板に刻みつけられているもっとも古い情景の一つ——私の精神が非常に早くから求めていたように思えるあの心地よい孤独が、松の木々に囲まれたこの奥まった場所を直ちに気に入ったのである。騒がしく雑多な都会に対して、そこでは光と影がこの情景に変化を与える唯一の住人であった。あたかもその孤独が自らのふさわしい苗床を見出したかのように。（山口晃訳）

H・D・ソローが生まれたのは一八一七年七月一二日、コンコードにおいてである。しかし一家は、翌年から五年間その地を離れ、一八二三年になって戻ってくる。ヘンリーは四人兄弟の下から二番目であり、上に姉（ヘレン）と兄（ジョン）、下に妹（ソフィー）がいた。一八三七年にハーバード大学を卒業して、教職に就いたが、子供に体罰を与えることができず、わずか二週間でやめてしまう。その後、兄のジョンと学校を始めるが、これも長くは続かなかった。エマーソンやその兄の子供たちの家庭教師をしたこともあるが、仕事としては家業の鉛筆製造を手伝い、有能であった。

　ウォールデン湖に住んだのは一八四五年七月四日から一八四七年九月六日までのほぼ二年間で、大豆を作ったり、器用であったためにさまざまな賃仕事をした。最も依頼が多かったのは測量の仕事で、これはウォールデン湖を去ってからも続いた。講演や執筆は本人が望んでいた仕事であったが、思うほど成功はしなかった。

　ウォールデン湖の小屋を引き払ってからも、ソローは池とその周辺を精力的に歩き回り、自然観察の目を深めていった。その博物学的知識は誰もが一目置くものであった。単に自然のみに関心を寄せていただけでなく、社会的には奴隷制度に反対の立場を鮮明にし、「市民的不服従」や「ジョン・ブラウン大尉を弁護して」などで反骨精神を披瀝、実際に行動もした。

「ウォールデン」ともう一冊、ジョンと行った川の旅をつづった「コンコード川とメリマック川の一週間」という二冊の本を出版し、他に雑誌に寄稿したり、講演をしたりした多くの原稿を残して、一八六二年五月六日、四四歳を目前にして病気のためコンコードで死去した。


　さて、「より高い法則」の章で、「ウォールデン」の著者は「私はたいていのひととおなじように、自分の内部に、より高い、いわゆる精神的な生活への本能と、原始的で下等で野蛮な生活への本能をあわせもっているが、私はそのどちらにも敬意をいだいている。善良なものに劣らず野生的なものを愛している」と書く。「われわれはファウヌスやサテュロスのような神々、というよりも半神半人、つまり動物と合体した神々、欲望の奴隷にすぎず、われわれの生活自体が、ある程度汚辱にまみれているのではあるまいか」と言ったあとで、「生まれつきの本性を克服するのはむずかしいが、それを克服することが肝心なのだ」とも言う。その直前では孟子の次の言葉を引用している。「人間が禽獣と異なるところはきわめてわずかである。庶民はすぐにそれを失い、君子はそれを注意深く保っている」。

ウォールデン湖のあるニュー・イングランドの自然は、日本で言えばいわば里山のような自然であり、荒々しい未開の自然ではない。しかし、ソローはこの未開の自然の存在を体験的に知っており、その価値を認めていた。「世界が維持されるのは野生の中においてである（「散歩」）」と言い、「『自然』がこれほど生命に満ちあふれているために、無数の生命が犠牲になったり、たがいに貪りあったとしても、なおそれが余裕綽々としているさまを見るとうれしくなる」と「春」の中では言っている。

人間と自然の間には越えることのできない壁が存在することがソローには分かっていた。しかし、善と野生は共生可能であり、野生体験が人間らしさ（善）を知る上で必要とも考えていた。自然の中に神性なものを発見して、それを自らの人間性を高める根拠にしようとした。それは「自然を観察するがよい。そして自然が示してくれる道を行くがよい」というルソーの教えであり、前述した「自然を探求することが自己を完成してゆく道」とするゲーテの考え方でもあった。人間の救済のためには文明化の歴史ではなく自然の歴史に目を向けよ、野生こそが世界を救うというソローの叫びは現代にも響くものをもっている。

今日われわれは、自然に対して十分な敬意を払っているであろうか。飽くことを知らない人間の欲望は、地球資源の収奪を繰り返し、人間生活の排出物で環境を汚染し、生命の神秘に踏み込み、地球のシステムを脅かそうとしている。ソローの自然探求は、その秩序を知り、それを尊重し、人間がそれに従って生きる道筋を示そうとするものであった。今こそわれわれは、ソローの言葉を傾聴すべきなのではないだろうか。

アメリカの自然保護の父と呼ばれるジョン・ミューアは一八三八年に生まれ、一九一四年に七六歳で亡くなっている。一八三八年といえば、ソローが二一歳を迎える年で、以後二四年間がミューアと重なる。一八六二年にソローが死んだ頃、ミューアはまだウィスコンシン大学在学中であった。ミューアが活動を開始するのはだいぶ先のことである。したがってソローとは直接の接点はないが、間接的に二人を結ぶ人物がいる。エマーソンである。

ソローより一四年年上だったエマーソンは、長生きして一八八二年に七九歳で亡くなった。その頃ミューアはすでに森林の保護活動に乗り出していたが、そのほぼ一〇年前にあたる一八七一年五月に二人の出会いがあった。エマーソンがその仲間とともにヨセミテ渓谷を訪れ、ミューアの製材小屋にやって来たのである。ミューアは学生時代にすでに「自然」を読んでいてその思想に共鳴し、それを実践しようとしていた。二人はヨセミテの自然の中でキャンプを楽しむ可能性もあった。しかし、それは同行していたいわゆる超越主義者と呼ばれる人々によって反対されて実現しなかった。エマーソンとミューアは理解し合えたが、その仲間である超越主義者たちにミューアは失望した。彼らの自然に対する賛美は書斎だけのもので、実際の自然には無知で共感も持っていなかったのである。

今日、シエラネバダ山脈を貫いてミューアの名を冠した三四〇キロメートルのトレイルが設けられているという。アメリカには自然を愛するバックパッカーによって歩かれるロングトレイルがいくつもあるようだが、その中にアパラチアン・トレイルと呼ばれる三五〇〇キロメートルに及ぶコースがある。南の端はジョージア州にあるスプリンガー・マウンテンで、東部一三州を縦断して北の端はメイン州のマウント・カタディンである。このマウント・カタディンこそソローが初めて野生の自然に出会った「クタードン山」である。

ソローは三度にわたってメインのこの地域を歩いて紀行を書き、死後それらは「メインの森」という本にまとめられた。当時は、原住民と製材業者しか入り込まない未開の地であったらしいが、ソローはカヌーと徒歩でその奥地まで踏破している。一人で滝をよじ登り、雲に包まれ、風の吹きすさぶクタードンの山頂に達したあと、仲間と合流して山を下る途中、一行は雷のためと思われる焼け地を通った。ソローが「巨大で荒涼とした非情な自然」を見たと思ったのはこのときである。

ここは世にいう「混沌」と「いにしえの夜」とから造られた大地であった。ここには人の園はなく、ただ封印をしたままの大地があるのみだった。それは芝生、牧草地、採草地、森林地ではなく、詩に歌われる草原や耕地でも、荒地でもなかった。それは地球という惑星の真新しい、天然のままの表面であった。

（小野和人訳）

ソローはこの「巨大で恐るべき物質」に「人間に対して親切にする必要のない力が存在している」ことを感じ、畏怖の念を持った。こういう体験がソローの自然観を奥行きのあるものにしている。「ウォールデン」の自然は、それに比べれば穏やかで、人間にとって親しみのあるものであった。

「ウォールデン」は冬から春の記述を経て結ばれる

あらゆる生物の住処である夜明けの「自然」は、すがすがしい満ち足りた顔でわが家の大きな窓からのぞきこんでおり、彼女の唇は何の問いも発していなかった。／「自然」はどんな問いもつきつけはしないし、われわれ人間が発するどんな問いかけにも答えはしない。「ああ、王よ。われらが眼（まなこ）はこの宇宙の驚異と変化に満ちた光景を賛嘆の念をもってうち眺め、魂に伝えます、夜はまぎれもなくこの栄光ある被造物の一部を帳（とばり）でおおいますが、昼が来て、地上より天空のかなたにまでひろがる、この偉大なる作品をわれわれの前に顕示するのです（古代インドの叙事詩「ハリヴァンサ」より）。」（冬の湖）

たった一度のやさしい雨が、草の緑色をいっそう深めてくれる。同様に、よい思想が到来すると、われわれの前途は明るくなる。もしわれわれが、つねに現在に生き、天から降ってくるわずかな露の感化をもありのままに表明する草のように、わが身に降りかかるあらゆる出来事をうまく活用できるならば、また、過去の好機を見のがしたことのつぐないに時間を費やして、それを義務の遂行と呼んだりしないならば、われわれは幸福になれるだろう。／すがすがしい春の朝には、すべての人間の罪が許される。／われわれ自身がもう一度無垢になれば、隣人の無垢性もわかるようになる。（春）

こうして迎えた最終章でソローが強調するのは、まず「汝自身を探検すべし」ということである。古い詩が引かれる。「汝の視力を内部に向けよ。やがてそこには、いまだ発見されざる、千もの領域が見つかるだろう。その世界を経巡り、身近な宇宙地理学の最高権威者となれ」。それには眼力と勇気が必要だという。

次に「私は実験によって次のことを学んだ。もしひとが、みずからの夢の方向に自信をもって進み、頭に思い描いたとおりの人生を生きようとつとめるならば、ふだんは予想もしなかった成功を収めることができる」と言う。目的と決意の一徹さ（および信仰心の高揚）が必要だというのである。

そして言う「私は、みずから評価し、決断し、自分をもっとも強くもっとも正しくひきつけるもののほうに向かって行きたい」。この本が自我探求の書と言われる所以である。「ウォールデン」の最大のテーマは自己認識、自己発見であり、錯綜する諸関係の中で自己の位置を見極め、そこを出発点としてより高い存在に変身すること（不断の自己完成の試み）だと上岡克己は言う。

ところで、ソローが湖畔でひとりで住もうとした目的には、「住んだ場所と住んだ目的」に書かれている以外にもう一つあった。「経済」の中でこう言っている。「私がウォールデン湖へ行った目的は、そこで安上がりに暮らそうかとか、贅沢に暮らそうとかいうのではなく、ある個人的な仕事をなるべくひとから邪魔されずにやりとげることであった」。具体的には、ソローの最初の作品である「コンコード川とメリマック川の一週間」を執筆することであった。ソローはそれを仕上げたばかりでなく、その場所を去るまでに「ウォールデン」の第一稿も書き終えていた。

「コンコード川とメリマック川の一週間」が実際に出版されるのは二年後、「ウォールデン」の方は六年後のことである。一週間の川旅が行われたのは、ソローがウォールデンに住むより六年前であったが、その三年後に、同行した兄のジョンは破傷風で死んでしまう。したがってこの本は、兄ジョンとの思い出をつづったものと想像したくなるが、そのようなものにはなっていない。カヌーでの旅と旅先での登山の記述は楽しく読めるが、全編にわたって引用される古今東西の詩文や考察が、時に流れを妨げ、一般の読者にはわずらわしく感じられるかもしれない。事実、本は売れず、ソローは膨大な在庫を抱え込むことになる。

ソローはオクスフォードを始め、図書館で読んだ多くの古典から膨大な抜書きのノートをつくり、それを著作の中に引用した。また、それを利用しながら自らの論を展開した。文体そのものが、必ずしも読みやすいとはいえない上に、これがさらに読者の抵抗を大きくしている面がある。もちろんそれこそが魅力と感じる読者もいる。「ウォールデン」では、森の中の独居生活が読者にアピールするとともに、古典の引用が成功したのである。そこではソロー自身も自らの思想を高らかに歌っている。ソローが書くということにどれほど価値を置いていたかは、出入自由だった湖畔の小屋で、唯一原稿を入れていた机の引出だけには鍵をかけていたことからも分かる。

今日、世界的な自然、環境保護の意識の高まりから「ウォールデン」は多くの人に読まれるようになった。日本でも数種類の翻訳が出ているようである。しかし、それ以外では「市民的反抗」がわずかに注目を集めるだけで、その他の著作を読む人は少ないだろう。著作そのものが少ないのだ。「コンコード川とメリマック川の一週間」の翻訳が出たのはごく最近で、他に「メインの森」、「コッド岬」、「森を読む——種子の翼に乗って」、「野生の果実」がある。その他「市民の抵抗」を含むいくつかの断片と書簡集の翻訳が存在する。

全集は、古くは HOUGHTON MIFFLIN 社の二〇巻があったが、現在 PRINCETON UNIVERSITY から新全集が刊行中である。私が持っているのは旧全集だが、その三分の二が「日記」である。新全集ではそれがさらに倍の分量になるようである。「日記」の翻訳が始まっているとも聞くので、今後「ウォールデン」以外の著作が日本でも普及していくかもしれない。

私のソローへの旅も、今始まったばかりである。

あとがきにかえて

クラインガルテン暮らし

若い頃から北アルプス登山で、松本から白馬山麓にかけての安曇野周辺をよく訪れた。できればそのどこかに住むことができればとも考えていた。しかし、定住はなかなか難しく、たどり着いたのが、今は松本市となった、旧四賀村のクラインガルテンだった。

まだ多少の仕事をしているので、月に二度ほどの週末と、春、夏、冬に比較的長時間そこで過ごしている。今でこそクラインガルテンはほぼ全国的に存在するが、ここはその走りともいえるところで、古い方は平成五年、私のいるところはその七年後の開設である。都市生活者が田舎暮らしができる宿泊施設つきの市民農園で、地元には地域活性化のメリットがある。

一区画二百五十平米くらいの敷地の半分が畑で、残りの部分にラウベと呼ばれるログハウスが建っている。ラウベ（Laube）はドイツ語で園亭、四阿を意味するようだが、広いベランダがついた山小屋風の建物で、三十平米程度の内部は一ＤＫの設備を備え、半分の面積にロフトがついている。さらに、希望すればストーブが設置できるようになっていて、各棟の屋根からはレンガ造りを模した煙突が突き出ている。

今のところ滞在時間が限られるので十分な手間がかけられないが、野菜を作り、共同で畑を借りてソバと麦を育て、地元農家さんにお願いして米作りもやっている。それ以前は、千葉県鴨川の大山千枚田で七年間棚田のオーナーをしていた。今はここを拠点にして信州の自然や温泉を楽しんでいる。

ガルテンの住人は、遠く関東、関西の各地からやってきている。私の近所だけでも東京、横浜、埼玉、静岡、京都、大阪といった具合で、今年は岡山から来たという人が入園した。定年退職者が多いが、まだ仕事をしている人や若い人もいる。過去の職業はさまざまだが、それを表に出さない交流が面白い。

朝の十時過ぎ、あるいは午後三時頃「お茶が入りましたよ」と呼んでくれる長期滞在の方がいる。皆、その庭に集まってお茶を飲みながら情報交換をする。一緒にソバと麦を作っている仲間を中心に、バーベキュー・パーティーや芋煮会をやったりする。

ここのガルテンの特色は、田舎の親戚制度があることで、地元の方々との交流やさまざまなイヴェントが企画、運営されている。村の歴史を習ったり、祭りや遠足への参加、蛍や星空観察、山菜やきのこ狩り、しいたけ栽培や漬物の漬け方を教えてもらったり、注連縄・繭玉作り、そして三九郎（どんど焼き）を体験したりする。アルペン・ホルンを自分で作り、演奏するグループも活動している。

ここへきてから私は、日本山岳会が選定した「日本三百名山」のすべてを登り終えた。

車を使えば長野はもちろん、岐阜や富山の山々もそれほど遠くないからだ。後立山の山々ならさらに近い。スキーやスノボー、クライミングを楽しんでいる人もいる。

もう一つ、興味深かったのは、地元の集落がかつての善光寺街道会田宿であったことで、古い芭蕉句碑が残っていた。芭蕉は「おくのほそ道」の旅に出る前年、美濃から善光寺まで姨捨の月を見るために旅をして「更科紀行」を書いた。その道筋にあたっていたのである。今年の春、私はその足跡を訪ねて、岐阜県の中津川から中山道と善光寺街道を歩き、姨捨の月を眺めてみた。この車社会、また、高速鉄道や航空機で人々が旅をする時代に、「歩く」ことの意味を問い直し、実に得がたい経験だった。

それほど多くのものを与えてくれているクラインガルテン暮らしではあるが、難点は週末毎に通うにはやや遠いことである。自宅から車で片道およそ八時間。土曜日に共同作業がある時には、仕事の都合で金曜日の午後に発ち、深夜の峠越えとなる。それでも山間の林に囲まれた木造の小屋に着くと心が落着く。

自然派人間を自認してきた私が、ともかくも現在このような生活を実現できているのは、クラインガルテンのおかげであり、そこにラウベがあればこそと思っている。

川島由夫（かわしま・よしお）プロフィール

・一九四三（昭和一八）年、秋田市生まれ。東京教育大学（英米文学専攻）卒業後都立高校に勤務。十二年間教育管理職を務め、都立国際高等学校校長を最後に定年退職。全国英語教育研究団体連合会（全英連）会長、ヒューマン国際大学機構学長などを務める。現在は大学非常勤講師。

・五〇年近くにわたって国内、海外の山を登り、紀行文を書く。昭和五三年、「岳人」紀行賞を受賞、岳人講座「山と文学」（東京新聞出版局）に紀行が収録される。日本山岳会会員。棚田学会会員。

・音楽愛好家。およそ半世紀にわたって音楽を聴き、エッセイを書く。昭和五〇年、共同通信社の「ＦＭｆａｎ」懸賞作文において第一席入選。平成一四年、音楽之友社刊「レコード芸術」別冊「ブルーノ・ワルター」に「ワルターとクレンペラー（「ドイツ・レクイエム」をめぐって）」を執筆。日本ブラームス協会会員。新都民合唱団団員。

・著書に「折々の想い」（啓隆社）、「心に山ありて」、「『ハムレット』の好きな人のための音楽」（ともに日本図書館協会選定図書、新生出版）がある。

・現住所　〒２７６‐００３６　千葉県八千代市高津３９０‐７４（fujisan3776@jcom.home.ne.jp）

著書紹介

「折々の想い」　二〇〇四年三月刊（啓隆社）

第一章
ねむの木の詩がきこえる／宮沢賢治ひとりがたり／田中正造と石牟礼道子／辻まことのこと／（西日本の旅・自然と歴史と人と・北の大地アイヌモシリ）／もう一つの同窓会（「たてしな日記」）／たてしなの歌／カタロニアの「鳥の歌」／ガムランの響き／（バリ島にて）
第二章
新たな時代を前に／吉田松陰をめぐって／希望Ⅰ・Ⅱ・Ⅲ／日本橋春秋／フィンランドへの旅（ＩＣＰ決議）／朝比奈隆とブラームス（朝比奈隆ブラームス演奏記録一覧）
第三章
塩狩峠にて／縄文杉／オスカー・ケルネルについて／太平洋に架ける橋／ある偉大な芸術家の思い出／冬桜／棚田に思う／「里山物語」／朝鮮通信使／司馬遼太郎記念館を訪ねて／朱鷺に寄せる哀歌／（課題研究への期待・英語の達人）／無言館／鉢伏山スキー行／Ｉさんの思い出／（山の本の話）／カロカガトス／レクイエム／薪能／アンドリュー・ワイエスと相原求一郎／星はすばる／地下鉄東西線／マレーシアへの海外修学旅行／都立国際高等学校／あとがき

「心に山ありて」

はじめに

（山の所在位置概念図）

「『岳人』掲載紀行」　中扉（深田久弥）

冬富士——日本に二つとない山

槍ヶ岳元日——凍る大槍

八幡平——初めてスキーで越えた山

天狗尾根風雪——雪の鹿島槍ヶ岳

安達太良山——早春の山

ピパイロ岳——ポンチロロ川遡行

礼文岳——日本最北の山

荒沢岳——亡き友と登った越後の名山

飯豊新雪——ある単独行

楽古岳——通いつめた日高の山

大和三山——私の初詣

厳冬の天塩岳——再びの単独行

ユングフラウの幸福——わが生涯最良の日

「日本の山々」　中扉（高村光太郎）

遠見尾根——冬の五龍岳へ

春の大日岳——遭難始末

二〇〇七年四月刊（新生出版）
日本図書館協会選定図書

『「ハムレット」が好きな人のための音楽』

はじめに

「ハムレット」が好きな人のための音楽（文学的音楽案内）
宇宙の音楽（吉田秀和の「私の音楽教室・LP300選」）
答えのない質問（バーンスタイン音楽を語る）

I

エレミアの哀歌（オルランドゥス・ラッスス）
聖母マリアの夕べの祈り（クラウディオ・モンテヴェルディ）
クラシックこの一曲（ヨハン・セバスチャン・バッハ）
音楽のふるさと（ヨーゼフ・ハイドン）
天上の音楽（ヴォルフガング・アマデウス・モーツァルト）
永遠の古典（ルドウィッヒ・ヴァン・ベートーヴェン）
夭折した天才の晩年（フランツ・シューベルト）
スコットランドの憂愁（フェリックス・メンデルスゾーン）

II

詩人の恋（ロベルト・シューマン）
シャコンヌの響き（ヨハネス・ブラームス）
アルプスの似合う音楽（アントン・ブルックナー）
大地の歌（グスタフ・マーラー）
北欧の抒情（ヤン・シベリウス）
言葉では表し得ないもの（ガブリエル・フォーレ）
祈りと諧謔と（フランシス・プーランク）

二〇〇八年五月刊（新生出版）
日本図書館協会選定図書

山岳・音楽・文学

2013 年 3 月 25 日　第 1 版第 1 刷発行

著　者　川　島　由　夫（かわしま　よしお）
発行者　原　　雅　久
発行所　株式会社 朝日出版社
〒101-0065 東京都千代田区西神田 3-3-5
電話（03）3263-3321（代）
ホームページ http://www.asahipress.com

印刷・製本　図書印刷株式会社

ISBN978-4-255-00708-3 C0095